ケースで考える
憲法入門

笹田栄司・井上典之
大沢秀介・工藤達朗 著

有斐閣

はしがき

　法科大学院がはじまって2年が経過した。この間の講義経験から，改めて基礎的知識や原理を十分理解しているかどうかが重要であることに思いいたる。そして言うまでもなく，この「理解」が基礎的知識の単なる記憶にとどまることなく，具体的な事案でそれを使えるかどうかが，問題なのである。したがって本書は，人権・統治に関する事案について，基本的な知識が実践的なレベルに到達することを目指している。

　本書は，具体的な「事案」から出発し，「Point」によって憲法上の問題点に導き，その解決手法を解説している。豊富な資料による事例問題への対応力をつけるには，出題者が何を求めているかを理解できていることが前提である。国語力の問題もあるが，問題文・資料から，そこに存在する憲法上の論点に気づくことが必要なのである。その上で，問題を具体的に解決する力が求められることになる。第1章で示したように，基本となる事件から事案がさまざまに変化し，それに対応して「解決の枠組み」も変容していく。こうした例から分かるとおり，行政事件訴訟法や国家賠償法，刑事訴訟法，民事訴訟法など，人権救済のツールは多様である。また，本書は，新しい判決や論点を盛り込み，くわえて憲法訴訟ででてくる論点（たとえば，立法事実・違憲判決の効力）やテキストでは簡単にしか触れていないところも，事案・判例に即して深く掘り下げている。さらに，各章末に類題を掲げてあるので，できるだけ自力で検討してみてほしい。その上で，巻末の「ヒント」で吟味することを勧めた

い。そうすることで，各テーマについての理解が一層定着し，柔軟性のある思考が少しずつ自分のものとなっていくと思われる。

　読者としては，法学部の学生を想定しているが，とくにロースクールへの進学を考えている人にはぜひ読んでほしい。また，法科大学院未修者コースの人にも本書は十分役立つはずである。

　本書を構想して3年あまり，ようやく出版にこぎ着けることができた。執筆者の所属する大学は，札幌，東京，神戸にあるため，編集会議に集まる苦労はあったが，濃密な討議を重ねることができたと考えている。近年の大学および法科大学院を取り巻く状況は厳しく，われわれの執筆の速度もともすれば遅くなりがちであった。有斐閣京都編集室の奥村邦男・一村大輔両氏の，配慮の行き届いたねばり強い助力なしには，本書がこのように早く完成することはなかったであろう。執筆者一同，心より感謝の意を表したい。

　2006年3月

　　　　　　　　　　　　　　　　　　　　　著者一同

目　次

はしがき
略　語　一　覧
執筆者紹介

第1章　ロースクール時代の憲法

I　憲法訴訟とは (3)
1 民事の事件から考えてみよう (3)　**2** 新しいファクターが加わった場合 (4)　**3** 新しい権利が展開された場合 (5)　**4** 民事事件から刑事事件が派生した場合 (7)　**5** 多様な救済方法 (8)　**6** 私人間紛争の解決と人権規定 (9)

II　対公権力の訴訟 (10)
1 考えてみよう (10)　**2** 解説 (10)　**3** 行政訴訟 (12)　**4** 刑事訴訟 (14)　**5** 客観訴訟 (15)　**6** まとめ (16)

第2章　司法審査の枠組み

1　自衛隊裁判と私法行為 ─── 19
事　案 (19)
Point (20)
解　説 (21)
1 裁判所は，自衛隊をめぐる憲法裁判で，どのような手法で正面からの判断を逃れようとしているか (21)
2 国の私法行為は憲法の規律に服さないのか (27)

3 私法行為に民法90条を媒介して憲法規範を適用することはできるのか (31)

類　　題 (35)

参考文献 (36)

2　行政訴訟における実効的救済——長沼事件———39

事　　案 (39)

Point (41)

解　　説 (41)

1 行政裁判手続において裁判所へのアクセスはどのように具体化されているか (41)　　**2** 最高裁判例における原告適格の緩和傾向と行政事件訴訟法改正 (44)

3 裁判所が判断するために必要な具体的実益 (=狭義の訴えの利益) とは何か。狭義の訴えの利益の消滅を「仮の義務付け」は阻止できるか (49)

類　　題 (52)

参考文献 (52)

3　部分社会(1)　宗教団体———55

事　　案 (55)

Point (57)

解　　説 (57)

1 宗教団体の内部紛争の特色と部分社会論との結びつき (57)　　**2** 宗教団体の内部紛争に関する判例の流れはどのようなものか (60)　　**3** 教義・信仰にかかわる争いに司法審査はどうかかわるか (64)

類　　題 (70)

参考文献 (70)

4　部分社会(2)　大学での教育上の措置と司法権———71

事　　案 (71)

Point（73）

解　説（73）

1　「部分社会の法理」とはどのようなものか（73）

2　「部分社会の法理」は憲法上どのように評価できるか（78）　**3**　教育上の措置については裁判所で争えないのか（81）

類　題（85）

参考文献（86）

第3章　人権救済の技法　　87

I　自由&平等

5　校則と生徒の人権──「バイク三ない原則」違反事件─89

事　案（89）

Point（90）

解　説（91）

1　子どもと学校をどうみるか（91）　**2**　バイクに乗る自由は憲法上の人権か（92）　**3**　子どもの人権と大人の人権はどう違うのか（95）　**4**　校則で生徒の人権を制限できるか（97）　**5**　私立と公立で違いはあるか（100）

類　題（102）

参考文献（103）

6　平等の意味──非嫡出子法定相続分差別事件──────105

事　案（105）

Point（107）

解　説（108）

1　非嫡出子に対する相続分の差別は憲法上どのような点で問題となるか（108）　**2**　憲法14条との関係が議論されるわけ（109）　**3**　憲法14条1項に関する違憲審査基準

の枠組みについてみる（111）　**4** 本件規定に対する違憲審査基準として実質的関連性の基準を考える（115）
　5 立法事実をどのように取り込むか（121）
　類　題（124）
　参考文献（124）

7　外国人の公務就任権——東京都管理職選考事件——125
　事　案（125）
　Point（127）
　解　説（128）
　1 日本国憲法の定める基本的人権は外国人にも保障されるか（128）　**2** 選挙権は外国人に保障されるか（131）
　3 公務就任権は外国人に保障されるか（133）
　4 最高裁は憲法問題についてどこまで自己の意見を示すべきか（136）
　類　題（138）
　参考文献（139）

II　宗教&表現

8　宗教上の人格権と裁判——————————————141
　事　案（141）
　Point（143）
　解　説（143）
　1 宗教上の人格権なる法的利益は本当に認められないのか（143）　**2** 信仰にもとづいて一般的義務の免除を求めることができるのか（150）　**3** 自己の信仰にもとづいて他者に一定の行為を求めることはできないのか（155）
　類　題（158）
　参考文献（158）

9 靖国神社公式参拝と政教分離——————————161

事　案 (161)

Point (163)

解　説 (163)

　1 政教分離規定の解釈でなぜ目的効果基準が必要なのか (163)　**2** 靖国（神社）公式参拝訴訟と目的効果基準のかかわりをみる (168)　**3** 公式参拝の合憲性を争う訴訟にはどのような問題があるか (173)

類　題 (177)

参考文献 (177)

10 プライバシーと表現の自由——週刊文春販売差止め事件—179

事　案 (179)

Point (181)

解　説 (181)

　1 出版の事前差止めは「検閲」に該当しないか (181)　**2** 名誉毀損の場合，出版の事前差止めはどのような要件があれば認められるか (183)　**3** プライバシー侵害の場合，出版の事前差止めはどのような要件があれば認められるか (186)　**4** 他の救済手段にはどのようなものがあり，その問題点は何か (191)

類　題 (193)

参考文献 (193)

11 公共用財産の使用不許可と集会の自由——————————195

事　案 (195)

Point (197)

解　説 (197)

　1 集会の自由（憲 21 条 1 項）という人権は，どのような内容の権利保障を含んでいるか (197)　**2** 集会の自由の保障との関係で，集会開催のための公共的な施設の利用を制限

することがどのような場合に許されるか（200）

3 自由権の規制に対する司法的救済方法として国家賠償という制度は適切といえるか（205）

類　題（209）

参考文献（209）

Ⅲ　行政＆裁判

12　生存権と生活保護——福岡市学資保険訴訟 ————213

事　案（213）

Point（215）

解　説（215）

1 生存権の法的性格——憲法 25 条はどのような性格の規定か（215）　**2** 生活保護法はどのような内容の法律なのか（219）　**3** 生活保護を受けていた父親が死亡した場合，子どもたちが訴訟を継続することはできるのか（221）
4 「資産」（生保 4 条 1 項）等はどのように解釈されるべきか（224）　**5** 法律の合憲性を争う場合はどうか（225）

類　題（227）

参考文献（227）

13　国家補償の谷間——予防接種ワクチン禍事件 ————229

事　案（229）

Point（231）

解　説（231）

1 この事件が国家補償の谷間の問題だといわれるのはなぜか（231）　**2** 損失補償による救済——第 1 審東京地裁判決（232）　**3** 国家賠償による救済——第 2 審東京高裁判決（236）　**4** 地裁判決と高裁判決で被害者の救済という点では同一なのに理論構成で対立するのはどうしてか（240）

類　題（241）

参考文献 (242)

14 適正手続条項と行政手続 — 243

事　案 (243)

Point (245)

解　説 (246)

1 成田新法にはどのような憲法上の問題が指摘されるか (246)　**2** 憲法 31 条は手続と実体の法定を求めている (249)　**3** 実体と手続にも適正さが求められる (251)　**4** 行政手続にも適正手続の保障が及ぶのか (254)　**5** 行政手続法の成立によってもなお検討すべき点がある (258)

類　題 (259)

参考文献 (260)

15 裁判の公開 — 261

事　案 (261)

Point (262)

解　説 (263)

1 「裁判の公開」原則の目的は何か。また，この原則の例外および不適用事例にはどういうものがあるか (263)　**2** 非公開審理の可能性を解釈論によってひろげることは可能か (266)　**3** 平成 16 年制定の人事訴訟法が定める「当事者尋問等の公開停止」は憲法 82 条から問題はないか (269)

類　題 (272)

参考文献 (272)

第4章　権利の実現　　275

16　投票価値の平等——議員定数訴訟　　277

事　案（277）

Point（279）

解　説（280）

1 選挙権の重要性はどこにあるのか（280）

2 投票価値の平等はどこまで求められるか（282）

3 選挙制度についての立法裁量に対する司法審査を考える（286）　　**4** 定数訴訟の入口と出口をみる（289）

類　題（297）

参考文献（297）

17　立法の不作為とその争い方　　299

事　案（299）

Point（301）

解　説（301）

1 立法の不作為ははたして憲法違反となるのか（301）

2 立法の不作為をどのように裁判所で争うことができるのか（309）　　**3** 立法の不作為による権利侵害をどのように救済することができるのか（313）

類　題（316）

参考文献（316）

18　違憲判決の効力　　317

事　案（317）

Point（319）

解　説（320）

1「違憲判決」の効力とは何か（320）　　**2** 違憲確認判決および違憲警告判決は，わが国の憲法裁判のなかでどのような可能性を持っているか（322）　　**3** 違憲判断を法令の

無効に結びつけない「判決」の可能性（325）　**4**　「違憲判決の効力」のもう1つのバリエーション——「再審」の活用（328）

類　　題（331）

参考文献（331）

19　訴訟上の和解——薬害エイズ訴訟　　　333

事　　案（333）

Point（334）

解　　説（335）

1　紛争解決の手段としての訴訟上の和解（335）

2　大規模訴訟での訴訟上の和解による解決は司法の任務を超えるか（338）　**3**　薬害エイズ訴訟での裁判所による訴訟上の和解の勧試は「法による裁判」と整合的か（340）

類　　題（344）

参考文献（344）

類題のヒント　　　347

1　自衛隊裁判と私法行為（347）

2　行政訴訟における実効的救済——長沼事件（348）

3　部分社会(1)　宗教団体（348）

4　部分社会(2)　大学での教育上の措置と司法権（348）

5　校則と生徒の人権——「バイク三ない原則」違反事件（349）

6　平等の意味——非嫡出子法定相続分差別事件（350）

7　外国人の公務就任権——東京都管理職選考事件（350）

8　宗教上の人格権と裁判（351）

9　靖国神社公式参拝と政教分離（351）

10　プライバシーと表現の自由——週刊文春販売差止め事件（352）

11　公共用財産の使用不許可と集会の自由（352）

12　生存権と生活保護——福岡市学資保険訴訟（353）

13　国家補償の谷間——予防接種ワクチン禍事件（354）

- 14 適正手続条項と行政手続（354）
- 15 裁判の公開（354）
- 16 投票価値の平等——議員定数訴訟（355）
- 17 立法の不作為とその争い方（355）
- 18 違憲判決の効力（356）
- 19 訴訟上の和解——薬害エイズ訴訟（356）

事項索引（359）
判例索引（366）

Coffee Break もくじ

1. ドイツの憲法裁判所（37）
2. ドイツの裁判制度（37）
3. 最高裁判所機構改革（53）
4. 裁判官の給与・懲戒（53）
5. 訴訟救助（104）
6. 法律専門家の自由化（159）
7. アメリカのロークラークと日本の最高裁調査官（178）
8. 司法修習（210）
9. 裁判員制度（211）
10. アメリカの裁判所制度（228）
11. 上告制限（273）
12. 主観訴訟と客観訴訟（298）
13. 裁判官制度（332）
14. ADR（裁判外紛争処理方法）（345）

略語一覧

1. 主な法律

学教	学校教育法
行訴	行政事件訴訟法
行手	行政手続法
刑訴	刑事訴訟法
憲	日本国憲法
公選	公職選挙法
裁	裁判所法
自治	地方自治法
児扶手	児童扶養手当法
宗法	宗教法人法
人訴	人事訴訟手続法
森林	森林法
生保	生活保護法
道交	道路交通法
成田	新東京国際空港の安全確保に関する緊急措置法
非訟	非訟事件手続法
民	民法
民訴	民事訴訟法
民保	民事保全法

2. 書籍

芦部	芦部信喜（高橋和之補訂）『憲法〔第3版〕』（岩波書店, 2002年）
芦部憲法学Ⅰ	芦部信喜『憲法学Ⅰ 憲法総論』（有斐閣, 1992年）
芦部憲法学Ⅱ	芦部信喜『憲法学Ⅱ 人権総論』（有斐閣, 1994年）
芦部憲法学Ⅲ	芦部信喜『憲法学Ⅲ 人権各論 (1)〔増補版〕』（有斐閣,

	2000年)
基本判例	樋口陽一・野中俊彦編『憲法の基本判例〔第2版〕』（有斐閣，1996年）
佐藤	佐藤幸治『憲法〔第3版〕』（青林書院，1995年）
高橋	高橋和之『立憲主義と日本国憲法』（有斐閣，2005年）
戸波	戸波江二『憲法〔新版〕』（ぎょうせい，1998年）
野中ほか憲法Ⅰ	野中俊彦・中村睦男・高橋和之・高見勝利『憲法Ⅰ〔第4版〕』（有斐閣，2006年）
野中ほか憲法Ⅱ	野中俊彦・中村睦男・高橋和之・高見勝利『憲法Ⅱ〔第4版〕』（有斐閣，2006年）
長谷部	長谷部恭男『憲法〔第3版〕』（新世社，2004年）

3. 主な雑誌

争点	高橋和之・大石眞編『憲法の争点〔第3版〕』（有斐閣，1999年）
百選Ⅰ	芦部信喜・高橋和之・長谷部恭男編『憲法判例百選Ⅰ〔第4版〕』（有斐閣，2000年）
百選Ⅱ	芦部信喜・高橋和之・長谷部恭男編『憲法判例百選Ⅱ〔第4版〕』（有斐閣，2000年）

4. 判 例 集

下刑集	下級裁判所刑事裁判例集
行集	行政事件裁判例集
刑集	最高裁判所刑事判例集
高民集	高等裁判所民事判例集
裁時	裁判所時報
集民	最高裁判所裁判集民事
訟月	訟務月報
判時	判例時報
判タ	判例タイムズ
民集	最高裁判所民事判例集

執筆者紹介 (掲載順)

笹田　栄司 (ささだ　えいじ) 第1章, 第2章(*2*), 第3章(*15*), 第4章(*18*, *19*)担当
1955年　生まれ
1979年　九州大学法学部卒業
1984年　九州大学大学院法学研究科博士課程修了
現　在　北海道大学大学院法学研究科教授

井上　典之 (いのうえ　のりゆき) 第2章(*1*, *4*), 第3章(*8*, *11*), 第4章(*17*)担当
1960年　生まれ
1983年　神戸大学法学部卒業
1988年　大阪大学大学院法学研究科博士課程中退
現　在　神戸大学大学院法学研究科教授

大沢　秀介 (おおさわ　ひでゆき) 第2章(*3*), 第3章(*6*, *9*, *14*), 第4章(*16*) 担当
1952年　生まれ
1975年　慶應義塾大学法学部卒業
1980年　慶應義塾大学大学院法学研究科博士課程修了
現　在　慶應義塾大学法学部・法科大学院教授

工藤　達朗 (くどう　たつろう) 第3章(*5*, *7*, *10*, *12*, *13*)担当
1956年　生まれ
1979年　中央大学法学部卒業
1981年　中央大学大学院法学研究科博士前期課程修了
現　在　中央大学法科大学院教授

第1章
ロースクール時代の憲法

Ⅰ 憲法訴訟とは

1 民事の事件から考えてみよう

　憲法訴訟は，誰が誰を相手にして訴え，また，どんな訴訟手続で進行していくのだろう。実は，憲法訴訟の手続といってもわが国には「憲法訴訟法」は存在していない。刑事訴訟法，民事訴訟法，そして，行政事件訴訟法などにもとづいて，訴訟が提起され，そのなかで，憲法にかかわる争点をともなって提起されたものを憲法訴訟という（戸松秀典『憲法訴訟』（有斐閣，2000年）1頁）。憲法訴訟は憲法事件と言い換えてもいいと思うが，やはり，最も争点となるのが「人権規定」である。本書のなかでも人権にかかわる事件が数多く取り上げられている。それでは，具体的につぎのような事件を考えてみよう。事件の解決方法がわかると思う。

《基本事件》
　Y_1 が近くの高層ビルから X の住居の内外をビデオカメラで撮影し X のプライバシーを侵害したとして，X は Y_1 に対し慰謝料として 200 万円の損害賠償を請求した。

　これは，民法上の不法行為請求（民709条・710条）である。ところで，プライバシー権については，①「私生活をみだりに公開されないという法的保障ないし権利」，そして，②「自己に関する情報をコントロールする権利」が主張されている。憲法のテキストをみると②が優勢だが，私法の研究者の間では①もよくみられる（五十嵐清『人格権法概説』（有斐閣，2003年）205頁）。基本事件のような「私生活への侵入」のケースでは，プライバシー侵害は，「みだりに

私生活に侵入し、あるいは他人に知られたくない私生活上の事実、情報が公開されたときに成立する」(竹田稔『プライバシー侵害と民事責任〔増補改訂版〕』(判例時報社、1998年) 215頁。②のみならず①とも整合する理解)。判例をみると、戸外から塀越しに原告の居宅内をのぞき見るような形態での写真撮影について、人格権を侵害するとしたものがある（東京地判平成元・6・23判時1319号132頁)。裁判所は、「人が自己の居宅内において、他人の視線から遮断され、社会的緊張から解放された形で個人の自由な私生活を営むことは、人格的利益として何よりも尊重されなければならない」と判示している（前掲東京地判平成元・6・23)。

2 新しいファクターが加わった場合

それでは、基本事件につぎのファクターが加わったら、どう考えればよいだろうか。

> 《発展モデルA》
> 基本事件に、「Y_1はテレビ局（Y_2）の報道カメラマンで、Xは霞が関の某省の局長で巨額脱税事件への関与が疑われていた」というファクターが加わる。

Y_1のビデオカメラによる撮影は巨額脱税事件を報道するための取材活動であり、報道の自由および取材の自由によって保障されている正当な行為と主張している。ここでは、取材の自由とプライバシーの権利との比較衡量が問題になる。人権規定の私人間効力の問題と通説・判例は理解し、民法709条によって両者の調整がされるのである（民法709条の解釈のなかに憲法21条が浸透し、そういう形で

この領域で憲法規範が適用されている。刑法230条の2も参照。奥平康弘『憲法Ⅲ』(有斐閣, 1993年) 81頁以下)。

つぎのような考え方が一般的である。

① Xが関与しているとされる事件は「社会の正当な関心事」(公共情報) であることから, ② Y₁による取材行為が住居侵入等に及ぶなどの不正な方法にわたらない限り, Y₁の行為はプライバシー侵害とは解されない (竹田・前掲199頁以下参照。「違法性阻却事由」がある)。

ここでは, 公共情報とは何か, が問題になる。

3 新しい権利が展開された場合

さらに, 事件はつぎのような展開をみた。

> 《発展モデルB》
> Y₁による取材は1年以上の長期に及び, 取材対象もXの家族を含めるようになり, また, その取材方法がXの家族に執拗につきまとうなどしたため, Xの家族がプライバシー侵害を理由としてY₁の取材行為の差止めを求めた。

Xの家族は, 取材行為の差止めを求めることができるか。まず, プライバシーが重要な法益であることはすでに述べたとおりである (最高裁は, プライバシー"権"とはいっていないが)。そこで, プライバシー侵害を理由に差止めを求めることができるか, を考えてみよう。たとえば, Xらの住居の周辺で街頭宣伝車を使って大音響でXを誹謗中傷する街宣活動が行われたらどうだろう。自宅などの住居は本人および家族の私生活上の本拠地であり,「その安息, や

すらぎの場所となるものであるから，極めて私事性が高い空間」（東京地判平成 9・6・23 判時 1618 号 97 頁）といってよい。そうすると，自宅で平穏に生活することはプライバシーに含まれ，この空間を騒音で脅かすことは許されない行為であり，それに対する差止めは認められよう（東京地判平成 8・1・16 判タ 944 号 222 頁）。

これに対し，《発展モデル B》においては，Y_1 は取材の自由を主張する。そうすると，取材の自由とプライバシーの保護をどのように調整するかが争点となり，上記の事件とは性質が異なるのである。まず，取材行為の差止めは憲法 21 条 2 項が禁止する「検閲」にあたるかどうかが，問題になろう。知事選立候補予定者の名誉を毀損するとして，雑誌記事の事前差止めが争われた「北方ジャーナル事件」において，最高裁は，事前差止めは（行政機関ではなく）司法裁判所が，当事者の申請にもとづき差止請求権等の私法上の被保全権利の存否，保全の必要性について審理判断して発するものであるから，「検閲」にはあたらないと判示している（最大判昭和 61・6・11 民集 40 巻 4 号 872 頁）。

つぎに問題になるのは差止めが認容される要件である。最高裁は，公共的事項に関する表現行為に対する事前差止めは原則として許されないとした上で，例外的に差止めが許される要件として，①その表現内容が真実でなく，またはそれがもっぱら公益を図る目的のものでないことが明白であって，②かつ，被害者が重大にして著しく回復困難な損害を被る虞があるとき，をあげる（前掲最大判昭和 61・6・11）。これは名誉毀損についてであり，プライバシー侵害にそのまま妥当するかどうかは検討する必要がある。1 つの方法は，最高裁判決①について真実性の要件をはずすというものである（前掲東京地判平成元・6・23）。《発展モデル B》について考えると，X の

家族のプライバシーについては「社会の正当な関心事」は成り立たず、XとXの家族は区別して考えなければならない。そうすると、①はクリアしている。ところが、②の要件はそのまま受けとると、Xの家族が「重大にして著しく回復困難な損害を被る虞がある」とまでいえるかが問題になる。ここまで要求するとなるととても厳しいといえないだろうか。実は、プライバシー侵害を根拠とする表現行為の差止めは発展途上にあり、最高裁判例も要件などについて詳しく述べてはいないのである（→ **10**）。

4　民事事件から刑事事件が派生した場合

民事事件から、つぎのような刑事事件が派生した。

> 《発展モデルC》
> Y_1 の取材ビデオにもとづき Y_2 が報道番組として放映したところ、Xは右番組によって名誉を毀損されたとして Y_2 を名誉毀損罪で刑事告発した。当該事件に関する取材の過程についての証言を求められた Y_1 は、取材源の秘匿を理由に証言を拒絶しうるか。

考え方として2つある。最高裁は、「石井記者事件」（最大判昭和27・8・6刑集6巻8号974頁）において、刑事訴訟法143条の証言義務が、「国民が司法裁判の適正な行使に協力すべき重大な義務」であること、そして、刑事訴訟法149条の定める例外規定（証言拒絶権を認められる場合）は限定的列挙であり、これを新聞記者に類推適用すべきではない、と判示している。この判決をそのまま受け入れれば、Y_1 は証言を拒絶することはできない。

一方、その後の最高裁判例の展開をふまえ、取材の自由を高く評

価する「もう1つの考え方」がある。それはつぎのような展開をみる。①取材の自由を「憲法21条の精神に照らし，十分尊重に値するもの」とする博多駅事件最高裁大法廷決定（最大決昭和44・11・26刑集23巻11号1490頁）を前提とすれば，「取材の自由も報道の自由の一環として憲法21条によって保障されて」いる。②「取材活動は公権力の介入から自由でなければならず，報道機関と情報提供者との信頼関係が十分に確保されなければならない」（芦部・167頁）。したがって取材源秘匿も憲法上の保護を受けるが，それは，「取材源が明らかにされることにより，情報提供者が記者への今後の情報提供を躊躇し，将来の取材活動への萎縮的効果が生じるからである」（鈴木秀美「マス・メディアの取材活動とその限界」渡辺武達・松井茂記編『メディアの法理と社会的責任』（ミネルヴァ書房，2004年）86頁）。③取材源秘匿権と公正な裁判の実現の要請との調整については，重大な誤判の可能性があり，取材源の開示を求める以外に方法が存しないという場合を除き，取材源開示拒否を認めるべきである（松井茂記『マス・メディア法入門〔第3版〕』（日本評論社，2003年）205頁）。

5 多様な救済方法

ここでまとめをすると，プライバシー侵害があった場合，事後的な救済方法としては，損害賠償があり，事前の救済方法として仮処分による差止めがある。これは，基本事件や発展モデルAおよびBでみてきた通りである。ところで，名誉毀損については，事後的な救済方法として，謝罪広告や反論文掲載がある。名誉毀損では，公表そのものの当否ではなく，「虚偽の事実の公表によって『名誉』がきずつけられたことが問題になる」から，謝罪広告・反論文掲載が救済手段として検討される。これに対し，「プライバイシー侵害

では，真か嘘かがではなく，『公表』されたことそのことの当否が問われる」がゆえに，救済手段として謝罪広告などは考えられない（奥平康弘『ジャーナリズムと法』（新世社，1997年）145頁）。

6 私人間紛争の解決と人権規定

多様な救済方法があることを理解できたであろうか。ところで，基本事件，発展モデルA・Bと同じく民事訴訟であるつぎの事案も，見落としてはならない重要な憲法事件である。

A社は，就業規則で，定年年齢を男性60歳，女性を50歳と定めていた。このように，男女別年齢で定年を定めるA社の就業規則は認められるか。

A社は，「性別による差別待遇ではなく職種の差異にもとづく待遇の差異に過ぎず，平等原則違反とはならない」と主張したが，最高裁は，「就業規則中女子の定年年齢を男子より低く定めた部分は，専ら女子であることのみを理由として差別したことに帰着するものであり，性別のみによる不合理な差別を定めたものとして民法90条の規定により無効であると解するのが相当である（憲法14条1項，民法1条ノ2〔現行2条〕参照）」と判示している（「日産自動車事件」最判昭和56・3・24民集35巻2号300頁）。これは人権規定の私人間効力といわれる問題で，民法90条の「公序良俗」該当性判断のなかで憲法14条1項の性差別禁止が具体化されている（→ *1* ・ *5*）。

また，私人間の紛争に適用される法律の違憲性が問題となり，裁判所がその争点に判断を加えずして解決できないと考えるときは，憲法論議が避けて通れない。この場合，裁判所は，憲法規定の直接適用・間接適用を問題にすることなく憲法判断をしている（戸松・前掲205・207頁）。

Ⅱ 対公権力の訴訟

1 考えてみよう

憲法訴訟の例としておもに民事事件を取り上げたが、普通は、国や地方自治体を相手とした、固い言葉を使えば、対公権力の訴訟が思い浮かぶだろう。刑事訴訟、行政訴訟がそうである。具体的に、つぎの事例を考えみよう。

《基本事件》
　昭和 54 年 11 月 1 日、X_1 は X_2 との間に A を出産し、X_2 が聴覚障害者であったため X_1 は、昭和 56 年 3 月 4 日に児童扶養手当法（昭和 60 年改正以前のもの）4 条 1 項 3 号にもとづき児童扶養手当の認定を申請した。これに対し Y_1（知事）は申請の翌々月である 5 月 28 日より支給を開始する旨を X_1 に通知した。ところで、このように X_1 による申請が遅れたのは、X_1 らが児童扶養手当制度を知らなかったためであった（なお、児童扶養手当は過去に遡って認定を行うという遡及主義を採用していない）。
　X_1 および X_2 は、A 出生後すぐに申請していれば本来なら支給されたはずの 1 年 4 か月分の児童扶養手当を取り戻したいと考えた。X_1 および X_2 は、国家賠償法にもとづく損害賠償請求と、児童扶養手当認定処分の取消を求めて訴訟を提起した。

2 解　説

X_1 および X_2 は、右の申請の遅滞は Y_1 が故意または過失により児童扶養手当制度の存在や内容などについて広報活動により県民に周知徹底させる義務を怠ったためであるとして、国家賠償法 1 条にもとづき、Y_1 の周知徹底義務違反により不支給とされた期間の児童扶養手当相当額の損害賠償を求め出訴した。

これは国家賠償訴訟である。そうすると，広報活動が「公権力の行使」にあたるのかどうか，公務員に「故意・過失」があったかどうか，そして「違法に損害を加えた」かどうか，が問題になる。

　地裁は，認定請求主義（非遡及主義）をとる社会保障給付について，担当行政庁の周知徹底等の義務は，「憲法25条の理念に即した手当法1条，7条1，2項の解釈から導き出され」，社会保障ないし社会福祉制度の実効を確保するための「法的義務」であり，国家賠償法1条1項の「公権力の行使」に含まれる，とする。そして，公権力の行使にあたる公務員である Y_1 の過失による違法な周知徹底の不完全ないし不正確により，X_1 は出産前後に手当制度の存在をしることができずに認定請求ができなかったとして，X_1 の請求を一部認容した（京都地判平成3・2・5判時1387号43頁）。

　ところで，広報活動については，一般公衆を対象とした一般的広報活動と窓口における助言等の個別的広報活動とに分けることができる。問題になるのは後者である。第2審判決は，「憲法25条の理念に即した手当法1条，7条1，2項の解釈」から助言・教示などの義務を導くことは，憲法25条の法的理解および児童扶養手当法1条・7条の文言からして困難とする（内容・範囲の特定が難しいのである）。そうすると，Y_1 の広報活動を法的義務と解しないのであれば，「そのような法的義務の存在を前提とし，これを怠ることが公務員の過失に当たるものとして，国家賠償法に基づき国に損害の賠償を請求することはできない」。例外的に損害賠償が認められるのは，誤った教示が行われたときであるが（その場合は，Y_1 の対応が裁量の範囲を逸脱して違法性を帯びることになる），本件では，そのようなことは認めることができない，と高裁は判示している（大阪高判平成5・10・5訟月40巻8号1927頁。神橋一彦「児童扶養手当制度に

関する国の広報・周知義務」佐藤進・西原道雄・西村健一郎・岩村正彦編『社会保障判例百選〔第3版〕』(有斐閣, 2000年) 220頁参照)。

国家賠償訴訟の枠組みはおおよそ理解できただろうか。このように,公権力行使の違法性にもとづき国家賠償請求を行うなかで,国および地方公共団体の行為の違憲性が主張されることが多い。「違憲の」公権力の行為を取り消すことを直接の目的とはしないが,行政事件訴訟の要件が厳格に解釈されていることもあり,損害賠償請求のなかで公権力の作為(あるいは不作為)の違憲確認を得ようとするといってもよい。本書で取り上げたものでは,*11*・*13*・*15* など多くの事例がある。憲法訴訟において重要な役割を国家賠償訴訟がはたしていることがわかるだろう。

ところで,本書で取り上げている *19* は少しかわったタイプである。国家賠償訴訟が提起された後,訴訟上の和解で事件が決着しているからだ。このような訴訟上の和解による解決方法は最近増大しているが,憲法の観点からはいろいろと検討する課題がある。

それでは,行政訴訟に目を向けてみよう。

3 行政訴訟

行政訴訟は,抗告訴訟,当事者訴訟,民衆訴訟および機関訴訟を含むが,そのなかで中心となるのが,「行政庁の公権力の行使に関する不服の訴訟」(抗告訴訟)のなかの「取消訴訟」(行訴3条2項)である。本件事例においても取消訴訟が提起されている。取消訴訟は,行政庁による公権力の行使の違法・違憲を直接に争う訴訟類型と言い換えることができる。(a)争われている行政庁の行為が「処分その他公権力の行使」に該当し,(b)取消訴訟を提起できる者は当該処分または裁決の取消しを求めるにつき「法律上の利益」を有しな

ければならない（行訴9条），という訴訟要件のハードルが存在する。

それでは，「基本事件」に即してみてみよう。児童扶養手当法4条1項は当該児童の「母又はその養育者」に対し手当が支給されると規定する。したがってX₁は，児童扶養手当法にもとづく受給に関する処分の法律上の効果として，直接自己の権利を侵害される者ということができ，行政事件訴訟法9条にいう当該処分の取消しを求めるにつき「法律上の利益を有する者」に含まれる。これに対し，X₂については，「養育者」のカテゴリに含まれるかどうかが問題になるが，児童扶養手当法4条1項は，母がいないかもしくは母が監護をしない場合に，児童と同居し，それを監護し，かつその生計を維持するものを「養育者」と定めている。そうすると，X₂について児童扶養手当法の規定する「養育者」であるとすることは困難であるから，原告適格は認められない。

X₁がY₁の認定処分全体の取消しを求める訴訟を考えてみよう。その際，取消判決がだされ，（X₁が主張する）非遡及主義をとる児童扶養手当法7条1項の違憲が認められれば，判決理由中の拘束力によってY₁の新たな認定処分がなされることになろう。裁判所は理由のなかで（児扶手7条1項違憲から）遡及的に手当を支給すべきことを指摘し，それにもとづいてY₁はA出生時から手当を受給することができるであろう。ただ，右処分が取り消された場合，処分がなされる前の状態に戻り，改めてY₁が処分を行うことになるから権利の救済としては遠回りに感じられる（新たな事情が生じたとしてY₁が改めて従来どおりの処分を行うことさえありうるのだから）。

設問の時間的設定を離れるなら，今回の行政事件訴訟法改正により義務付け訴訟が法定されたことから（行訴3条6項・37条の2および3），X₁はより直接的に，認定処分の取消訴訟に併合してA出生

時からの児童扶養手当の支給を義務付ける訴訟を提起することも考えられる(義務付け訴訟は従来もできなかったわけではないが,許容される要件のハードルが高く,容易に認められなかったのである)。その場合,義務付け訴訟については「義務付けの訴えに係る処分」をすべき旨を命ずる判決がだされることにより X_1 の主張にそったものとなりうる(もっとも,義務付け訴訟が認められるためには,非遡及主義を採る児童扶養手当法 7 条 1 項違憲論に立つか,あるいは個別的に,X_1 の申請の遅れについて Y_1 に責任の一端があるということが必要になろう)。

行政訴訟の提起はなかなか複雑でややこしいところが多い。この問題については,当然のことながらもっぱら行政法学が検討を加えている。しかし,訴訟提起に深くかかわるのだから,憲法 32 条「裁判を受ける権利」の観点からも重要な意味を持つことはすぐわかるだろう。ところで,行政事件訴訟法は平成 16 年に本格的な法改正が行われた。*2* で詳しく述べているが,救済手段が多様化している点に特徴がある。行政訴訟の入り口をひろげるだけでなく,仮の救済などを導入することで救済の方法(訴訟の中身・出口)も整備しようとしている。

4 刑事訴訟

刑事訴訟も憲法事件の重要な一部である。Ⅰの**《発展モデルC》**がその例だ。憲法 31 条以下の規定が刑事手続を主たる対象としているから,それも当然だが,表現の自由についても,デモ行進を規制する公安条例や「わいせつな文書,図画その他の物を頒布し,販売し,又は公然と陳列した者」を処罰する刑法 175 条が問題になる。つまり,公安委員会の許可を受けずにデモ行進を行い,公安条例違反として起訴された場合,公安条例を憲法 21 条に反すると主張す

ることも考えられるし，出版した小説が刑法175条違反として起訴された場合，刑法175条が憲法21条に違反しているかどうかにくわえ，「わいせつ」の判断基準が争点となるだろう。もっとも刑事事件は検察の起訴によってはじまるから，行政事件訴訟のように訴訟の入り口について検討されることはあまりない。刑事罰をサンクションとすることにより人権を規制する法律・条例の合憲性，そして刑事訴訟手続自体の合憲性が問われるなかでもっぱら議論されるのである。

本書では刑事訴訟を主たる対象とした事件は取り上げていないが，**15**や**2**など至るところで刑事事件は顔を出している。本書のテーマと合わせて考えてみてほしい。

5 客観訴訟

最後に，具体的事件性（権利侵害の要件）を前提にせず，法律で例外的に創設された制度である客観訴訟（民衆訴訟と機関訴訟）も忘れてはならないだろう。

そのなかで，憲法事件を考えた場合，重要なのは民衆訴訟（行訴5条・42条）である。選挙人たる資格その他自己の法律上の利益にかかわらない資格で提起する「選挙訴訟」（公選203条・204条）と，地方自治体による財務会計行為が対象とする住民訴訟（自治242条の2）がある。本書で取り上げている**16**は前者，**9**は後者だ。なお，機関訴訟（行訴6条・42条）は，法律に定める場合において，法律に定める者に限り提起することができるとするもので，国の関与に関する訴えの提起（自治251条の5），都道県の関与に関する訴えの提起（自治252条）がある。

6 まとめ

　憲法事件という場合，実に多くのパターンがあり，それに応じて救済の仕組みが整えられている。本書では，憲法上重要な意味を持ち，比較的新しい事件で，訴訟法の枠組みがそれほど込み入ってないものを取り上げているが，「救済の仕組み」が十分でないものもあれば，当初の意図とは違った使われ方をしているものもあろう。別の言い方をすれば，「救済の仕組み」についての検討は発展途上なのである。人権の「救済の仕組み」に関係する行政事件訴訟法，民事訴訟法，そして刑事訴訟法などの該当する条文を理解した上で，憲法的思考をジャンピングボードにすることも，「救済」の検討にあたっては時には必要なのである。

第2章
司法審査の枠組み

第２章
日本経済の十年間

1 自衛隊裁判と私法行為

事　案

　自衛隊をめぐる憲法問題は，そのそもそもの前身である警察予備隊の設置当時から裁判所に持ち込んで争おうとする市民の側の積極的な姿勢とは対照的に，最高裁は，一貫してその正面からの判断を避けようとする消極的な姿勢を崩していない。ここで取り上げる事案も，その複雑な様相にもかかわらず，最高裁は，国の私法行為に対する憲法の効力を否定するという問題に転換して回答している。

　国は，関東地区に航空自衛隊の基地を建設する必要を生じ，旧帝国海軍航空隊の訓練所の所在地であった茨城県の百里原に基地建設の計画を立て，昭和31年5月からその準備をはじめた。これに対して，地元の住民たちの間で基地建設反対運動が起こり，建設推進派の町長をリコールし，昭和32年4月には反対派の指導者であった人物Yを町長に選出するに至った。このような状況にもかかわらず，国は係官を現地に派遣し，土地所有者たちとの折衝を重ね，基地用地の売買契約を着々と成立させていった。そのなかで，基地建設に不可欠の場所に土地を所有していたXは，反対派の町長Yの使用人であったZを名義人としてその間で当該土地の売買契約を締結したが，ZはXにその売買代金の一部を支払わなかった。そこで，Xは，Zとの契約を解除した上で，当該土地について国との間で売買契約を締結した。Xおよび国はZおよびYに対して所

有権確認等の請求を行ったが,それに対してZおよびYはXおよび国に反訴,参加請求を行い,訴訟形態は極めて複雑になったが,憲法上の争点は,Xと国との間の売買契約は日本国憲法98条1項の「国務に関するその他の行為」にあたるか,売買契約という国の私法行為に日本国憲法9条が直接適用されるか,直接適用されないとしても9条の趣旨を読み込んだ民法90条の公序良俗違反として無効となるか,であった。

　第1審判決(水戸地判昭和52・2・17判時842号22頁)は,9条問題については統治行為論を用いることで回避し,その他の争点については否定することでXおよび国を全面的に勝訴させた。第2審判決(東京高判昭和56・7・7判時1004号3頁)も,9条問題はさておき,とした上で,売買契約は私法行為であることから私法の規律しか受けず,また,平和的生存権というものも具体的訴訟における違法性判断基準にはならないとの判断を下した。最高裁判決(最判平成元・6・20民集43巻6号385頁)は,「国務に関するその他の行為」とは「公権力を行使して法規範を定立する国の行為」とし,私法行為はそれには該当しない,日本国憲法9条は私法行為には直接適用されない,平和主義や平和的生存権は民法90条の「公の秩序」の内容の一部を形成しないとして,YおよびZの主張をすべて退けている。なお,本件の最高裁判決では,とくに9条の直接適用を否定する趣旨で,人権の私人間効力に関する三菱樹脂事件の最高裁判決(最大判昭和48・12・12民集27巻11号1536頁)を引用している。

Point

① 裁判所は,自衛隊をめぐる憲法裁判で,どのような手法で正

面からの判断を逃れようとしているか。
② 国の私法行為は憲法の規律に服さないのか。
③ 私法行為に民法90条を媒介して憲法規範を適用することはできるのか。

解　説

1 裁判所は，自衛隊をめぐる憲法裁判で，どのような手法で正面からの判断を逃れようとしているか

(1) 抽象的違憲審査制の否定という手法

　憲法9条の平和主義をめぐる事件は，日本の違憲審査制を考える上で非常に重要な役割をはたしている。まず，最初の事件は，日本の違憲審査制の性質を決定付けたとされる警察予備隊訴訟（最大判昭和27・10・8民集6巻9号783頁）である。この事件は，当時の野党の代表であった原告が，最高裁に第1審にして終審としての憲法判断をする権限を有する裁判所として，昭和26年4月1日以降国がなした自衛隊の前身である警察予備隊の設置・維持に関する一切の行為の無効確認を求めたものであった。最高裁は，「裁判所が現行の制度上与えられているのは司法権を行う権限であり，そして司法権が発動するためには具体的な争訟事件が提起されることを必要とする」という判断を出発点にする。そして，最高裁は違憲審査権を有するが「この権限は司法権の範囲内において行使されるものであり」，憲法81条は最高裁が「憲法に関する事件について終審的性格を有することを規定したものであ」って，固有の権限として「抽象的な意味の違憲審査権を有すること並びにそれがこの種の事件について排他的すなわち第1審にして終審としての裁判権を有するも

のと推論することを得」ず、さらに、最高裁が「抽象的な無効宣言をなす権限を有するものと」すれば、それは「すべての国権の上に位する機関たる観を呈し三権独立し、その間に均衡を保ち、相互に侵さざる民主政治の根本原理に背馳するにいたる恐れなしとしない」とする。結局、「現行の制度の下においては、特定の者の具体的な法律関係につき紛争の存する場合においてのみ裁判所にその判断を求めることができるのであり、裁判所がかような具体的事件を離れて抽象的に法律命令等の合憲性を判断する権限を有するとの見解には、憲法上及び法令上何等の根拠も存しない」との判断が下され、9条問題には一切触れずに事件は処理された。

警察予備隊訴訟は、憲法学説によって一般的に日本の違憲審査制の性格を付随的審査制と明言したものと解されることになる。その理由としてあげられるのが、現行の制度上裁判所に付与されているのが司法権であり、司法権発動には具体的な争訟事件の提起が必要とされる点である。ただ、最高裁は、違憲審査制という日本国憲法になって明文で規定されるに至った制度の性格を積極的に付随的審査制とするのではなく、具体的な争訟事件とは無関係に抽象的な憲法判断を下す権限を否定し、憲法81条から自らにそのような権限を持った排他的な第1審にして終審としての憲法裁判所ととらえる解釈は導き出せないと判断しているにすぎない（この点については、井上典之「ロー・スクール　判例にみる憲法実体論(1)　プロローグ——違憲審査制の樹立」法セミ604号（2005年）104頁）。そして、警察予備隊設置に関する具体的な処分を含めた一切の国の行為の無効の確認を求める原告による請求に対しては、そのような請求は「具体的な法律関係についての紛争に関するものでないことは明白」として、「かかる訴訟については最高裁判所のみならず如何なる下級裁判所

も裁判権を有しない」との判断から，最高裁は，警察予備隊に関する一切の国の行為の憲法適合性審査の可能性を，抽象的審査としてすべての裁判所から除外するという結論を提示した。その結果，この警察予備隊訴訟は，「日本国憲法のもとにおける違憲審査制の性格づけを明らかにしたものとして有名であるが……，9条問題について判断回避をした最初の判決として重要」（浦部法穂『全訂憲法学教室』（日本評論社，2000年）440頁）とされる。

(2) **憲法判断回避の方法**

下級審の判決ではあるが，「成立当初から合憲性が問題になっていた自衛隊に関して初めての憲法判断が期待されていた」が，「いわゆる『法律解釈による憲法判断の回避』とよばれるテクニックでもって事件を処理した」（中谷実「法律解釈による憲法判断の回避」基本判例・209頁）のが，恵庭事件（札幌地判昭和42・3・29下刑集9巻3号359頁）である。この事件は，自衛隊の演習のために経営する牧場の乳牛に被害を被っていた者が演習を妨害するために連絡用の電話通信線を切断し，自衛隊法121条違反で起訴された刑事事件である。札幌地裁は，自衛隊法121条に規定する「その他の防衛の用に供する物」というのは「武器，弾薬，航空機」という「例示物件とのあいだで，法的に，ほとんどこれと同列に評価しうる程度の密接かつ高度な類似性のみとめられる物件を指称するというべき」とし，電話通信線は例示物件との類似性に実質的な疑問があり，「その他の防衛の用に供する物」に該当しないと判断した。その上で，弁護人は「自衛隊法全般ないし自衛隊等の違憲性を強く主張しているが，およそ，裁判所が一定の立法なりその他の国家行為について違憲審査権を行使しうるのは，具体的な法律上の争訟の裁判においてのみであるとともに，具体的争訟の裁判に必要な限度にかぎられ

る」とし，刑事事件の場合，「当該事件の裁判の主文の判断に直接かつ絶対必要なばあいにだけ，立法その他の国家行為の憲法適否に関する審査決定をなすべきことを意味する」とする。そして，札幌地裁は，被告人の「行為について，自衛隊法121条の構成要件に該当しないとの結論に達した以上，もはや，弁護人ら指摘の憲法問題に関し，なんらの判断を行う必要がないのみならず，これをおこなうべきでもない」との判断を下した。

これに対して，同じく自衛隊の合憲性が争われ，札幌地裁によって判断が下された長沼事件の第1審判決（札幌地判昭和48・9・7判時712号24頁）は，恵庭事件の判断とは一線を画するものとなっている。この事件は，自衛隊のナイキ・ミサイル基地建設のために農水大臣によって行われた保安林の指定解除処分の取消しを基地建設予定地の周辺住民が求めて提起した取消訴訟である。ここで，札幌地裁は，つぎのように述べて憲法判断の回避を否定した。「裁判所は具体的争訟事件の審理の過程で，国家権力が憲法秩序の枠を越えて行使され，それゆえに，憲法の基本原理に対する黙過することが許されないような重大な違反の状態が発生している疑いが生じ，かつその結果，当該争訟事件の当事者をも含めた国民の権利が侵害され，または侵害される危険があると考えられる場合において，裁判所が憲法問題以外の当事者の主張について判断することによってその訴訟を終局させたのでは，当該事件の紛争を根本的に解決できないと認められる場合には，前記のような憲法判断を回避するといった消極的な立場はとらず，その国家行為の憲法適合性を審理判断する義務があるといわなければならない」。そこで，憲法問題についての判断については，9条の解釈論を積極的に示すと共に，自衛隊の当時の規模，装備，能力等について証拠にもとづき詳細な事実認

定を行い，自衛隊は「陸海空軍」という「戦力」に該当し，したがって自衛隊法等は憲法9条2項に違反するとの判断が下された。

(3) **統治行為論**

長沼事件の第1審判決は「自衛隊が陸海空軍という戦力に該当し憲法違反であることを，日本裁判史上初めて示した画期的なものであった」（浦田・後掲② 181頁）。これに対して，第2審判決（札幌高判昭和51・8・5 行集27巻8号1175頁）は，農業用水確保のための代替施設，洪水防止施設の整備により保安林指定解除処分を争う具体的利益はなくなっているとして訴えを却下する判断を下しながら，自衛隊等の憲法適合性判断については第1審と「異なる結論を有するので，以下，この点に関する見解を付加する」として，独自の判断を提示する。そこではまず，「立法，行政にかかる国家行為の中には，国の機構，組織，並びに対外関係を含む国の運営の基本に属する国政上の本質的事項に関する行為もあるのであって，この種の行為は，国の存立維持に直接影響を生じ，最も妥当な政策を採用するには高度の政治判断を要」し，このような「高度の政治性を有する国家行為については，統治行為として第一次的には本来その選択行使を信託されている立法部門ないし行政部門の判断に従い終局的には主権者である国民自らの政治的批判に委ねらるべく，この種の行為については，たとえ司法部門の本質的職責である法的判断が可能なものであり，かつそれが前提問題であっても，司法審査権の範囲外にある」のであり，ただ，「立法，行政機関の行為が一見極めて明白に違憲，違法の場合に」だけ司法審査権が排除されないとするいわゆる統治行為論が展開される。その上で，自衛隊の設置，運営等は国防に関する国家政策の実現行為であり，日本が他国の武力侵略に対し如何なる防衛態度をとるかの選択は「高度の専門技術的

判断とともに，高度の政治判断を要する最も基本的な国の政策決定にほかなら」ず，「一見極めて明白に違憲，違法と認められるものでない限り，司法審査の対象ではな」く，9条2項については「自衛のための軍隊その他の戦力の保持が禁じられているか否かにつき積極，消極の両説がある」のであって，自衛隊の実体については広く高度の専門技術的見地から相関的に評価すべきで，また，自衛隊が一見極めて明白に侵略的であるとはいい得ず，自衛隊の存在が憲法9条に違反するか否かは，結局，統治行為に関する判断として国会および内閣の政治行為として，窮極的には国民全体の政治的批判に委ねられるべきものである，との判断が下された。

長沼事件のように行政事件の場合，行政事件訴訟法上の訴訟要件の具備が必要になる。第1審判決は，本案前の訴訟要件の存在を認めた上で，本案についての判断を行い，そこで自衛隊の憲法適合性についての判断を展開することで憲法訴訟としての形態を提示するが，第2審判決は，行政事件訴訟法上の訴訟要件を否定して訴え却下の判断を下しながら，自衛隊と憲法9条の問題についての付加的意見を示したために「本来的法形式的には行政訴訟の次元に止まりながら，しかも付加的実質的には憲法訴訟の次元にも及んだ判決」（浦田・後掲② 183頁）となっている。そして，その付加的見解が統治行為論であって，ここでは，統治行為論の適用が「判決の主文を導き出す上では必要もないのに，『付加』的に論じられて」おり，はたしてその判断が必要であったのかどうかという点で，「そのこと自体のもつ政治性がまず疑問とされざるを得ない」（山内敏弘「自衛隊と統治行為」百選Ⅱ 366頁）といわれているが，結局は，自衛隊の憲法問題を「一見極めて明白に違憲，違法と認められるものでない限り，司法審査の対象ではない」として裁判所の審理対象から除

外している。そして，自衛隊を「一見極めて明白に侵略的なものであるとはいい得ない」ことから「自衛隊の存在等が憲法9条に違反するか否かの問題は，統治行為に関する判断」として司法判断の対象から自衛隊の憲法問題を排除するならば，長沼事件の最高裁判決のように，もっぱら行政事件訴訟法上の訴訟要件論で事案を処理し（**2**参照），憲法判断については留保しておく手法の方が消極的には評価できるとの見解が主張されることになる（このような見解があることについては，浦部・前掲451頁参照）。なお，百里基地訴訟の第1審判決は，9条は自衛権行使やそのための組織を整備することまで禁止するものではないとの解釈を示した上で，現実の自衛隊が自衛の限度を超えるか否かについては高度に政治性のある問題になるとする統治行為論により，その憲法判断を回避している。

2 国の私法行為は憲法の規律に服さないのか

(1) 通常の民事事件での憲法問題

憲法9条をめぐる裁判事例は，直接最高裁への提訴という警察予備隊訴訟にはじまり，刑事事件となった恵庭事件，行政事件訴訟法の取消訴訟であった長沼事件と，様々な訴訟手続で裁判所に持ち込まれ，しかしながらまともな実体解釈論を引き出すことができずに終わっている。百里基地訴訟も，もし国がXとの間で売買契約を締結するかわりに土地収容という手法を採っていたならば，ZやYは，行政訴訟で土地収容の問題を提起していたであろうことが予想できる。しかし，現実には売買契約という私法行為によって土地取得行為が行われたために，ここでは通常の民事事件として裁判所に事件が持ち込まれ，民事上の争点のなかで憲法9条の問題が争われることになった。もちろん，売買契約をめぐる所有権の確認という

通常の民事紛争であることから具体的争訟性は認められ，複雑な訴訟要件についての問題は提起されず，その意味で実体的判断を期待できるものであった。しかし，民事訴訟であるがゆえに，実体問題として国の土地取得の基礎になった売買契約の無効事由として憲法9条違反がZによって主張され，国による売買契約の動機目的が自衛隊基地建設である場合，その動機それ自体が憲法9条に違反するのか，売買契約が憲法98条1項により無効になるのか，あるいは民法90条の解釈として憲法9条が間接的に適用されて無効になるのか，という点が争点として提起されたのであった。

　百里基地訴訟では，伊藤正己裁判官の補足意見がいうように9条という「国の統治機構ないし統治活動についての基本的政策を明らかにしたもの」の私法関係における効力が争われた事件であったために，また，一方当事者が国であって，従来の私人相互の間での人権規定の効力についての私人間効力が争われていた事件とは異なり，「私法関係における憲法の効力の問題として見た場合にも，特殊性がある」（浦田一郎「憲法第9条と国の私的行為」百選Ⅱ368頁）。なお，第2審判決は，司法審査権行使の基本方針として，「その行使は，具体的訴訟事件の解決に必要・不可避な場合に限り，しかも，その限度においてのみ，正当化されるのであって，たとえ憲法問題が記録上適法に提起され，この点の審理が行われた場合であっても，単なる当事者の希望や憲法判断の理論的先行性の故をもって右の権限を行使することは，許されないものというべきである」と述べ，その上で，この事件では「提起された憲法問題について判断を加えるまでもなく，すでに本件訴訟の結論を導き出すことが可能であり，しかも，この訴訟で右の憲法問題について判断を加えるのでなければ，控訴人ら（ZおよびY＝井上）がその基本的人権を侵害されて

回復し難い損害を被る等特段の事情についての主張・立証はないのであるから」,憲法「問題については,あえて,当裁判所の見解を示さないこととする」とし,自衛隊と憲法9条の関係についての判断を回避して,私法行為についての憲法の効力の議論で事件を処理している。なお,これに関連して,最高裁判決についても,「憲法判断のあり方に関する基本方針について特別に言及しなかったが,憲法判断を回避するための基本的論拠」として,「国の私法的行為」における憲法の適用可能性や公序良俗違反の内容についての判断をあげていると指摘されている(栗城・後掲① 49 頁)。

(2) **法規範定立行為と私法行為の区別**

第2審判決が憲法98条1項の不適用の理由を公法と私法,私的自治の原則と私法の自律性に重点を置いたのに対して,最高裁は,まず,憲法98条1項の「国務に関するその他の行為」には国の私法上の行為も含まれるとするZおよびYの主張に対して,法規範定立行為と私法行為の区別を指摘する。すなわち,憲法98条1項は「憲法が国の最高法規であること」を定めた規定であるから,「国務に関するその他の行為」もそこに列挙された「法律,命令,詔勅と同一の性質を有する国の行為,言い換えれば,公権力を行使して法規範を定立する国の行為を意味」するとする。そして,「行政処分,裁判などの国の行為は,個別的・具体的ながらも公権力を行使して法規範を定立する国の行為であるから,かかる法規範を定立する限りにおいて国務に関する行為に該当するものというべきであるが,国の行為であっても,私人と対等の立場で行う国の行為は,右のような法規範の定立を伴わないから憲法98条1項にいう『国務に関するその他の行為』に該当しないものと解すべきである」との判断を下す。その結果,ここで問題となる土地取得のための売買

契約は、「国が行った行為ではあるが、私人と対等の立場で行った私法上の行為であり、右のような法規範の定立を伴わないことが明らか」として、憲法98条1項の「国務に関するその他の行為」には該当しないと結論する。さらに、最高裁は、売買契約が「国がその活動上生ずる個別的な需要を賄うためにした私法上の契約」という特性から、「私法上の契約の効力発生の要件としては、国がその一方の当事者であっても、一般の私法上の効力発生要件のほかには、なんらの準拠法規を要しないことは明らかであり、したがって、本件売買契約の私法上の効力の有無を判断するについては、防衛庁設置法及びその関連法令について違憲審査をすることを要するものではない」として、憲法判断の不要性を導き出している。

　国が私人と対等の立場で私法上の契約を締結する場合、当該契約締結という法律行為は、本当に規範定立行為ではないのか、という問題について、最高裁は、当然ノーと考えているのであろう。そこには、私法行為が問題になる場合、国が私人と対等の立場に立つという事実から、国と私人を「基本的に同一視している」が、「これは、割り切り過ぎた問題把握の仕方ではないであろうか」（浦田・前掲369頁）との疑問が提起されている。また、たとえ私法上の法律行為が規範定立行為であっても、国が私人と対等の立場に立つ以上、公権力を行使した法規範定立行為ではないということから、私法行為には憲法が効力を及ぼさないと考えているのかもしれない。ただ、そこで先例として用いられているのは、刑訴応急措置法事件（最大判昭和23・7・8刑集2巻8号801頁。なお判決では昭和23年7月7日とされているが判例出典から日付が1日間違っているのではないかと思われる）であり、これが本当に適切な先例となるのか否かは問題となる。というのも、刑訴応急措置法事件では、「一切の抽象的規範は、法

律たると命令たると規則たるとを問わず、終審として最高裁判所の違憲審査権に服すると共に、一切の処分は、行政処分たると裁判たるとを問わず、終審として最高裁判所の違憲審査権に服する」とされ、さらに、憲法98条1項の「国務に関するその他の行為」について、「行政処分も裁判も共に国務に関する行為であることは、疑を容れる余地もない」とされているにすぎず、その点で、「98条1項から国の私法的行為を除く趣旨を示していない」（浦田・前掲369頁）からである。

3 私法行為に民法90条を媒介して憲法規範を適用することはできるのか
(1) 国の私法行為と私人間効力

国の私法行為に憲法の効力が及ばないとすれば、一体何を基準に当該契約の有効性が判定されるのかという問題に対して、最高裁は、憲法の保障する平和主義や平和的生存権が直接適用されるのか否かという問題にして検討を加える。これについて、最高裁は、まず、「平和主義ないし平和的生存権として主張する平和とは、理念ないし目的としての抽象的概念であって、それ自体が独立して、具体的訴訟において私法上の行為の効力の判断基準になるものとはいえ」ないとする。ただ、そういいながらも、最高裁は、さらに、「憲法9条は、その憲法規範として有する性格上、私法上の行為の効力を直接規律することを目的とした規定ではなく、人権規定と同様、私法上の行為に対しては直接適用されるものではないと解するのが相当」とし、「国が行政の主体としてでなく私人と対等の立場に立って、私人との間で個々的に締結する私法上の契約は、当該契約がその成立の経緯及び内容において実質的にみて公権力の発動たる行為となんら変わりがないといえるような特段の事情のない限り、憲法

9条の直接適用を受けず，私人間の利害関係の公平な調整を目的とする私法の適用を受けるにすぎない」として，人権の私人間効力についての判断を示した三菱樹脂事件の最高裁判決（最大判昭和48・12・12民集27巻11号1536頁）を先例として引用する。

ここで，最高裁は，憲法9条と人権規定を区別しない立場に立ち，その観点から国の私法行為も私人相互間での人権規定に関する私人間効力とを同一レベルでとらえるという問題設定を行っている。だとすれば，もしここで問題になるのが憲法9条でなく人権規定の場合であっても，同じように国の私法行為という理由で人権規定の適用は否定されることになるのであろうか。私法の基本原則である私的自治が，「各人は，誰とどのような内容・形式の契約を結ぶか（結ばないか）について，原則として自由に決定できる」国家からの自由として，「憲法の保障する自己決定権」の1つととらえる（小山・後掲④83頁。なお，山本・後掲⑧22頁以下では，私的自治と契約自由を区別してそれぞれの保障と意味を検討する）ことができるとすれば，国は，人権主体となり得ないという意味で，決して自己決定権としての私的自治の保障を誰に対しても主張し得ないし，国の私法行為による人権侵害が問題になる場合には，国が人権主体ではないということから人権対人権の利益衡量が行える場面でもないということになる（この場合にはやはり国の人権侵害行為が憲法上正当化できるかどうかが私法の一般規定を媒介にして検討されることになるのであろうか，検討の余地はある）。もちろん，ここでは人権規定が問題になる場面ではないが，私法行為において憲法9条を人権規定と同様にとらえるということは，最高裁は，人権規定も私法行為の場合にはその効力を消極的に解していると暗示していると考えることが可能になるのではないだろうか（私人間における人権規定の無効力説を再評価する

ものとして，高橋・後掲⑤および⑥がある）。

(2) **公序良俗違反の基準**

では憲法9条を間接的に適用できるのかという点については，憲法9条を「国の基本的な法秩序を宣示した規定であるから，憲法より下位の法形式によるすべての法規の解釈適用に当たって，その指導原理となりうる」ことは認めつつ，それは「私法上の行為の効力を直接規律することを目的とした規定ではないから，自衛隊基地の建設という目的ないし動機が直接憲法9条の趣旨に適合するか否かを判断することによって，本件売買契約が公序良俗違反として無効になるか否かを決すべきではない」との判断が示される。その上で，「憲法9条の宣明する国際平和主義，戦争の放棄，戦力の不保持などの国家の統治活動に対する規範は，私法的な価値秩序とは本来関係のない優れて公法的な性格を有する規範であるから，私法的な価値秩序において，右規範がそのままの内容で民法90条にいう『公ノ秩序』の内容を形成し，それに反する私法上の行為の効力を一律に否定する法的作用を営むということはない」とされる。そして，そのような規範は，私法的な価値秩序のもとで確立された「私法上の規範によって相対化され，民法90条にいう『公ノ秩序』の内容の一部を形成するのであり，したがって私法的な価値秩序のもとにおいて，社会的に許容されない反社会的な行為であるとの認識が，社会の一般的な観念として確立しているか否かが，私法上の行為の効力の有無を判断する基準になる」とする。結局，自衛隊基地建設を目的・動機とする売買契約は，私法的な価値秩序のもとで反社会的な行為であるとの認識が，社会の一般的な観念として確立しているとはいえず，平和的生存権も，憲法9条を離れてこれとは別に民法90条の内容の一部を形成することはないと結論付けられた。な

お,統治活動に関する憲法規範がすべて「私法的な価値秩序とは本来関係がない」と断定し,行為の反社会性に関して「社会の一般的な観念の確立」を要求するこの最高裁の「公序良俗」違反の基準のとらえ方については,「統治行為論における『一見明白に違憲と認められる』と同様に,国の行為について反社会的であるとの『社会の一般的な観念』が成立する可能性は,きわめて少ない」という問題から,疑問が提起されることになる（浦田・前掲369頁）。

　近年,民法学のなかから,「従来の私法学は,私法は公法に対して独自の領域であることを強調し,憲法に対してはおよそ無関係であるとしてこれを無視してきたといってよい。しかし,現代の憲法システムのもとでは,もはや私法は『孤高の聖域』であり続けることは許されないのではないだろうか」(山本・後掲⑧293頁)との見解が主張されている。他方,憲法学からも,「憲法はひろく国家における社会的共同生活全体をその本来的守備範囲とし,国の権力的作用とともに私人相互間の社会的行為をもその規制対象とする,と考えたほうがより妥当なのではないだろうか」,そのように考えることによって,「先ず憲法の本来的射程範囲と非本来的射程範囲とを峻別しておいて,次いで非本来的射程範囲にも憲法の規制力が及ぶか否かを検討するよりは,あらゆる分野・領域に憲法の規制力が及ぶことを認めたうえで……,種々の分野・領域における憲法の規制力の程度についての実質的な検討が可能となるのではないであろうか」(栗城・後掲①51〜52頁)とする見解が主張される。そして,「私人間を規整する法律は,私人が国家に対して主張しうる人権を制約する限りでは,憲法の拘束を受けるが,私人相互の水平的な関係に関しては,憲法の人権規定は効力を及ぼさず,その拘束を受けない」(高橋・後掲⑥146頁)としても,百里基地訴訟のように,国

と私人との私法行為で，憲法の統治活動の基本的政策を表明する規定の規制力が問題とされる場合には，「すべての社会的共同生活上の行為に憲法の規制力が及ぶことを出発点として，国の権力的作用とも私人相互間の私法的行為とも異なる，国と私人との間の私法的行為に憲法の規制力が如何なる程度に及ぶかという方法で問題を処理する」（栗城・後掲① 52 頁）ことが必要とする見解は，はじめから憲法の非本来的射程範囲としてその効力を否定し，単に公序良俗違反だけを問題にしてもっぱら私法規定の解釈だけで対処する方法に対して，憲法と民法の融合的領域として必ずしも十分に議論が展開されていない国の私法行為の効力を考えるために傾聴に値するのではないだろうか。

類　　題

　国がある国内の株式会社 A に自衛隊で使用するための軍事物資の製造を依頼し，A との間で合意が成立して契約が締結された。この A の従業員集団（必ずしも A の労働組合ではない）は，自衛隊の使用する軍事物資の製造は憲法の規定する平和主義に反する行為に加担することになるとの理由でその製造を行わず，そのために A からそのような行為が怠業行為にあたるとして解雇された。この場合，A の従業員集団は，国と A との間の契約が憲法に違反することを理由として，A に対して解雇無効，従業員としての地位確認の訴えを提起することができるか。できるとすれば，その訴訟ではどのような問題が論じられることになるか。たとえば，A と従業員集団との訴訟では，A との契約の一方当事者である国が訴訟当事者になっていない点についてどのように解すればよいかという訴

訟手続上の問題をも含めて検討しなさい。

参 考 文 献

① 栗城壽夫「憲法の現実化と裁判所」ジュリ 942 号（1989 年）48 頁
② 浦田賢治「平和的生存権と自衛隊」基本判例・181 頁
③ 渡辺賢「政治問題の法理」争点 228 頁
④ 小山剛「私的自治と人権」ジュリ 1244 号（2003 年）83 頁
⑤ 高橋和之「『憲法上の人権』の効力は私人間には及ばない」ジュリ 1245 号（2003 年）137 頁
⑥ 高橋和之「人権の私人間効力論」高見勝利・岡田信弘・常本照樹編『日本国憲法解釈の再検討』（有斐閣，2004 年）1 頁
⑦ 松本和彦「基本権の私人間効力と日本国憲法」阪法 53 巻 3・4 号（2003 年）269 頁
⑧ 山本敬三『公序良俗論の再構成』（有斐閣，2000 年）151〜152 頁，193 頁

Coffee Break ①

ドイツの憲法裁判所

　連邦憲法裁判所の権限は広汎です。まず，具体的事件とは無関係に抽象的に法律の合憲性を審査します。これを抽象的規範統制といいます。ドイツでは，一般の裁判所がある法律を違憲であると考えても，自分でその法律を無効とすることはできません。法律を無効とする権限を有するのは連邦憲法裁判所だけです。一般の裁判所は，違憲と考える法律を連邦憲法裁判所に移送して無効と判断してもらわなければならないのです。これが具体的規範統制です。そして，基本権を侵害された個人が直接連邦憲法裁判所に訴えを提起する憲法異議という制度もあります。このほかの権限にはもう触れることはできませんが，連邦憲法裁判所はきわめて大きな権限を持つ裁判所であるため，裁判官の選任を議会が行うことによって，民主主義との調和を図っています。なお，裁判官は16人で，8人ずつ，2つの法廷に分かれて活動します。

(K)

Coffee Break ②

ドイツの裁判制度

　ドイツには，5つの最高裁判所があります。これは，ヨーロッパ大陸の伝統的な司法権の観念が民事・刑事の通常裁判のみを意味すると考えられてきたことと無縁ではありません。通常の民事・刑事事件以外の行政事件，税務・財政についての事件，労働事件，社会保障に関する事件は，それぞれ専門裁判所が設けられています。そして，通常の民事・刑事事件を処理する最高裁としての連邦通常裁判所（カールスルーエ）とは別に，連邦行政裁判所（ライプツィヒ），連邦財政裁判所（ミュンヘン），連邦労働裁判所（エアフルト），連邦社会裁判所（カッセル）が，それぞれの専門事件の最高裁として位置付けられています（基本法95条）。ちなみに，連邦憲法裁判所は，独立した裁判所で，これらの専門裁判所の系列には属していません。

(I)

2 行政訴訟における実効的救済——長沼事件

事　案

　第3次防衛力整備計画にもとづき航空自衛隊地対空ミサイル基地を設置するため，防衛庁は，北海道夕張郡長沼町の国有林の一部について保安林指定解除を農林水産大臣に申請した。農林水産大臣が昭和44年7月7日に，基地建設は「公益上の理由」（森林26条2項）にあたるとして指定解除処分を行ったところ，地元住民らは自衛隊が違憲であることから「公益上の理由」にあたらないとして処分取消訴訟を提起した。

　第1審判決（札幌地判昭和48・9・7判時712号24頁）は統治行為論を採ることなく，自衛隊を憲法9条が保持を禁止する「戦力」にあたると判示したが，同判決は本案に入る前提として原告住民らの原告適格および訴えの利益をつぎのような理由で認めている。①森林法が保安林制度によって保護しようとする利益は，地域住民の生活の安全等の利益であるから，原告らは単なる反射的利益ではなく法的利益を有する者に該当し，②代替施設工事によっても洪水の危険性は完全に除去されたものではなく，③基地建設により原告らの平和的生存権が侵害される危険性が存在する。これに対し第2審判決（札幌高判昭和51・8・5行集27巻8号1175頁）は②について，代替施設の整備により原告らの生命，身体の安全が侵害されるという不利益はなくなったのであるから，原告らの訴えの利益は消滅した

として第1審判決を取り消した。そして，最高裁は第2審の判断を正当として是認したのである（最判昭和57・9・9民集36巻9号1679頁）。

最高裁判例は「法律上の利益」（行訴9条）について「法律上保護された利益」説から，当該行政処分の根拠法令（処分の要件および手続を定める）が保護している利益と解し，原告の利益が公益に解消されない個々人の個別的利益であることが必要としている。この手法は裁判的保護を求めうる権利・利益の存否の判断を実定法の解釈に依存させることになる。かりに実定法の文言をとても狭く解するならば，行政訴訟の提起は限られた場合となり，裁判を受ける権利が行政訴訟で過度に制限されているとの批判を浴びることになろう。とくに，行政処分の名宛人と解されない第三者の原告適格が争点となる。

本件事案において最高裁は，保安林指定処分の根拠法規である森林法25条1項は，自然災害の防止や環境の保全等の一般的公益の保護を目的とする。したがって，処分の名宛人ではない周辺住民は原告適格が認められないとなりそうだが，この点について最高裁はつぎのように判示する。森林法は，「森林の存続によって不特定多数者の受ける生活利益のうち一定範囲のものを公益と並んで保護すべき個人の個別的利益としてとらえ，かかる利益の帰属者に対し保安林の指定につき『直接の利害関係を有する者』としてその利益主張をすることができる地位を法律上付与している」。

最高裁は一般的公益の他に，洪水緩和や渇水予防等の個人の個別的利益が存在することを認め，保安林の伐採によって洪水緩和や渇水予防の点で直接に影響を被る一定範囲の住民に原告適格を認めたのである。この住民らの個別的利益は一般的公益の一部を成すとも

見ることができ（神橋・後掲④113頁），そうすると，不特定多数者の受ける生活利益とは異なる「一定範囲のもの」をくくり出す方法が注目されよう。

長沼事件は，自衛隊が憲法9条の「戦力」に該当し違憲とした第1審判決がよく知られているが，最高裁判決も原告適格の拡大について重要な視点を提示しているのである。

Point

① 行政裁判手続において裁判所へのアクセスはどのように具体化されているか。
② 最高裁判例における原告適格の緩和傾向と行政事件訴訟法改正。
③ 裁判所が判断するために必要な具体的実益（＝狭義の訴えの利益）とは何か。狭義の訴えの利益の消滅を「仮の義務付け」は阻止できるか。

解　説

■ 行政裁判手続において裁判所へのアクセスはどのように具体化されているか

(1) 最高裁による「法律上保護された利益」説の定式化

行政事件訴訟法9条は，処分および裁決の取消しの訴えの原告適格について「法律上の利益を有する者」と規定している。原告適格は当事者が請求をなすについて正当な利益を有することを意味しており，したがって，行政事件訴訟法9条は裁判を受ける権利の行政

裁判手続における具体化と考えられる。

この点についてのリーディングケースが主婦連ジュース不当表示事件（最判昭和 53・3・14 民集 32 巻 2 号 211 頁）である。事件の内容は次のようなものであった。財団法人日本果汁協会の申請にもとづき果汁飲料等の表示に関する公正競争規約を公正取引委員会は認定したが，同規約によると，果汁含有率 5％以下の飲料または果汁を含まない飲料について，「合成着色飲料」あるいは「香料使用」と表示するだけよいとされていた。この公正取引委員会による認定の取消しを主婦連が求めたのであるが，その理由は，上記のような表示は果汁を含まない旨を一般消費者に誤りなく伝えるものではなく適正な表示といえないとするものであった。

本件事件では最高裁は主婦連の原告適格を認めなかった。ここでは，不当景品及び不当表示防止法（景表）10 条 6 項にいう「公正取引委員会の処分について不服があるもの」に主婦連が該当するかが問題になる。最高裁はこの点について，「当該処分に自己の権利若しくは法律上保護された利益を侵害され又は必然的に侵害されるおそれのある者」がそれにあたるとし，さらに，「法律上保護された利益」とは，行政処分の根拠となった「行政法規が私人等権利主体の個人的利益を保護することを目的として行政権の行使に制約を課していることにより保障されている利益」であると判示する。主婦連が主張する一般消費者の利益は「法律上保護された利益」ではなく，「景表法の規定の適正な運用によつて得られるべき反射的な利益ないし事実上の利益」と解するのである。

(2) 「法律上保護された利益」説の問題点と「法的な保護に値する利益」説の主張

最高裁判例は，「法律上の利益」を「法律上保護された利益」と

解した上で,「法律上,当該の者の利益を積極的に保護していると認められる規定が存在するか否かが,当人に原告適格が認められるか否かを決定する要因」(藤田宙靖「行政活動の公権力性と第三者の立場」雄川一郎先生献呈論集『行政法上の諸問題(上)』(有斐閣,1990年) 195頁)とすることにより,立法者の意図を基準としているようである。この手法は「訴えの利益の存否を判断する基準として相対的に明確度の高いもの」としても,一方で「立法府の広範な政策的裁量を安易に容認する危険性をも有している」(宮崎良夫『行政訴訟の法理論』(三省堂,1984年)129頁)。

権利・利益の裁判的保護を行政法規の内容に依存させる手法は,裁判を受ける権利の観点からは問題になろう。すなわち,「個々の実体法規制定の主要な目的は,本来,何らかの公共的利益であり,それにより影響を受ける私人の利益に対する配慮規定は,多くの場合,付随的であるにとどまる」ことを考えれば,「本来『裁判を受ける権利』保障の対象とされなければならない筈の利益が個々の実体法規による配慮の埒外に置かれるという事態は,十分あり得る」(亘理格「行政訴訟における『裁判を受ける権利』論序説」菅野喜八郎先生還暦記念『憲法制定と変動の法理』(木鐸社,1991年)150頁)。たとえば,空港,発電所等の大規模施設の設置を周辺住民が争う場合,かりに第三者たる周辺住民の利益を保護する規定が存在しなければ,第三者の生命,健康,安全といった重要な法益が侵害されたまま裁判的救済を受けられないということは起こりうることなのである。行政処分の名宛人ではない「第三者」もここでは紛争の当事者と考えられねばならない。

「法律上保護された利益」説のこのような問題点にかんがみ,「法的保護に値する利益」説が主張されている。それは,「その者の受

けた不利益が裁判上の保護に値するならば，原告適格が肯定されるべき」（高橋滋「行政訴訟の原告適格」芝池義一・小早川光朗・宇賀克也編『行政法の争点〔第3版〕』（有斐閣，2004年）114頁）とするが，その狙いは，「原告適格の判断において法律の規定に拘泥されないということを強調する点」にあり，「原告適格の有無の判断に当っては，法律や制度の趣旨はやはり無視できない」と解されている（芝池義一『行政救済法講義〔第2版補訂増補版〕』（有斐閣，2004年）43頁）。

2 最高裁判例における原告適格の緩和傾向と行政事件訴訟法改正

(1) 「法的な保護に値する利益」説と「法律上保護された利益」説の接近傾向

「法律上保護された利益」説に対する批判は，この説が行政処分の「根拠法令」の解釈にあたりそれを狭くとらえる点にある。この説を批判する側からは，憲法や法の一般原則も「根拠法令」に含まれるのではないか，という見解もだされていた。

この点，最高裁判例のなかには，比較的緩やかに根拠法規の解釈を行うものがみられる。冒頭で紹介した長沼事件において，最高裁は，行政処分の名宛人ではない周辺住民について，保安林伐採により洪水緩和や渇水予防の点で直接に影響を被る一定範囲の住民に対し原告適格を認めた。その手法は，周辺住民に関係する処分の根拠規定がないために，保安林の指定に「直接の利害関係を有する者」とする森林法27条に着目している（「直接の利害関係を有する者」は，森林を保安林と指定すべき旨を農林水産大臣に申請することができる）。そして，「直接の利害関係を有する者」は，農林水産大臣が保安林の指定を解除しようとする場合にこれに異議あるときは，公開の聴聞手続に参加できるとする規定の存在（森林29条・30条・32条），加えて，旧森林法が「直接ノ利害関係ヲ有スル者」に保安林の指定・

解除に対して行政訴訟の提起を認めていた沿革を合わせ考え，上記「一定範囲の住民」に原告適格を認めた（最判昭和57・9・9民集36巻9号1679頁）。行政処分の根拠法規とは異なる事前の聴聞手続への参加規定，さらには旧法も引き合いにだして，最高裁は原告適格の存否を判断しているのである。

つぎに，空港周辺住民が定期航空運送事業免許取消しを求めた新潟空港騒音事件判決を見てみよう。事業免許処分の根拠規定は，申請に係る事業計画が「経営上及び航空保安上適切なものであること」とする航空法101条1項3号である。この文言から空港周辺住民の原告適格を引き出すことは難しい。そこで最高裁は，「当該行政法規及びそれと目的を共通する関連法規の関連規定によって形成される法体系」のなかで，当該処分の根拠規定が，「個々人の個別的利益をも保護すべきものとして位置付けられているとみることができるかどうかによって決すべき」（最判平成元・2・17民集43巻2号56頁）とする。そして，航空法1条の「航空機の航行に起因する障害の防止を図る」という目的規定は騒音障害の防止を内包するとした上で，関連法規である「公共用飛行場周辺における航空機騒音による障害の防止等に関する法律」をふまえ，空港周辺住民の原告適格を認めた。この判決においては明文の規定の有無が原告適格を認めるポイントとならず，関連法規の関連規定も含めて形成される法体系を考慮した上で処分の根拠規定が空港周辺住民の個別的利益を保護しているかどうかを吟味している（古城誠「定期航空運送事業免許取消訴訟の原告適格」塩野宏・小早川光郎・宇賀克也編『行政判例百選Ⅱ〔第4版〕』（有斐閣，1999年）414頁参照）。その意味で，長沼事件最判よりもさらに「行政処分の根拠法規」から離れるものとなっている。

最後に取り上げるのが、原子炉施設周辺住民が原子炉設置許可の無効確認訴訟を提起した「もんじゅ」原発事件である。最高裁は、当該行政法規（原子炉等規制法）が、不特定多数者の具体的利益（公衆の生命、身体の安全、環境上の利益）をそれが帰属する個々人の利益としても保護すべきものとする趣旨を含むか否かは、「当該行政法規の趣旨・目的、当該行政法規が当該処分を通して保護しようとしている利益の内容・性質等を考慮して判断すべき」（最判平成4・9・22民集46巻6号571頁）とする。具体的にいえば、「原子炉事故により周辺住民は重大な損害を被るのだから、その利益は、処分の根拠法規で個人的利益として保護されている」（古城・後掲①71頁）ということである。生命・身体の安全といった被侵害利益の重要性についての判断が先行し、その重要性が大きければ大きいほど「根拠法規」の解釈がいっそう柔軟になる、と思われる。

このように、最高裁判例が「根拠法規」の解釈を柔軟に行うことにより、「法的な保護に値する利益」説と「法律上保護された利益」説の接近傾向は明らかになる。とはいっても最高裁は「法律上保護された利益」説を放棄したわけではなく（伊場遺跡訴訟最判平成元・6・20判時1334号201頁参照）、行政処分の「名宛人以外の者（第三者）の生命・身体（健康）または財産に重大な被害がもたらされる可能性があるようなケース」（藤田宙靖『行政法Ⅰ　総論〔第4版改訂版〕』（青林書院、2005年）419頁）について、最高裁は原告適格の緩和を行っているのである。

(2) **原告適格についての行政事件訴訟法の改正**

今回の行政事件訴訟法改正により、「処分また裁決の相手方以外の者」（行政処分の名宛人以外の第三者）について、9条2項が、「原告適格の有無を判断する場合の解釈指針」として、つぎのような

「必要的考慮事項」を定めている（橋本・後掲②30頁以下参照）。法律上の利益の有無の判断にあたっては、「当該処分又は裁決の根拠となる法令の規定の文言のみによることなく」、①「当該法令の趣旨及び目的」、②「当該処分において考慮されるべき利益の内容及び性質」を考慮する。①については、「当該法令と目的を共通する関係法令があるときはその趣旨及び目的をも参酌」し、②については、「当該処分又は裁決がその根拠となる法令に違反してされた場合に害されることとなる利益の内容及び性質並びにこれが害される態様及び程度をも勘案するものとする」。こういった規定が、「これまでの最高裁判例の進展の結果を、ほぼ文字通りに再確認した内容のものであることは、明らかであろう」（藤田・前掲421頁）。(1)で取り上げた3つの最高裁判例と照らし合わせてみてほしい。

　上記の行訴法改正の意味を明らかにしたものとして小田急高架化事件がある。最高裁大法廷はこの事件で、都市計画事業の事業地の周辺地域に居住するにとどまり事業地内の不動産につき権利を有しない者について、鉄道事業認可の取消しを求める原告適格を有しない、としていた従来の判例（最判平成11・11・25判タ1018号177頁）を変更することを明言した。最高裁は、（上記①と関わり、「当該法令と目的を共通する関係法令」である公害対策基本法・東京都環境影響評価条例を踏まえて）都市計画法は事業認可制度を通じて、公益に加え、「騒音、振動等によって健康又は生活環境に係る著しい被害を直接的に受けるおそれのある個々の住民に対して、そのような被害を受けないという利益を個々人の個別的利益としても保護すべきものとする趣旨を含む」とする。最高裁はその上で、原告適格の具体的な範囲を、右環境影響評価条例による環境影響評価の対象住民としている（最大判平成17・12・7最高裁ホームページ）。

さらに、前述の「解釈指針」について、憲法規定がどういう形で登場するのかが注目される。この点について、「具体的な根拠法令の解釈の中に憲法を反映させてくるという考え方」（市村陽典・越智敏裕・福井秀夫・深山卓也・阿部泰隆「座談会　新行政事件訴訟法の解釈」判タ 1147 号（2004 年）23 頁（市村陽典発言））が新行政事件訴訟法の立案に携わった担当者から指摘されている。この関連で、前記小田急高架化事件（最大判平成 17・12・7）において、藤田宙靖判事の補足意見が、「違法な事業認可がなされることによって、行政庁がこのような『リスクからの保護義務』に違反し、法律上周辺住民に与えられている『リスクから保護される利益』が侵害されると認められるがゆえにこそ、住民に原告適格が認められる」とするのが注目される。その際、「リスクから保護される利益」として、「生命・健康等の享受について国民に与えられた憲法の保障（人格権）」が指摘されている。この理解は「根拠法令の解釈の中に憲法を反映させてくる」ものではなく、処分の根拠規定から一定程度離脱する方向を示している。その意味で藤田補足意見は、処分の根拠法規が第三者をも保護しているか否かについて、従来の最高裁判例とは異なる手法を提起しているのである。

ところで、今回の改正で注目されるのは、法律上の利益の判断に際し、「当該処分又は裁決の根拠となる法令の規定の文言のみによることなく」という解釈指針が示されていることである。この点に前述の長沼事件（最判昭和 57・9・9）がかかわる。同事件において最高裁の採った森林法の規定（旧規定も含む）に依拠するという手法は一定程度原告適格の拡大をもたらしたのであるが、一方で処分の根拠法規の規定次第では、たとえば、森林法のように利害関係人の聴聞手続参加規定がない場合、原告適格が認められない可能性が

あった。今回の改正によって，長沼事件最判の採った手法を「『法律上の利益』の範囲を狭める方向で用いることは，新しい9条2項の下では，許されない」と解されている（橋本・後掲②41頁）。

3 裁判所が判断するために必要な具体的実益（＝狭義の訴えの利益）とは何か。狭義の訴えの利益の消滅を「仮の義務付け」は阻止できるか

(1) 権利保護における「時間」の意味

権利・利益の侵害の除去を裁判によって主張し，右侵害が裁判所によって除去されるまでには，当然のことながら一定の時間が必要である。しかし，あまりに長い時間がかかる裁判手続は権利・利益の侵害の除去を行うものではない。権利保護の遅滞は権利の拒絶に転化するといってもよい。この関連で刑事裁判手続についてであるが，高田事件最高裁判決（最大判昭和47・12・20刑集26巻10号631頁）に注目したい。同事件では第1審において15年余りの審理中断があり，再開後の第1審判決は憲法37条1項を「具体的権利を保障した強行規定」と解し，憲法37条違反を理由に免訴判決を行った。第2審判決は，救済方法を具体的に定める「補充立法」がない限り裁判所としては救済のしようがないとして第1審判決を破棄差し戻した。これに対し最高裁は，憲法37条1項は，「審理の著しい遅延の結果，迅速な裁判を受ける被告人の権利が害せられたと認められる異常な事態が生じた場合」，刑事訴訟法等に具体的な規定がなくとも免訴判決により審理を打ち切るという「非常救済手段がとられるべきことをも認めている」と判示し，「補充立法」がなくとも場合によっては裁判所が採るべき救済方法を提示したのである。

(2) 「狭義の訴えの利益」が消滅するパターン

高田事件のように15年という審理の中断があった例外的事例は

別にしても，期日が特定された行事にかかわる行政処分については権利保護の遅滞が権利の拒絶に転化することはありうる。たとえば，公会堂等の使用許可申請に対する不許可処分や旅券発給申請に対する不許可処分の取消しを求めて行政訴訟を提起する場合のように，「一定期日の経過により取消訴訟が訴えの利益を失い，行政が時間切れ必勝するケース」（阿部・後掲③ 136 頁以下）がそうである。つまり，訴訟の係属中に行事日程が過ぎるか，または海外旅行の目的である行事が終了すれば，訴えの利益が失われるのである。

行政行為が処分性を有し，原告適格が認められても，当該行政処分を現実に取り消す必要性がなければ，訴えは却下される。これは狭義の訴えの利益，あるいは単に訴えの利益とよばれる（塩野宏『行政法Ⅱ〔第 4 版〕』（有斐閣，2005 年）127 頁参照）。上記のケースは期間の経過により訴えの利益が消滅するものであるが，設例の長沼事件において，最高裁は，代替施設の完成によって洪水や渇水の危険が解消されたのであり原告が回復すべき狭義の訴えの利益は消滅したと判示した（最判昭和 57・9・9 民集 36 巻 9 号 1679 頁）。これについて，「物理的状況が変わって原告の不利益状況が消滅してしまったために，訴えの利益が消滅するとされた事例」という説明がされている（塩野・前掲 131 頁）。そうすると代替施設が完成する前に裁判所の判断が示されない限り，かりに原告適格が認められても原告が望む「救済」は与えられないであろう。ここに迅速な審理と仮の救済が必要とされる理由がある（阿部・後掲③ 141 頁参照）。

(3) **改正された行政事件訴訟法による「仮の義務付け」**

これまで，公会堂等の使用許可申請に対する拒否処分や旅券発給拒否処分について取消訴訟を提起した場合，申請に対する拒否処分や不許可処分については，一般に執行停止はできないと解されてい

た（遠藤博也『実定行政法』（有斐閣, 1989 年）416 頁）。というのも，かりに執行停止が認められても処分がなかったという状態になるだけだから，拒否処分の場合には執行停止を申し立てる利益が存在しないという理解である（村上武則「仮の権利保護」杉村敏正編『行政救済法1』（有斐閣, 1990 年）315 頁参照）。その上，行政事件訴訟法 44 条により民事訴訟上の仮処分も禁止されているため，原告には本案で勝訴判決を得ることが残されていたにすぎない。しかし，これでは訴訟係属中に訴の利益が失われることになるのである。

　改正行政事件訴訟法は「義務付け訴訟」を明示的に法定し（行訴 3 条・37 条），さらに，義務付け訴訟における仮の救済として「仮の義務付け」を制度化した。すなわち，義務付け訴訟の提起を前提にして，「その義務付けの訴えに係る処分又は裁決がされないことにより生ずる償うことのできない損害を避けるため緊急の必要」があり，かつ，「本案について理由があるとみえる」ときは仮の義務付けを裁判所は命ずることができ（行訴 37 条の 5 第 1 項），一方，「公共の福祉に重大な影響を及ぼすおそれがあるとき」は仮の義務付けはすることができない（行訴 37 条の 5 第 3 項）。これによって，たとえば，生活保護申請を拒否されたので生活保護の給付を求めて義務付け訴訟を提起したが，判決がでるまでの間の生活を維持するため「仮の義務付け」を求めることが可能となった。したがって，仮の救済が制度として十分でないという状態は改善されたと思われる。しかし，義務付けの本案訴訟提起の要件が「重大な損害」で（行訴 37 条の 2 第 1 項），「仮の義務付け」はそれより程度を高めて「償うことのできない損害」と規定されている。これでは，生活保護の場合，「償うことのできない損害」に該当するかどうか難しいのではないかという見方もありえる（「鼎談　行政訴訟検討会の『考え

方』をめぐって」での阿部発言（ジュリ 1263 号（2004 年）34 頁参照）。今後の判例の動向が注目されるところである。

類　題

Xは昭和 26 年 11 月 10 日に，翌年 5 月 1 日のメーデー開催のため，厚生大臣に皇居外苑使用許可申請をしたところ，昭和 27 年 3 月 13 日に不許可処分とされた。そこで，右処分の取消しを求めて出訴したが，裁判の係争中に使用期日が経過したため，右訴えは法律上の利益がなくなったとして，最高裁判所によって棄却された（最大判昭和 28・12・23 民集 7 巻 13 号 1561 頁）。この判決は人権保障の観点からどのように評価されるか。改正された行政事件訴訟法のもとでは X の訴えは許容される余地があるか。

参 考 文 献

① 古城誠「『もんじゅ』原発訴訟最高裁判決」法教 149 号（1993 年）69 頁
② 橋本博之『解説改正行政事件訴訟法』（弘文堂，2004 年）30 頁
③ 阿部泰隆『行政救済の実効性』（弘文堂，1985 年）134 頁
④ 神橋一彦「行政訴訟へのアクセス(1)――原告適格」笹田栄司・亘理格・菅原郁夫編『司法制度の現在と未来』（信山社，2000 年）111 頁
⑤ 大貫裕之「原告適格論」法時 2005 年 3 月号 50 頁
⑥ 笹田栄司「憲法学から見た行政事件訴訟法改正」民商 130 巻 6 号（2004 年）1047 頁

Coffee Break ③

最高裁判所機構改革

　最高裁は法律や行政が憲法に反していないかチェックし（違憲審査権），さらに上告審として法律問題に最終的な判断を下しますが，平成16年度は6,000件以上の事件を裁いています。ところで，最高裁に対する不満として憲法裁判が消極的ということがいわれています。最高裁ができて60年近くたつのに法律を違憲としたのは7件にすぎないとか，自衛隊が違憲かどうかについて判断しようとしない，といった批判がされているのです。そこで，最近，憲法改正を行って「憲法裁判所」を作ろうという主張がでてきました。憲法裁判所だけが憲法事件を担当し，国会議員が法律などについて直接，憲法裁判所に提訴できるとするものです。これに対し，最高裁の上告審としての役目をばっさり削り，違憲審査権の方に力を入れるべきとする「最高裁の機構改革」も主張されています。これだと憲法改正は必要ありません。さて，どう考えたらよいでしょう。

(S)

Coffee Break ④

裁判官の給与・懲戒

　憲法は，裁判官の報酬は減額されず（憲79条6項・80条2項），裁判官の懲戒処分を行政機関が行うことはできない（憲78条後段）としています。裁判官が独立して職権を行使できるよう，その身分を保障しているのです。ここから，裁判官に対する懲戒処分としてであっても減俸処分は許されないと解されています。ただし，裁判官分限法の定める過料処分は違憲とはされていません。最近，深刻な不況のなかで一般の公務員の給与を減額せざるをえなくなったときにも，裁判官の報酬だけは減額できないのか問題になりました。最高裁は，国の財政上の理由で公務員全体の給与を見直す際に，それに連動してすべての裁判官の報酬を一般的に減額することは憲法に違反しないとしました。こうして裁判官の報酬の減額がはじめて行われたのです。

(K)

3 部分社会(1) 宗教団体

事　案

　被告である宗教法人の会員であった原告らは、被告が広宣流布達成の時に本尊「板まんだら」を安置する「事の戒壇」となる正本堂を建立するための建設費用の募金に応じ、金員を寄附した。ところが、その後被告が広宣流布は未だ達成されていないと明言したこと、および本尊の「板まんだら」は偽物であったとして、原告らのした寄附行為は、明示された出捐の目的である重要な要素に錯誤があり無効であるとして、寄附金の返還を求めて訴えを提起した。

　この訴えに対して、第1審（東京地判昭50・10・6判時802号92頁）は、「宗教上の本質である信仰対象の真否や宗教上解決すべき教義の問題は、内心の信仰に直接かかわるもの」であり、「裁判所が法令を適用して終局的に解決できる事柄」ではなく、本件の争点はかかる純然たる宗教上の争点であるとして、訴えを却下した。

　これに対して、第2審（東京高判昭51・3・30判時809号27頁）は、「私法上の請求権の要件事実の成否について審理し、不当利得返還請求権の存否を判断することは」、「法律上の争訟」にあたり、「本件寄付金返還請求権の行使が宗教上の信仰対象の真否、教義の解釈説明、堂宇の意義等に関する争いを目的としたものであって、法令の適用によって解決に適さないものとして裁判所に審判権がないとすることはできない」として、第1審判決を取り消し、差し戻した。

そこで，被告により上告がなされた。

最高裁（最判昭和56・4・7民集35巻3号443頁）は，まず裁判所の固有の権限にもとづく審判権の対象は，裁判所法3条にいう「法律上の争訟」であるとした上で，「具体的な権利義務ないし法律関係に関する紛争であっても，法令の適用により解決するのに適しないものは裁判所の審判の対象となりえない」とした。

その上で，要素の錯誤があったか否かについての判断に際しては，まず「板まんだら」が本尊か否かについては，「信仰の対象についての宗教上の価値に関する判断が」，また広宣流布の達成等に関する点についても「『戒壇の完結』，『広宣流布の達成』等宗教上の教義に関する判断が，それぞれ必要であり，いずれもことがらの性質上，法令を適用することによっては解決することのできない問題である」とした。

すなわち「本件訴訟は，具体的な権利義務ないし法律関係に関する紛争の形式をとっており，その結果信仰の対象の価値又は宗教上の教義に関する判断は請求の当否を決するについての前提問題であるにとどまるものとされてはいるが，本件訴訟の帰すうを左右する必要不可欠のものと認められ，また，記録にあらわれた本件訴訟の経過に徴すると，本件訴訟の争点及び当事者の主張立証も右の判断に関するものがその核心となっていると認められることからすれば，結局本件訴訟は，その実質において法令の適用による終局的な解決の不可能なものであって，裁判所法3条にいう法律上の争訟にあたらないものといわなければならない」とした。

なお，寺田治郎裁判官の反対意見は，宗教上の問題が前提問題にすぎず，宗教上の論争そのものを訴訟の目的とするものでないときは，法律上の争訟にあたらないものということはできない。ただし，

本訴請求は理由がないものとして請求棄却の判決をなすべきである，とした。

Point

① 宗教団体の内部紛争の特色と部分社会論との結びつき。
② 宗教団体の内部紛争に関する判例の流れはどのようなものか。
③ 教義・信仰にかかわる争いに司法審査はどうかかわるか。

解　説

1　宗教団体の内部紛争の特色と部分社会論との結びつき

(1)　宗教団体と憲法はどのようにかかわっているか

　宗教は，多くの人々に心のよりどころとなる反面，信仰を深くすればするほど自らの信仰する宗教のために，他の宗教団体との間や宗教団体の内部での争いを生じさせる。マスコミを通じて，宗教団体の内部紛争が報じられることもまれではない。そのような宗教団体の内部紛争に裁判所はどのようにかかわっていくべきなのであろうか。

　そもそも宗教団体とはどのようなものをさすのであろうか。宗教団体については，財団的側面を指摘する定義もみられるが，箕面忠魂碑訴訟最高裁判決（最判平成5・2・16民集47巻3号1687頁）は，「特定の宗教の信仰，礼拝又は普及等の宗教的活動を行うことを本来の目的とする組織ないし団体」が宗教団体であるとする。宗教法人法2条は，「宗教団体」について，それを「宗教の教義をひろめ，儀式行事を行い，及び信者を教化育成することを主たる目的とす

る」団体で,「礼拝の施設を備える神社, 寺院, 教会, 修道院その他これらに類する団体」(宗法2条1号) および1号の団体を「包括する教派, 宗派, 教団, 教会, 修道会, 司教区その他これらに類する団体」をいうとしているが, 憲法上の「宗教団体」は, これらの団体に限られるわけではない。

(2) **憲法の保障はどのようなものか**

宗教法人法が, このように宗教団体を限定しているのは, それら団体の財産管理などの必要性からのものにとどまる。したがって, 宗教法人法によって, 法人格を付与されていない宗教団体も存在し, 宗教活動を行うことができる。憲法21条の結社の自由, さらに憲法20条の宗教的結社の自由によって, このことは保障されている。ただし, 裁判所は, 宗教法人が法令に違反して, 著しく公共の福祉を害すると明らかに認められる行為や宗教団体の目的を著しく逸脱した行為をしたような場合には, その解散を命じることができる (宗法81条1号)。毒ガスのサリンの生成を企てた行為をなした宗教団体に対する裁判所の解散命令は, 憲法20条1項に反するものではない (最決平成8・1・30民集50巻1号199頁)。

これらの憲法の保障のもとで, 宗教的結社の自由すなわち個人は宗教団体を結成する・しない自由に加えて, 宗教団体に加入する・しない自由を有する一方, 宗教団体は「団体としての意思を形成し, その意思実現のための諸活動につき公権力による干渉を受けない」という団体自体の自由を有することになる (佐藤・491頁)。ここでいう団体自体の自由のなかには, 宗教団体がその内部問題について, 公権力による不当な介入を受けることなしに, 自律的に解決する権利が含まれる。このような団体自体の自由は, 結社の自由によっても保障されるから, ほかの団体にもみられる。そこで問題となるの

が,かりに団体内で紛争が生じたときに司法権が及ぶのかという点である。

(3) 宗教団体の内部自治に部分社会論はどう関係するか

団体内で紛争が生じたときに司法権が及ぶのかということを考える際に,念頭に浮かぶのが部分社会論である。部分社会論は,判例上形成されてきた法理で,一般市民社会のなかにあっても自律的な法規範を持つ部分社会においては,規範の実現は内部規律の問題として部分社会の自治的措置に任せるのが適当であり,その内部紛争には司法審査が及ばないとして,司法権の限界を説くものである。

部分社会論について,詳しくは *4* をみてもらうことにして,ここでは宗教団体との関係で必要なところだけ触れておくことにしたい。部分社会論に従った場合でも,およそ団体であれば,すべての団体の内部紛争に,この部分社会の法理があてはまるというわけではない。判例のあげている部分社会は,大学,政党などの自律的な法規範を持つ組織・団体のことである。下級審では,部分社会の考え方は,日弁連の一般会費の増額決議の当否が争われた事件(大阪地判昭和63・2・4判時1305号94頁)や婦人会の会員除名処分の当否が争われた事件(京都地判昭和62・8・11判時1284号127頁)でも用いられた。

(4) 宗教団体が他の部分社会と同じところ・異なるところ

宗教団体は,しばしば典型的な部分社会といわれるが,他の部分社会の場合と比べると,そこには共通する点と異なる点がみられる。共通するのは,宗教団体の内部紛争も他の部分社会の内部紛争と同様に,絶対的に司法審査の対象とならないというわけではなく,それが一般市民法秩序と直接の関連を有しない内部問題とはいえないときには,司法審査の対象となるということである。また,もう1

つ共通するものとして，部分社会論に対する批判をその他の部分社会と共有していることがあげられる。部分社会論に対しては，それが司法権の限界を説くものであり，裏返せば裁判を受ける権利を制限するものである以上，一律に部分社会論を根拠に各部分社会に司法審査が及ばないとするべきではなく，そのように考える際には，憲法上明示の根拠が必要であるというのが，学説の一般的な考えである。その根拠としては，地方議会や大学については自律権や自治権に，その他については主として憲法21条の結社の自由に求められているが（佐藤・305頁），宗教団体の場合についても，結社の自由がその根拠ということになる。

一方，異なる点としては，宗教団体の内部紛争に司法審査が及ばない根拠として，結社の自由に加えて，憲法20条の信教の自由や政教分離原則があげられることである。政教分離原則によって，宗教団体の内部紛争に対する司法審査を行うことは，宗教団体内の多数派と少数派のいずれかを支持することになるから，国家と宗教の分離という観点から，司法審査は慎重になされるべきとされるのである。また，宗教団体の信教の自由の重要性が指摘されることもある。もう1つ異なる点としては，部分社会としての宗教団体の内部紛争は，具体的な権利義務をめぐる争いの前提として問題となる場合が多いことがある。

2 宗教団体の内部紛争に関する判例の流れはどのようなものか

(1) 宗教上の地位をめぐる紛争は法律上の争訟といえない

ところで，宗教団体の内部紛争に司法審査が及ぶのかということに関して，まず宗教団体の内紛の結果，宗教団体内の処分により僧籍などを剥奪された場合に，住職の地位の確認を裁判所に求めるこ

とができるのであろうか。会社によって解雇された従業員が地位確認を求める訴えを起こした場合と同じように考えられるのであろうか。住職の地位確認の訴えの場合には，裁判所は宗教上の地位である住職の地位を判断することになるが，それは司法権の範囲といえるのであろうか。この点について，銀閣寺事件判決（最判昭和44・7・10民集23巻8号1423頁）は，「住職たる地位の確認を求めるというのは，単に宗教上の地位の確認を求めるにすぎないものであって，法律上の権利関係の確認を求めるものとはいえず，したがって，このような訴えは，その利益を欠くものとして却下を免れない」と判示している。

住職などの宗教上の地位をめぐる紛争は，具体的な権利義務ないし法律関係に関する紛争とはいえない。また，それは法令の適用によっても解決することはできないであろう。その意味で，本件判決のいう裁判所法3条の「法律上の争訟」に関する2つの要件のいずれにもあてはまらないということになる。なお，判例によれば，檀徒などの信者の地位については，宗教法人の定める規則において，檀徒であることが宗教法人の代表役員を補佐する機関である総代の選任要件とされ，総代による意見表明を通じて檀徒の意見が反映されるような体制がとられている場合には，檀徒の地位は法律上の地位にあたるとされる（最判平成7・7・18民集49巻7号2717頁）。

(2) 訴訟の前提問題として宗教上の地位を争えるのか

それでは，法律上の権利義務関係をめぐる紛争の前提問題として，宗教上の地位を争うことはできるのであろうか。宗教団体の内部紛争に関する判例には，種徳寺事件判決（最判昭和55・1・11民集34巻1号1頁）から本門寺事件判決（最判昭和55・4・10判時973号85頁）という流れと，それ以後の本判決（板まんだら事件判決）から蓮

華寺事件判決（最判平成元・9・8民集43巻8号889頁），さらに日蓮正宗管長事件判決（最判平成5・9・7民集47巻7号4667頁）へと流れるものがある（笹田・後掲②410頁）。

まず，種徳寺事件判決と本門寺事件判決を通して示された法理をみてみよう。種徳寺事件では，「住職を罷免された者に対する寺院建物等の引渡請求の前提問題として被告の住職たる地位の存否の判断」が求められた。また，本門寺事件では，寺の代表役員の地位の確認が求められたが，住職が代表役員となるため，代表役員の地位の確認の前提問題として，住職の地位の存否についての判断が求められた。最高裁は，この2つの事件において，「宗教上の地位（選任ないし罷免の適否など）についても，それが具体的な権利または法律関係をめぐる紛争の当否を判定する前提問題として判断する必要があるならば，その判断の内容が宗教上の教義の解釈にわたるものでない限り」，司法審査が及ぶとする法理を明らかにした（中野貞一郎「宗教団体と裁判所の審判権」判タ704号（1989年）78頁）。

この判例の流れは，宗教上の地位の判断について，それが具体的な権利または法律関係をめぐる紛争の当否を判定する前提問題としてならば，積極的に認めていこうとするものである。それに従えば，たとえば，住職が殺人罪で起訴され有罪判決がなされたことを受けて，宗教団体の規則に従い僧籍剥奪処分を行ったような場合には，それが宗教上の教義の解釈にあたらないから，裁判所は住職の地位の存否について判断することができるということになろう。なお，この判例の流れにあっても，銀閣寺事件判決のところで理由とともに指摘したように，訴訟において宗教上の地位の存否それ自体について裁判所が判断することを認めるものではない。

(3) もう1つの判例の流れをみる

これに対して、もう1つの判例の流れは、本件判決からはじまり、蓮華寺事件と日蓮正宗管長事件へと連なるものである。本件は、宗教上の地位の判断が求められた事案ではなく、錯誤にもとづく寄付金の返還請求について、その前提問題として宗教上の教義の当否が争われたものである。その点で、種徳寺事件や本門寺事件などのような住職の地位の確認、すなわち罷免や選任の適否が問題となった事件とはその具体的内容は異なるが、司法権の行使として広くとらえた場合には、裁判所が宗教団体の内部紛争にどこまで介入するのかという問題にかかわっているということができる。

この本件判決にはじまる判例の流れの特徴は、宗教団体の司法審査に消極的な姿勢を示していることである。たとえば、本件判決は、財産上の請求の前提問題として宗教上の教義にわたる判断が求められる場合には、それが具体的な権利・義務にかかわる紛争であっても、その紛争の終局的解決性が期待しえないという理由で司法権の行使を否定している。

このような消極的姿勢は、蓮華寺事件判決や本門寺事件判決にも同様にみられる。蓮華寺事件は、日蓮正宗の血脈相承と本尊観を否定する論文を発表したとして、擯斥(ひんせき)処分を受けたXが、懲戒権限の存否を争った事件である（片井・後掲③6頁）。日蓮正宗管長事件は、「日蓮正宗管長・代表役員の地位の前提である法主の選任準則が何か」（片井・後掲③6頁）、また現法主とされる者がその選任準則にもとづいて法主に選任されたか否かが争われ、その者が日蓮正宗管長・代表役員の地位にないことの確認が求められた事件である。

このうち、蓮華寺事件判決では、「宗教団体における宗教上の教義、信仰に関する事項については、憲法上国の干渉からの自由が保

障されているのであるから」，裁判所は「一切の審判権を有しないとともに，これらの事項にかかわる紛議については厳に中立を保つべきである」という原則が示され，日蓮正宗管長事件判決では，「法主の地位にあるか否かを審理，判断するには，血脈相承の意義を明らかにした上で，同人が血脈を相承したものということができるかどうかを審理しなければならない」場合には，「日蓮正宗の教義ないし信仰の内容に立ち入って審理，判断することが避けられないことは，明らかである。そうであるとすると，本件訴えは，結局，いずれも法律上の争訟性を欠き，不適法として却下を免れない」と判示された。

この判例の流れでは，当事者の間に具体的な権利義務をめぐる争いが存在するとしても，宗教上の教義，信仰の内容に対する審理，判断の過程を経ることが必要とされる場合には，法律を適用することによって紛争を終局的には解決しえない場合にあたるから，法律上の争訟の要件を満たさず，したがって種徳寺事件判決にはじまる判例の流れとは異なり，本案審理に立ち入ることなく，訴え自体が不適法なものとして却下判決が下されるべきことになる。

3 教義・信仰にかかわる争いに司法審査はどうかかわるか

(1) 第3の考え方がある

いままでみてきたように，宗教団体の内部紛争が存在している場合に，それが住職などの宗教上の地位の確認を求める訴えの場合については，法律上の争訟の要件の1つである具体的権利義務に関する争いということを満たしていない。これに対して，宗教団体の代表役員などの地位の確認の訴えなどの具体的権利義務をめぐる争いであって，その前提として「その者の宗教団体上の地位の存否を審

理判断しなければならない場合で，手続上の選任準則に従った選任がなされたかどうかのみを審理判断すれば足りるとき」には，司法審査がなされることになる。問題となるのは，宗教上の教義，信仰にかかわる争いの場合である。

このような場合にどのように考えたらよいのかということについて，すでに判例には2つの流れがあると述べたが，もう1つこれとは異なる立場がみられる。したがって，都合3つの説が存在することになる。

3つそれぞれの立場は，「憲法76条1項により『一切の法律上の争訟を裁判』する権限が裁判所に付与され，この権限と裁判を受ける権利が表裏の関係に立つ」（笹田・後掲②411頁）という点をどのように考えるか，政教分離原則による宗教団体の自律性の保障をどのように考えるのか，そして紛争解決の必要性をどの程度重視するのかなどにより異なっている。

(2) 3つの説を整理してみる

まず，本件判決から蓮華寺事件判決，そして日蓮正宗管長事件判決にいたる判例にみられる第1の説は，教義や信仰にかかわる争いである場合には，「法令の適用はできず，訴えを却下すべきとする」立場をとるものということができる。

この説では，教義や信仰にかかわる事項については，本案審理に入らず訴訟要件を満たしていないとして却下判決をなすべきであるということになる。法令を適用する際にその要件となる事実が宗教上の教義に対する判断を経なければならない場合に，裁判所は事実認定を証拠などにもとづいて行うことができないということを理由とするが（伊藤・後掲⑥160頁），それはまた紛争解決の必要性は認めるものの，紛争解決よりも，政教分離原則の観点から，宗教団体

の紛争に介入することによって，紛争の当事者の一方に荷担することが禁じられるという点をより重視するものといえる（高橋・後掲①101頁参照）。

第2の説は，具体的な権利または法律関係をめぐる紛争の当否を判定する前提問題として宗教上の地位の確認などが求められた場合に，それを理由付ける事実の主張として，教義や信仰に関する事項についての主張がなされている場合には，「その主張立証がないものと同視して，その主張立証責任を負担している者に対して不利益な実体判断をすべきであるとする説である」（片井・後掲③11頁）。それは，「司法裁判所に世俗的権利の救済を求める以上は，法規範とその要件事実のみを持ち込むべきであり，司法裁判所は，法規範の適用とその要件たる客観的事実の存否の審理のみをすれば足りるとする立場である」（片井・後掲③12頁）。本件判決で寺田治郎裁判官の反対意見や学説では中野貞一郎教授のとる見解（中野・後掲④の文献参照）である。この説に従えば，本案審理前に訴えを却下することはないが，教義や信仰に関する事項についての主張立証について，主張責任が尽くされていない場合と同視して，請求棄却の判決が下されることになる。

最後の第3の説は，法律上の権利義務関係をめぐる紛争の前提問題として，教義・信仰に関する事項について判断しなければならない場合に，宗教団体のそれらの事項に対する自律的判断にもとづく結果を受容した上で裁判所が実体判断すべきであるとする説である。この立場は，日蓮正宗管長事件最高裁判決における大野正男裁判官の反対意見にみられるほか，学説でも有力に主張されている（新堂・後掲⑤1頁）。この説は，「宗教団体の自律権の尊重そして裁判的救済の必要性」を重視しようとするものである。そして，この説

に立つ最近の見解は「(この) 自律結果受容論に立ったうえで宗教団体の自律的処分についての実体的・手続的制約を精緻化していく」必要性を説いている (笹田・後掲② 411 頁)。

(3) 3つの説の相違と相互関係はどうなっているのか

これら3つの説を比較すると, まず気がつくのは, 第1説が本案審理に入らずに却下判決という形をとることになるのに対して, 第2説と第3説は, 裁判所が本案審理に立ち入るべきだとしていることである。このような第1説に対しては, 法律上の争訟と表裏の関係に立つ裁判を受ける権利を憲法が保障している以上, その実現を裁判所が図るべきではないか, 政教分離原則により教義・信仰をめぐる事項に裁判所が介入することが禁じられるとするが, 政教分離原則について判例 (最大判昭和 52・7・13 民集 31 巻 4 号 533 頁) は, そこまで厳格に解していないのではないか, などの問題点が指摘できよう。

つぎに3つの説を比較という観点からみると, 第1説・第3説と第2説の間にも相違がみられる。それは, 第1説と第3説が, ともに「法律上の地位の前提である宗教上の地位は, 宗教的事実を要件とする教義的な準則によって取得される場合もあり得るということを基本的に容認している」のに対し, 第2説は,「裁判所の判断の手法として, 法律上の地位の存否が宗教的事実の存否にかかるというようなことを容認していない」(片井・後掲③ 11 頁) からである。

この第3説では, 裁判所の役割は法令の解釈適用にあるから, そこでは法令の定める要件事実の主張がなされているかどうかに関心が向けられる。しかし, そのように司法権の守備範囲を法令の適用などに限定すると, そもそも教義や信仰に関する事項を主張立証するということ自体が意味を持つのか疑問になる。また, この説をと

ると，判決は請求棄却という形をとるものの，実質的には紛争解決はなされないおそれが高いことになる。

(4) 第3の立場の意味

これまで述べてきたところからみて，第3説が基本的には支持されるべきであるように思われる。この説は，先に述べたように，宗教団体の判断の尊重と裁判的救済の必要性を根拠とするものであるが，このうち宗教団体の判断の尊重のさらなる意味については，大経寺事件判決（最判平成14・2・22判時1779号22頁）の河合伸一裁判官の反対意見が参考になる。

河合反対意見は，宗教団体の判断を尊重する積極的な理由として，宗教団体が，宗教活動のための財産の所有管理やそのための事業も行うことによって，「一般市民法秩序にかかわる諸活動をすることを認められている」ことを指摘した上で，これらの活動から生じる具体的な権利義務ないし法律関係の紛争において，「宗教的判断が裁判所によって受容されず，その宗教的判断を前提とする紛争の終局的解決を得られないとすれば」，宗教団体は，「市民法上の法律関係において不安定ないし不利な状況のまま放置され，あるいは，自己の宗教的判断と矛盾する法律関係を強制されることになりかねない」とする（なお，亀山継夫裁判官の反対意見は，当該宗教団体や構成員とかかわりを持つ一般人のすべてにとって，法的に著しく不安定な状態を招来することになるとする）。

たしかに，このような形で宗教団体の判断を尊重する必要もあろうが，他方において宗教団体の内部紛争の相手方であるその宗教団体内の少数派の裁判的救済の必要性も認識する必要がある。この点で，宗教法人の住職に任命され，同時に寺院の規則により代表役員となって宗教法人の所有する寺院の管理・所持を開始したところ，

異説を唱えたとして僧籍剥奪処分を受けた者が，寺院の占有を簒奪されたとして，宗教法人を相手取って民法200条にもとづき占有回収の訴えを提起した事件で，その訴えを認めた最高裁判決（最判平成12・1・31判時1708号94頁）が注目される。

この判決では，上告人（原告）が僧籍剥奪後も寺院の管理を継続して，寺院を所持していたことを指摘し，代表者が法人の機関としてばかりではなく，代表者個人のためにもこれを所持するものと認めるべき特別の事情がある場合には，代表者は，個人としての占有も有することになるから，占有の訴えを提起することができるとした判例（最判平成10・3・10判時1683号95頁）が適用されるとして，民法200条にもとづき，寺院の返還を求めることができるとされた。

いまみたように，この第3の考え方では宗教団体の自律的判断を尊重し，それを受容した上で，実体的判断を下すべきであるとするものであるが，ただ，このような考え方が常にとりうるわけではない。すでに触れた大経寺事件判決における河合反対意見が述べているように，「ある事柄に関する宗教的判断をめぐって，宗教団体の内部が大きく分裂し，異端紛争となっているような事案では，裁判所として，団体の宗教的判断が何であるかを認定し得ないのみか，認定すべきでない場合もあり得る」。なぜなら「そのような事案で，裁判所があえて一方の宗教的判断をもって団体の判断とし，他方を排除することが，憲法が裁判所に要求する宗教的中立性保持のために，許されない場合があり得るからである。」

たしかに，このような場合の存在を考えると，個々の事案ごとにケースバイケースで考えていくことが多くなると思われるが，ただ，その場合でも実体的判断のほかに手続的判断が可能か否かを常に考慮しておく必要があろう。その際には，宗教団体の規則やそれがな

い場合には条理にもとづいて判断することになろう。

類　題

宗教団体 X は，教団設立 30 周年を記念して，本部のある A 市に世界平和祈念堂を建立することにし，信者から 1 口 10 万円の寄付を募った。それに対して信者 Y は，その趣旨に賛同し 50 万円の寄付をすると申し出た。ところが，その後 Y は，X の教義に疑問を感じ他の宗教団体 B に入信し，X に対する寄付金を支払うことを断った。

この場合，X は，Y に対して寄付金の支払いを請求することができるか。

参考文献

① 高橋・101 頁
② 笹田栄司「宗教法人の代表役員の地位をめぐる紛争と司法権」百選 II 410 頁
③ 片井輝夫「法律上の地位の前提たる宗教上の地位と裁判所の審判権」判タ 829 号（1994 年）4 頁
④ 中野貞一郎「司法審判権の限界の画定基準」民商 103 巻 1 号（1990 年）1 頁
⑤ 新堂幸司「審判権の限界」新堂幸司・谷口安平責任編集『講座民事訴訟(2)』（弘文堂，1984 年）1 頁
⑥ 伊藤眞「宗教団体の内部紛争に関する訴訟の構造と審判権の範囲」宗教法 10 号（1991 年）160 頁

4 部分社会(2) 大学での教育上の措置と司法権

事　　案

　大学は、学校教育法52条によると、「学術の中心として、広く知識を授けるとともに、深く専門の学芸を教授研究し、知的、道徳的及び応用的能力を展開させることを目的とする」教育研究施設である。学生は、大学での教育を受け、一定の学術的知識を修得したことを確認するために学則や各学部・研究科規則にもとづいて成績評価により単位授与の認定を受ける。そして、この単位の取得が卒業要件ともなっていることから、学生にとって大学での履修科目についての単位授与認定行為は、その教育課程における最も重要な関心事となっている。

　この単位授与認定行為が争われたのが富山大学単位不認定事件である。ここでは、大学での履修科目の試験の不合格という、いわゆる単位を取れなかったことが問題となったのではない。教育上の不正行為の疑いから学部長によって授業担当停止の措置を受けていたA教員による講義を、当該学部長による代替科目の受講の指示にもかかわらず受け続け、A教員による試験の合格判定をもらった学部学生と専攻科学生が、当該科目の単位認定がなされないことに対して、学部長および学長を相手に単位授与・不授与未決定の違法確認ならびに単位授与認定の義務確認および専攻科修了認定の義務確認を求めて行政事件訴訟を提起した。なお、大学の専攻科とは

「大学を卒業した者又は文部科学大臣の定めるところにより，これと同等以上の学力があると認められた者に対して，精深な程度において，特別の事項を教授し，その研究を指導することを目的」として設置されるもので，修業年限は通常1年以上とされている（学教57条2項）。

第1審判決（富山地判昭和45・6・6行集21巻6号871頁）は，国立大学での単位認定は公法上の特別権力関係における内部事項にすぎず，裁判所の審判の対象外として訴えを却下した。第2審判決（名古屋高金沢支判昭和46・4・9行集22巻4号480頁）は，学部学生の訴えについては単位認定を大学の内部事項として第1審判決を是認したが，専攻科修了に関する訴えについては公の営造物利用の一部拒否になることを理由に司法審査の対象になるとして第1審に差し戻した。これに対して，最高裁は，まず大学を一般市民社会とは異なる特殊な部分社会と位置付けた上で，学部学生の訴えについては，単位授与（認定）行為は「純然たる大学内部の問題として大学の自主的，自律的判断に委ねられるべきものであって，裁判所の司法審査の対象にはならない」との判断（最判昭和52・3・15民集31巻2号234頁）を下し，専攻科学生の訴えについては，専攻科修了の認定をしないことを「学生が一般市民として有する公の施設を利用する権利を侵害するもの」と解して，専攻科修了の認定・不認定に関する争いは司法審査の対象になるとの判断（最判昭和52・3・15民集31巻2号280頁）を下している。ここに，「自律的な法規範を有する特殊な部分社会における法律上の係争」を裁判所の司法審査の対象外におく「部分社会の法理」が示されている。

Point

① 「部分社会の法理」とはどのようなものか。
② 「部分社会の法理」は憲法上どのように評価できるか。
③ 教育上の措置については裁判所で争えないのか。

解　説

1 「部分社会の法理」とはどのようなものか

(1) 部分社会とされた大学

通常，われわれ市民は，日常生活を送る上で一般的な全体社会と同時に，大小様々な集団に帰属して生活している。そのなかには，一般的な国家の法的規律に服さず，集団自身の成立目的に応じて自らによって形成されるルールに従ってその内部の自律性を維持しているものも少なくない。この点について，地方議会議員の除名という懲罰決議が問題となった米内山事件の最高裁決定（最大決昭和28・1・16民集7巻1号12頁）における田中耕太郎裁判官の少数意見が，「凡そ法的現象は人類の社会に普遍的のものであり，必ずしも国家という社会のみに限ら」ず，その「中にも種々の社会，たとえば公益法人，会社，学校，社交団体，スポーツ団体等が存在し，それぞれの法秩序をもってい」て，「法秩序は社会の多元性に応じて多元的である」との見解を示していた。このような全体社会のなかで自律的な法秩序を持つ部分社会の自治・自律を尊重する立場から，国家はできる限りその自律的ルールを尊重するのがよいと考え，そこから司法権の限界を説く議論として「部分社会の法理」が展開される（高橋・343頁）。そして，これは，「学説より判例が先行して

形成されてきた」法理であって,「自律的法規範をもつ社会ないし団体内部の紛争に関しては,その内部規律の問題にとどまる限りその自治的措置に任せ,それについては司法審査が及ばないという考え方」(野中ほか憲法Ⅱ・224頁〔野中俊彦執筆〕)とされている。

本件は,この「部分社会の法理」に関連して,大学を「一般市民社会とは異なる特殊な部分社会を形成している」として,大学を国公私立を問わず部分社会の1つに位置付けている。最高裁は,この点に関連して,私立大学の学生の政治活動の自由に対する制限の問題が争われた昭和女子大事件(最判昭和49・7・19民集28巻5号790頁)で,「大学は,国公立であると私立であるとを問わず,学生の教育と学術の研究を目的とする公共的な施設であり,法律に格別の規定がない場合でも,その設置目的を達成するために必要な事項を学則等により一方的に制定し,これによって在学する学生を規律する包括的権能を有するもの」ととらえていた。本件では,この判断を先例として引用していないが,ほぼ同じ表現を用いて,大学をすべて部分社会とする判断を下している。

(2) **部分社会とされるその他の問題**

大学が「一般市民社会とは異なる特殊な部分社会」であるとして,その他にどのようなものが想定されているか。この点で,部分社会の代表例として宗教団体があげられているが,そこでは紛争解決の前提問題としての宗教上の教義に関する判断が多くの場合に必要とされ,その観点からの団体の自律性の尊重が主張されている(この点については *3* 参照)。これとは異なり,団体の内部的なルールに従って「部分社会の法理」が示されたのが,本件で先例として引用されている地方議会議員の出席停止という懲戒処分に関する最高裁判決(最判昭和35・10・19民集14巻12号2633頁)である。そこでは,

「部分社会の法理」とされる内容を,「司法裁判権が,憲法又は他の法律によってその権限に属するものとされているものの外,一切の法律上の争訟に及ぶことは,裁判所法3条の明定するところであるが,ここに一切の法律上の争訟とはあらゆる法律上の係争という意味ではない。一口に法律上の係争といっても,その範囲は広汎であり,その中には事柄の特質上司法裁判権の対象の外におくを相当とするものがあるのである。けだし,自律的な法規範を持つ社会ないし団体に在っては,当該規範の実現を内部規律の問題として自治的措置に任せ,必ずしも,裁判にまつを適当としないものがあるからである」と定式化する。ただし,ここでは,地方議会そのものを部分社会としているわけではなく,あくまでも地方議会における出席停止という懲罰を「内部規律の問題として自治的措置に任せ」るべき問題としているにすぎない。

地方議会や大学は,ある意味では公的な組織・団体ということができる。私立大学であっても,学校教育法上の大学として公教育の担い手であることにはかわりない。その結果,最高裁が他に「部分社会の法理」を用いるのは,私的団体ではあるが,公的な役割を担う存在としての政党である。最高裁は,政党所有の家屋に住んでいて,当該政党から除名処分を受けた者に対する家屋明渡しについての袴田事件(最判昭和63・12・20判時1307号113頁)で,政党を「内部的には,通常,自律的規範を有し,その成員である党員に対して政治的忠誠を要求したり,一定の統制を施すなどの自治権能を有するもの」ととらえる。その上で,政党を「議会制民主主義を支える上においてきわめて重要な存在である」として,「政党に対しては,高度の自主性と自律性を与えて自主的に組織運営をなしうる自由を保障しなければならない」とする。そして,「政党の結社としての

自主性にかんがみると、政党の内部的自律権に属する行為は、法律に特別の定めのない限り尊重すべきであるから、政党が組織内の自律的運営として党員に対してした除名その他の処分の当否については、原則として自律的な解決に委ねるのを相当」とする判断が下されている。ここに、最高裁の判断によると、政党の内部紛争も原則として部分社会の問題とされるに至っている。ただし、ここでは、最高裁は、政党そのものを一般市民社会とは異なる特殊な部分社会とはせず、むしろ、「政治上の信条、意見等を共通にする者が任意に結成する政治結社」という位置付けを行っている点が、大学それ自体を直接に部分社会とした位置付けの場合とは異なっている。

(3) 部分社会における自律的な内部事項

「部分社会の法理」とは、本件判決がいうように、「一般市民社会の中にあってこれとは別個に自律的な法規範を有する特殊な部分社会における法律上の係争のごときは、それが一般市民法秩序と直接の関係を有しない内部的な問題にとどまる限り、その自主的、自律的な解決に委ねるのを適当とし、裁判所の司法審査の対象にはならない」ものと解するのが相当とする、司法権の限界に関する考え方である。ここでは、団体・組織に関連する紛争の「内部・外部二元論」（この表現は、渡辺康行「政党の内部自治と司法審査」百選Ⅱ 406 頁）に従い、「一般市民法秩序と直接の関係」を有するか否かを基準にして、内部紛争にとどまる場合には司法権は発動されないと考えられる。この点について、本件の先例たる昭和 35 年最高裁判決（前掲最判昭和 35・10・19）では、前記の通り、一般市民法秩序との関係を示さずに地方議会における出席停止という懲罰を内部問題とし、本件最高裁判決（前掲最判昭和 52・3・15）では、教育上の措置としての単位授与・認定行為を「当然に一般市民法秩序と直接の関係を

有するものでない」ととらえて,「純然たる大学内部の問題」とする。また,袴田事件（前掲最判昭和63・12・20）では,「政党が党員に対してした処分が一般市民法秩序と直接の関係を有しない内部的な問題にとどまる限り,裁判所の審判権は及ばない」としている。

では,どのような場合に一般市民法秩序と直接の関係を有する外部紛争となるのか。本件最高裁判決（前掲最判昭和52・3・15）では,専攻科修了の認定・不認定に関する争いを司法審査の対象としている。そこでは,大学を公の施設ととらえ,「学生は一般市民としてかかる公の施設である国公立大学を利用する権利を有する」との前提から,学生に対する大学の利用拒否は,学生が一般市民として有する「公の施設を利用する権利」の侵害となり「司法審査の対象になる」とし,専攻科修了の認定をしないことは学生の国公立大学の利用の拒否にほかならないから,結局,「学生が一般市民として有する公の施設を利用する権利を侵害するものであると解するのが,相当である」との判断が下される。なお,先例たる昭和35年最高裁判決（前掲最判昭和35・10・19）では,括弧書きで「議員の除名処分の如きは,議員の身分の喪失に関する重大事項」であるが,「議員の権利行使の一時的制限に過ぎない」出席停止とは趣を異にするとの見解を示すだけである。さらに,袴田事件では,政党の党員に対する「処分が一般市民としての権利利益を侵害する場合であっても,右処分の当否は,当該政党の自律的に定めた規範が公序良俗に反するなどの特段の事情にない限り右規範に照らし,……適正な手続に則ってされたか否かによって決すべきであり,その審理も右の点に限られる」との判断が示されている。ここでは,政党の私的な政治結社という特性から,司法審査を自律的規範による処分についての主として手続審査に限定する判断が示されているが,同じく私

的結社である宗教団体の内部紛争にかかわる最高裁の判断が影響を与えているとされる（渡辺・前掲407頁）。

2 「部分社会の法理」は憲法上どのように評価できるか

(1) 「部分社会の法理」を認める憲法上の根拠はあるのか

はたして，「部分社会の法理」を一般的な司法権の限界として承認することができるのか。米内山事件（前掲最大決昭和28・1・16）の田中耕太郎裁判官の少数意見は，「裁判所は国家やその他の社会の中に『法の支配』を実現する任務を負担するものであるが，それが関係し得る事項には一定の限界があ」り，「裁判所が関係する法秩序は一般的のもののみに限られ，特殊的のものには及ば」ず，「もし裁判所が一々特殊的な法秩序に関する問題にまで介入することになれば，社会に存するあらゆる種類の紛争が裁判所に持ち込まれることになり，一方裁判所万能の弊に陥るとともに，他方裁判所の事務処理能力の破綻を招来する危険なきを保し得ない」から，「裁判所は自己の権限の正しい境界線を引かなければならない」とする。ここでは，裁判所に対する弊害をあげることで，部分社会の「内部的自治論」（この表現については藤井・後掲④ 99頁）を根拠付けようとしているが，この点については，「部分社会の法理」についての本質的理由を明らかにしたものではなく，「副次的結果にかかわる理由づけ」にすぎないとされる（佐藤・後掲① 206頁）。

これに対して，同じく米内山事件（前掲最大決昭和28・1・16）の真野毅裁判官の意見では，「法秩序は多元性であっても，一国内の法秩序である限り憲法に特別の規定がない場合には，法律上の争訟はすべて最後には裁判所の裁定に服すべき」であって，「もし，その所属団体の処理の仕方が違法（単なる妥当の問題でなく）であって

も，団体の構成員は団体の特殊な法秩序の故に，終局的にも裁判所に出訴して救済を求めることが出来ず，ただただ歯をくいしばって泣寝入りをするの外ないとすれば一国内の随処に局部局部の支離滅裂の破綻を生」ずることになるとの批判が展開される。そして，「社会における平和と秩序の維持のために紛争の自力救済を禁止した見返り」として日本国憲法32条が裁判を受ける権利を保障していると考えれば，「部分社会の法理」に対しては，「少なくとも，裁判を受ける権利を制限しうるような憲法上の根拠を示す必要がある」（高橋・343頁）ということになる。

　なぜ部分社会の自律的な内部事項については司法権が及ばないのか。この点で，学説は，法秩序の多元性を前提として包括的・一般的に司法権の限界を説くのではなく，自律的判断を尊重する根拠を個別的に検討する手法，すなわち，政党のような私的な結社については結社の自由（憲21条1項）を，大学の場合には学問の自由・大学の自治（憲23条）を，そして地方議会については自律権（憲93条）をそれぞれの内部的事項についての自律的判断を尊重する根拠にして，同時に，争われている権利・利益の性質等を考慮に入れて個別具体的に司法的介入の限界を検討すべきとされる。ただ，その場合でも，「確定的な司法権の限界というのではなく，あくまで個々のケース毎に，権利侵害の重大性とか基準の有無を考えた上で，最終的に裁判所が介入するか否かを決めなければなら」ず，その意味で「これは，結局，裁判所の裁量あるいは姿勢の問題に帰着する」（藤井・後掲④112頁）とも指摘されている。

(2)　法律上の争訟と法律上の係争

　「部分社会の法理」は，内部の自律的判断を尊重するための「法律上の係争」と司法権の内実とされる「法律上の争訟」との区別を

出発点とする。この点,「法律上の争訟」とは,「当事者間の具体的な権利義務ないし法律関係の存否に関する紛争であって,且つそれが法律の適用によって終局的に解決し得べきものであることを要する」(最判昭和 28・11・17 行集 4 巻 11 号 2760 頁) ものとされ,裁判所に持ち込まれた紛争が「法律上の争訟」の要件を充たせば,裁判所は当該紛争を裁定する権限を有し,同時にそれを裁定する義務を負うとされる。本件最高裁判決 (前掲最判昭和 52・3・15) では「一切の法律上の争訟とはあらゆる法律上の係争を意味するものではない」として,「法律上の係争」を上位概念として,「法律上の争訟」をそれに包摂される下位概念ととらえている。では,部分社会における自律的な内部事項となる紛争はどのような意味で「法律上の係争」ではあっても,司法権発動を義務付ける「法律上の争訟」ではないのか。

本件では,試験の合否そのものではなく,試験の合格判定を受けているから単位を認定してもらうことができるのではないかとしてその認定 (授与) を行わない大学の不作為の違法確認が求められている。とすれば,司法審査の対象とされた専攻科修了の認定については一般市民としての学生の権利が援用されていることとの対比で,単なる単位認定 (授与) を求める地位は一般市民法上の権利にかかわるものではないという結論が暗に示されているのではないだろうか。すなわち,「法律上の争訟」にいう「具体的な権利義務」とは「一般市民法上のそれをいうのであって,団体の内部的な地位までは含ま」ず,その意味で,「そもそも,権利義務に関する紛争ではないためにストレートに法律上の争訟に当たらないとされた事例」(安念・後掲③ 225~226 頁) と考えることができる。そこから,本件の判断 (そしてここで取り上げた「部分社会の法理」に関する判例の判

断)は,宗教上の教義に関する問題を前提にする宗教団体の内部紛争とは一応区別しうるということになる(ただし,地方議会の出席停止という懲罰については,実定法上議員としての地位が保護されていることから,議会の自律的決定の尊重を重視する見解もある。それについては,佐藤・後掲① 207 頁)。

3 教育上の措置については裁判所で争えないのか

(1) 大学での教育上の措置と司法的救済可能性

 単位認定(授与)行為は教育上の措置であって,前記の通り,司法審査の対象から除外される。それでは,単位認定(授与)を求める地位とは別に,学業の達成度を判定する試験の合否について,不合格とされた学生が裁判所にその不服の訴訟を提起することができるであろうか。この点,大学での試験の合否ではないが,国家試験の不合格判定に対し,合格への変更と不合格判定によって生じた損害賠償を請求した事件の最高裁判決(最判昭和 41・2・8 民集 20 巻 2 号 196 頁)は,「国家試験における合格,不合格の判定も学問または技術上の知識,能力,意見等の優劣,当否の判断を内容とする行為であるから,その試験実施機関の最終判断に委せられるべきものであって,その判断の当否を審査し具体的に法令を適用して,その争を解決調整できるものとはいえない」として,当該訴えを不適法と判断している。本件最高裁判決(前掲最判昭和 52・3・15)やこの最高裁判決の判断を前提に考えれば,大学での内部的な教育上の措置に関しては,学生はほとんど裁判所で争えない。ただ,わずかに,専攻科修了や学部卒業の判断は,その認定が「教育上の見地からする優れて専門的な価値判断」を要件としているわけではなく,修了・卒業のために必要な「要件が充足されたかどうかについては,

格別教育上の見地からする専門的な判断を必要とするものではない」とされているにすぎない。

それでは、修了や卒業ではなく、学生という身分を失う退学処分の場合はどうか。最高裁判決（前掲最判昭和35・10・19）は、前記の通り、議員の身分の喪失という除名処分については司法審査の対象となることを認めている。同じ理屈でいくと、学生の身分喪失という重大な問題を提起する退学処分については、それが公の施設を利用する権利あるいは教育を受ける権利との関係の問題であるということから、当然に司法審査の対象となると考えることができる。ただし、この点が直接に争われた前記昭和女子大事件での最高裁判決（前掲最判昭和49・7・19）は、私立大学での問題でもあったということから、憲法によって保障される人権規定を「私人相互間の関係について当然に適用ないし類推適用されるものでない」との判断を前提に、退学処分の適法性について非常に消極的な見解を示している。まず、私立大学では「建学の精神に基づく独自の伝統ないし校風と教育方針」を学則等において具体化・実践するとともに、学生としても「当該大学において教育を受けるかぎり、かかる規律に服することを義務づけられる」とする。その上で、「具体的に学生のいかなる行動についていかなる程度、方法の規制を加えることが適切であるかは、それが教育上の措置に関するものであるだけに、必ずしも画一的に決することはでき」ないが、大学が教育方針に照らして学生の政治的活動を制限するのが教育上適切であると考え、学内および学外における学生の政治的活動を広範に規律しても直ちに社会通念上学生の自由に対する不合理な制限であるとはいえない、との判断が下された。さらに、「大学の内部規律を維持し、教育目的を達成するために認められる自律作用」との観点から、懲戒につ

いての判断は大学の合理的な裁量に委ねられるとし、ただ、退学処分は他の懲戒処分と異なり、学生の身分を剥奪する重大な措置であるから、「当該学生に改善の見込がなく、これを学外に排除することが教育上やむをえないと認められる場合にかぎって」選択できるとしつつ、処分前の本人の反省を促すための補導の方法・程度については「それぞれの学校の方針に基づく学校当局の具体的かつ専門的・自律的判断に委ねざるをえない」として、補導の過程を経由しないと退学処分が下せないということはないとの判断を示した。これらの判断を総合すると、退学処分が司法審査の対象になるとしても、その適法性判断についてはほとんど教育上の措置という観点から学校側に軍配が上がる可能性が高いということになる。

(2) **初等・中等教育における教育上の措置**

大学での教育上の措置は以上の通りとしても、では、本件最高裁判決（前掲最判昭和52・3・15）で「大学とは趣を異にする」とされた高校・中学・小学校の卒業についてはどうか。この点については、やはり私立学校ではあったが、パーマ・自動車運転免許の取得禁止の校則に違反したがゆえに自主退学勧告を受け、その結果自主退学した生徒が学校の懲戒権行使の違法・無効を主張して自主退学を無効であるとし、卒業証書の授与の請求、卒業不認定による損害賠償の請求をしたいわゆるパーマ退学事件の第1審判決（東京地判平成3・6・21判時1388号3頁）は、「卒業認定をするか否かは、認定の対象となる生徒の一般市民法上の資格あるいは地位に大きく影響するものであるから、一般市民法秩序と直接に関係を持つものであり、本件のように、在学契約に基づき卒業認定という一定の作為を請求する場合は、在学契約の解釈上、学校が生徒に対して卒業認定をする義務を負う場合があり得るというべきであるから、本件における

卒業認定請求権の有無は司法審査の対象となる」とした。ただし，「高等学校の卒業認定においては教育上の見地からする専門的な価値判断が要求されるのであり，……卒業認定の判断は学校の裁量に委ねられている」として，請求は棄却されている。結局，ここでも，司法権が発動されても本案の段階で教育的見地からの裁量が認められ，学校側の判断に軍配が上げられている。ただし，公立の高等専門学校での剣道実技の信仰上の理由からの受講拒否に対して原級留置・退学処分を受けた学生が当該処分取消しを求めた剣道受講拒否事件の最高裁判決（最判平成8・3・8民集50巻3号469頁）では，学生の要求にもかかわらず代替措置をとらずに退学処分を下した校長の裁量権の濫用を認めている（これについては**8**参照）。

また，学校の入学についてはどうか。この点を直接に争った適切な事案は少ないが，障害児の中学入学に際して，当該生徒を普通学級ではなく特殊学級に入級させた校長の処分の取消しと損害賠償を求めた留萌中学特殊学級入級事件の第2審判決（札幌高判平成6・5・24判時1519号67頁）は，入級処分のあり方について，「仮に，子どもや両親の意思のみに基づいて決定された場合には，ときにかなりの混乱を教育の現場にもたらし，他の子どもの教育にも影響することは容易に予測できる」として，「肢体不自由者に対する中学校普通教育において，当該不自由者を普通学級に入級させるか，あるいは特殊学級に入級させるかは，終局的には校務をつかさどる中学校長の責任において判断決定されるべきもので，本人ないしはその両親の意思によって決定されるべきものではない」との判断を下している（なお，教育委員会の特殊学級設置行為は学級編成の一環にすぎず抗告訴訟の対象となる処分ではないとされている）。また，普通学級への両親の希望を考慮して，校長は知的障害のある子どもを養護学級

に入級させた上で普通学級との交流教育を行おうとしたが，当該子どもが不登校となり，両親が校長には普通学級で十分な教育を受けられるようにする義務があるとして損害賠償請求をした事件の第 1 審判決（大阪地判平成 12・2・17 判時 1741 号 101 頁）は，「小学校長は，科学的，教育的，心理学的，医学的見地から諸般の事情を考慮して総合的に評価した上で，当該障害を有する児童を特殊学級に入級させるか否か決定すべき義務……を負っていると解すべきである」との判断を下し，この義務が懈怠された場合でも，「子どもの教育を受ける権利を侵害することはあっても，親の教育の自由を侵害することはない」としている。結局，小・中学校の段階でも，教育上の措置をめぐる紛争は，訴訟の提起を可能としているが，その判断は原則的に専門家である学校長に委ねられており，親の出る幕ではないとの見解が判例の多数を占めているようである。

類　　題

公立の高等学校において，当該高校に在学する生徒が，学校当局に無断で校内において一定の政治的主張を行うビラを配り，また，教師の制止にもかかわらず，校庭で休み時間に当該政治的主張を行う演説を行った。高校側は，この行為を校則に定める「学校の秩序を乱し，その他生徒としての本分に反する」ものとして，直ちに当該生徒を退学処分にした。この場合，生徒は，裁判所にどのような訴えを提起し，訴訟でどのような主張をすることができるか。また，退学ではなく，懲戒としての停学処分の場合ではどのように考えることができるか。

参考文献

① 佐藤幸治「『部分社会』と司法審査」基本判例・203 頁
② 佐藤幸治『現代国家と司法権』（有斐閣，1988 年）147 頁
③ 安念潤司「司法権の概念」争点 224 頁
④ 藤井俊夫『事件性と司法権の限界』（1992 年，成文堂）99 頁
⑤ 米澤広一「障害児の学校・学級の選択と憲法・教育法」『憲法裁判と行政訴訟　園部逸夫先生古稀記念』（有斐閣，1999 年）119 頁
⑥ 内野正幸『教育の権利と自由』（有斐閣，1994 年）219 頁
⑦ 中川明「障害のある子どもの教育を受ける権利について」高見勝利・岡田信弘・常本照樹編『日本国憲法解釈の再検討』（有斐閣，2004 年）38 頁

第3章
人権救済の技法

I 自由＆平等

5 校則と生徒の人権──「バイク三ない原則」違反事件

事　案

　T高校は，校則で「バイク三ない原則」を定めていた。この原則は，バイクについて免許を取らない，乗らない，買わないというもので，生徒の生命・身体の安全，非行防止，学業専念などを目的として，全国の多くの高校で採用されていたものである。

　T高校の生徒であるAは，自動二輪免許を取得し，親からバイクを購入してもらって，自宅近辺で乗車していた。このバイクを同校の友人Bに貸与したところ，BはさらにCに転貸した。Cは無免許でバイクを乗り回すうち，検問中の警官をはね飛ばし重傷を負わせて逃走した。B宅に逃げ帰ったCは，Aらとも相談し，事故の事実を学校に隠すことにしたが，まもなく警察に逮捕され，T高校の知るところとなった。同校はBらから事情を聴いたところ，事故を起こしたのはAのバイクであることがわかった。T高校は，Aら事故に関係した生徒に自主退学を勧告。Aはこれを受け入れて同校に退学届を提出したが，納得できなかったため，バイク三ない原則は違憲，違法かつ不合理で無効であると主張し，本件自主退学勧告処分によって被った損害の賠償を求め，T高校の設置者に

対して訴訟を提起した。

第 1 審（千葉地判昭和 62・10・30 判時 1266 号 81 頁），第 2 審（東京高判平成元・3・1 判例集未登載）とも A の請求を棄却。憲法の人権規定は私人間で直接適用されることはなく，バイク三ない原則は社会通念上著しく不合理とはいえないこと，A が三ない原則に違反し，また，事故は A のバイクによるもので，事故の秘匿にも関与していたにもかかわらず，反省の態度を示さず，家庭も学校の方針に協力的でなかったことなどを総合すると，自主退学勧告もやむをえないとしたのである。そこで A は最高裁判所に上告したが，最高裁は，憲法の人権規定は私人間では直接適用されず，校則の定めるバイク三ない原則も社会通念上不合理とはいえず，A の行為の態様，反省の状況，家庭の協力の有無・程度を考慮すれば，自主退学勧告は違法とはいえない，ときわめて簡単な説示で原審の判断を支持したのである（最判平成 3・9・3 判時 1401 号 56 頁）。

さて，この事案のどこに憲法問題が含まれているのか。また，問題を考える前提として，現在の子どもと学校の関係をどのような観点でとらえるべきであろうか。

Point

① 子どもと学校をどうみるか。
② バイクに乗る自由は憲法上の人権か。
③ 子どもの人権と大人の人権はどう違うのか。
④ 校則で生徒の人権を制限できるか。
⑤ 私立と公立で違いはあるか。

解　説

1　子どもと学校をどうみるか

　子どもは変わった。今の子どもは、わたしたちの知っている子どもとは違う、全く新しい子どもたちである。こういわれるようになったのは、1980年代も後半になってからである（石川ほか・後掲①14頁の小島発言）。どうか変わったのか。以前の子どもは一人前の大人になるために学んだ。学ぶことによって自分自身を変革することができた。けれども、新しい子どもたちは、自分を変えようとはしない。今ある自分を基準として自己主張する。自分の不利益には敏感で、学校や他の生徒のために我慢（自己犠牲）しようとは思わない。新しい子どもは、自分は特別の存在であるという全能感を持っているから、教師の注意も評価も受け付けない。子どもたちは消費主体としては自己を確立しているから、教師とは対等だと感じているのである。そして、このような変化は、商取引における等価交換の原理が教育の場に持ち込まれたことによって生じたのである。近代市民社会が成熟した結果として生み出したのがこのような子どもたちだったのだ、というのである（諏訪哲二『オレ様化する子どもたち』（中公新書ラクレ、2005年）参照）。

　しかし、つい最近までは、こうは考えられていなかった。日本の学校は遅れていて、近代市民社会の段階に達していない。だから生徒を管理しようとして、そのため生徒は学校によって人権を侵害されている、というのである。たとえば、日本弁護士連合会の「学校生活と子どもの人権に関する宣言」（1985年）では、「子どもは……校則、体罰、内申書などによって管理され、『おちこぼれ』、『いじめ』、登校拒否、非行など深刻な事態に追い込まれている」とされ

ている。すべての問題の源泉は学校の管理教育にある，ということである。学校は超近代なのか，近代以前なのか。おそらく，どちらか一方が全面的に正しく，他方は全面的に誤っている，ということではないだろう。この事案についても，これら2つの観点を念頭に置いてみよう。

2 バイクに乗る自由は憲法上の人権か
(1) 憲法13条の意義

T高校の校則が定めるバイク三ない原則が，同校生徒の「バイクに乗る自由」を制限するものであることはわかる。しかし，この「自由」は憲法上保障された「自由権」なのか。単なる自由であれば，法律などで禁じられていないから自由であるにすぎず，制限されても憲法問題にはならない。それに対して，自由権であるとすると，合理的な理由もなくその権利を制限したら，人権侵害で違憲になる。だから，この自由が憲法上の人権かどうかが最初に問題になるのである。

では，「バイクに乗る自由」は憲法上の人権か。まず最初に確認すべきことは，この自由は憲法のどの条文にも規定されていないということである。憲法が明文で保障する権利だけが人権だとすれば，「バイクに乗る自由」は人権ではない。しかし，憲法で規定されてはじめて人権が存在するというのでは，人間は生まれながらに一定の権利を持っているという憲法の建前と矛盾するのではあるまいか。生まれながらの権利は論理的に憲法に先立って存在するからである。もちろん，生まれながらの権利がすべて憲法に規定されているなら問題は生じないだろう。けれども，憲法の条文も人間が作ったものだから完全ではない。憲法の人権規定はすべての自由を網羅的・体

系的に定めたのではなく、それまで行われていた制限の否定として歴史的にのみ理解できるのである（宮沢俊義『憲法Ⅱ——基本的人権〔新版〕』（有斐閣、1971年）98頁）。そう考えると、憲法の条文にその言葉がないからといって憲法上保障されていないという結論を出すのは早すぎることがわかる。

そこで注目されるのが憲法13条である。そこには「生命、自由及び幸福追求に対する国民の権利」という言葉がある。今日では「幸福追求権」とひとまとめでよばれるが、この権利は憲法制定当初はあまり注目されていなかった。憲法が明文で保障した権利の総称にすぎないと考えられたからである。しかし、今は違う。包括的で具体的な独自の権利であって、個々の人権に還元し尽くされない内容を持っていると考えられている。それゆえ、13条は、憲法制定後の新たな状況のなかで提唱されるようになった新しい人権の根拠規定になったのである。つまり、憲法では明文で規定されていない権利でも、13条を根拠に保障されていると考えることができるのである。それでは、「バイクに乗る自由」はどうか。

(2) **憲法13条の保障範囲**

憲法13条の幸福追求権の権利性が肯定されても、それがどのような範囲の行為まで保障の対象としているのか、学説上、一般的行為自由説と人格的利益説の対立がある。一般的行為自由説が、他人の権利を害しない限り、人間のあらゆる行為を広く保障の対象とするのに対して、人格的利益説は、憲法に明文で列挙された基本的人権と同等の内容を有する権利、つまり個人の人格的生存に不可欠の権利に限られる、と考えるのである。

それでは、バイクに乗る自由は13条で保障されるか。一般的行為自由説では、その行為が人間の人格といかなる結びつきがあるか

を問うことなく，すべての行為を保障対象とするわけだから，当然に保障されることになるのに対して，人格的利益説では保障されることはない（芦部憲法学Ⅱ・405〜406頁，佐藤・414頁）。なぜなら，バイクに乗ることが人間の人格的生存に不可欠だとは考えられないからである。

これに対して，他の人はともかく，バイクに乗っているその生徒にとっては人格の核心に属する行為なのだから，人格的利益説でもバイクに乗る自由を人権として扱うべきだ，という考え方もあるかもしれない。しかし，それはもはや人格的利益説ではない。ある特定の人にとって人格の核心に属する（と主張される）行為をすべて拾い上げたら，人は本当にさまざまだから，13条の保障範囲は一般的行為自由説とかわらなくなってしまう。つまり，人格的利益説は，あるべき（あるいは標準的な）人間を前提として，そのような人間の人格的生存に不可欠と想定されるものだけを権利として保障しようとするものなのである。

なお，人格的利益説は，一般的行為自由説に対して，「明確な基準もなく，裁判所が憲法上の権利として承認することになると，裁判所の主観的な価値判断によって権利が創設されるおそれ」があると批判するが，この批判はあたらないように思う。たとえば，髪型の自由が憲法13条で保障されるか，人格的利益説の内部でも対立がある（芦部憲法学Ⅱ・404頁は肯定，佐藤・413頁以下・461頁は否定）。一般的行為自由説ではどんな些細な行為でも13条の保障に含まれるので，憲法上の権利か否かが裁判所の主観に左右される余地はないのである。かえって，人格的生存に不可欠か否かという基準の方が裁判官の恣意的判断を導入することになることが，この例でわかる。

さて，一般的行為自由説をとれば，バイクに乗る自由も憲法で保障された人権になるが，だからといっていかなる制限も許されないというわけではない。制限に合理的な根拠があるかどうかが問題になる。他方で，人格的利益説をとれば，バイクに乗る自由は憲法上保障された人権ではないから，その制限が憲法問題になることはないはずである。けれども，人格的利益説をとる学説も，13条の保障からこぼれ落ちた行為について，憲法上無保障になってしまうわけではなく，平等原則や比例原則とのかかわりで一定の憲法上の保護が及ぶという（佐藤・後掲② 16～17 頁）。合理的な根拠がなければ自由の制限は認めないということだから，一般的行為自由説と同様の結論になる。しかし問題は，憲法上保障されていない自由が制限されたにすぎないのに，どうして違憲になるのか，その論理が明らかではないことである（戸波・後掲④ 37～38 頁）。この点，人格的利益説の説明は苦しいところがあるが，ここでは2つの学説があることを前提に話を進めよう。

3　子どもの人権と大人の人権はどう違うのか

　一般的行為自由説では，バイクに乗る自由も憲法上の人権である。しかし，高校生のバイクに乗る自由は，大人とは別の制限を受ける。というのは，高校生は，特別の事情のない限り，未成年者だからである。本事件の高校生もそうだ。

　人権が人間が人間であるという理由だけで享有する権利だとすれば，未成年者も人権の享有主体であることは当然である。けれどもたとえば，選挙権が未成年者に保障されないことは，憲法上明記されている（憲 15 条 3 項）。それ以外の人権であっても，子どもの人権が大人よりも制限されることにほとんど異論はみられない。とい

うのは,成熟した判断能力を持ち,自由を行使した結果に対して責任をとれる人間,つまり大人であることが基本的人権の暗黙の前提だからである。大人だったら自分で全責任を引き受けるしかないことでも,子どもの場合はそうはいかない。本人の手に余る場合は誰かがかわって責任をとることになる。子どもがその時どんなに強く望んでも,その判断力はまだ十分ではないのだから,大人からみて子どものためにならない行為は,制限することも許される,ということである。子どもを保護できる者は,子どもの権利を制限することもできるのである。

　子どもの人権を制限するのは,まず国の法律である。小学生や中学生でも,事実上バイクに乗ることができるかもしれない。けれども,法律では16歳にならなければ原付免許を取得することはできないから（道交88条1項1号）,法律は16歳未満の者のバイクに乗る自由を認めていない。この点,人格的利益説ではバイクに乗る自由は憲法上保障されていないのだから,法律の規制が違憲になることはない（少なくとも原則として）。これに対して,一般的行為自由説では人権の制限であり,その合憲性が説明されなければならないはずである。ただし,①ある人権の享有が認められる年齢をどこに設定するかという問題と,②その年齢に達して当該自由が認められる人の人権を制限する場合とでは,人権の制限といっても意味が異なるのではないか（ドイツでは,①を,②の「制限」と区別して「内容形成」とよんでいる。この概念について詳しくは,小山剛『基本権の内容形成』（尚学社,2004年）111頁以下)。たとえば,14歳からバイクに乗る自由を認めても良さそうであるが,他方では18歳から認めることにしても直ちに違憲とはいいにくいように思う。①の意味の制限はなかなか違憲とはしにくい（米沢・後掲⑦27頁）。

しかも，本件では，国が法律でこの高校生のバイクに乗る自由を制限していることが問題になっているのではない。本件の高校生は原付免許を取得しているのである。原付免許を取得してもいけないし，バイクに乗ってもいけないとしているのは，国の法律ではなく，学校の校則である。これはバイクに乗る自由の②の意味での制限である。法律が認めた自由を校則で制限できるのか。

　もともと校則は，法律上は許された行為を制限するものである。法律で禁止された行為を校則で繰り返し禁止しても無意味だからである（たとえば，校則のなかに「人を殺してはならない」という項目があるとは考えられない）。法律上禁止されていない（その意味では認められた）自由は一切制限できないとなれば，校則は存在し得ない。したがって，法律がいかなる制限も認めないというならともかく，そうでなければ，校則で制限すること自体が許されない，ということにはならないのである。しかし，校則で何でも制限してよいというわけではない。では，校則は何をどこまで制限できるのか。

4　校則で生徒の人権を制限できるか

　人格的利益説は，校則のバイク三ない原則を人権制限とは考えないが，学校側に校則でそこまで決める権限があるのかどうかを問題にすることはできる。もちろん，一般的行為自由説でも，自由の制限がどこまで許されるかという実質論と，どのような根拠にもとづいて許されるかという形式論があるから，校則がそのような根拠となりうるかは，同じように問題となるのである。

(1) 校則の根拠

　そもそも学校が校則を制定し，それによって生徒を規律するのは，どういう根拠にもとづくものか。学校と生徒の関係は，教育法学上

さまざまな議論のあるところだが（兼子仁『教育法〔新版〕』（有斐閣，1978 年）400～415 頁），最高裁は，昭和女子大学事件の判決（最判昭和 49・7・19 民集 28 巻 5 号 790 頁）において，「大学は，国公立であると私立であるとを問わず，学生の教育と学術の研究を目的とする公共的な施設であり，法律に格別の規定がない場合でも，その設置目的を達成するために必要な事項を学則等により一方的に制定し，これによって在学する学生を規律する包括的権能を有するものと解すべきである」として，「学生としてもまた，当該大学において教育を受けるかぎり，かかる規律に服することを義務づけられるもの」だと述べた。つまり，大学には自主立法権が憲法上認められているということである。

本件の第 1 審判決はこれをそのまま高校に転用し，「高等学校は公立私立を問わず，生徒の教育を目的とする公共的な施設であり，法律に格別の規定がない場合でも学校長は，その設置目的を達成するために必要な事項を校則等により一方的に制定し，これによって在学する生徒を規律する包括的権能を有し，生徒は…入学に際し，当該学校の規律に服することが義務づけられる」と述べている。本件の最高裁判決で昭和女子大事件の判決はなぜか引用されなかったが，最高裁が本判決で違う考えをしているということはないだろう。なお，昭和女子大事件判決のこの論理は，その後，富山大学事件（最判昭和 52・3・15 民集 31 巻 2 号 234 頁）において部分社会の法理と結びつく。両判決を比較すると興味深い（この点は **4** 参照）。

(2) 校則の守備範囲

校則で生徒の行動を規律することを認めたとしても，それは学校での教育に必要な限りにおいてであって，生徒の私生活についてまで規律することはできないのではないか。生徒の私生活を規律でき

るとしたら親のはずで、校則は親の教育権を侵害するのではないか、という疑問が生じる。

これについて、第1審判決は、学校の生徒を規律する包括的権能は、学校の設置目的達成に必要で、学校の教育内容実現と関連する場合には、生徒の校外活動にも及び、その限りで親の教育権は制限されるとした。なぜなら、「校外活動といっても種々のものがあり、それが学校生活と密接な関係を有し、学校生活に重大な影響を与えるものについては、これに対し学校の権能が及ばないとすると、学校内において統一した教育指導が不可能となり、ひいては他の生徒の有する学習権に対する侵害ともなりかねないからである」。

この点、学校が、学校外の生活まで規律するのは余計なお世話であるばかりでなく、法的に許されないパターナリズムだとの意見もあろう。学説上は、バイクでの登下校を禁止できても、校外でバイクに乗ることを禁じたり、免許取得を禁じることはできないと考えるものが有力である（たとえば、戸波・後掲③10頁）。そして、そういえるのであれば、人格的利益説でもバイクに乗る自由が事実上保障されることになる。

たしかに、生徒が学外でどんな問題を起こしても、それは生徒や親が直接対処すればよいことで、学校とは無関係だという態度ももちろんありうるだろう。しかし、学外の行為でも懲戒の原因になる場合があることは認められるだろうし、大学でさえ面倒見の良さを競っている時代に、高校がそのような割り切りをできるか、しなければならないのか、難しいところであろう。そうであるとすれば、人権侵害をいうことなく、校則がその守備範囲を逸脱していることを理由として無効とすることは困難であるように思われる。

解説

(3) 自主退学勧告

とはいえ、学校が校則違反を理由として何らかの懲戒処分を行うことは認められても、退学処分または自主退学勧告というのはあまりに重すぎるのではないか、という点が問題になる。自主退学勧告と退学処分は全く違うという意見もあるだろうが、第1審判決によれば、退学処分は県に報告しなければならず、生徒が他校へ再入学することも難しくなり、就職や結婚にも影響が出るため、実際は退学処分が相当な場合でも自主退学勧告としているとのことであるから、ここでは退学処分に準ずる処分と考えておこう。

最高裁は本判決で自主退学勧告を簡単に肯定したのであるが、退学処分が重すぎる（裁量の範囲を逸脱し違法である）とされた事例もある（東京地判平成3・5・27判時1387号25頁、東京高判平成4・3・19判時1417号40頁）。実は、最高裁自身も、昭和女子大事件では、退学処分は学生の身分を剥奪する重大な措置であり、学校教育法施行規則13条3項も退学事由を4個に限定していることから、退学処分の選択について「特に慎重な配慮」を求めていたのである。そうであるならば、事案によるとはいえ、本件でももう少し詳しい検討があってもよかったのではないか。実際、最高裁は、剣道実技受講拒否事件（最判平成8・3・8民集50巻3号469頁）でこの一節を引用し、学校側の原級留置処分および退学処分を違法と判断しているのである。

5 私立と公立で違いはあるか

(1) 私立高校の場合

T高校は私立である。最高裁は、三菱樹脂事件判決（最大判昭和48・12・12民集27巻11号1536頁）を引きながら、憲法の人権規定は

国家の統治行動から個人の自由と平等を守ることを目的とした規定であり，もっぱら国家と個人の関係を規律するもので，私人相互の関係には適用されないから，私立高校の校則やその違反を理由とする処分が直接憲法の人権規定に違反するかどうかを論じる余地はない，とした。私立学校といっても「公共的な施設」であり，その機能からみたら公立学校と変りはない。国から補助金を受けている。だから，私立学校についても人権規定を直接適用すべきだ，とも考えられるが，三菱樹脂事件の判決は事実上の支配関係を理由とした限定的な直接適用も否定しているから，それも認められないであろう。

　ただし，私立高校の校則が直接人権侵害で憲法違反になることはないが，間接的にはなりうる。三菱樹脂事件の判決も，私人による基本的自由の侵害が社会的に許容しうる限度を超えるときは，民法1条，90条や不法行為に関する諸規定を適切に運用することで基本的自由を保護すべきものとしている。しかし，公序良俗に違反する場合に校則は無効となるといっても，私人間では人権規定の効力は相対化される。私立学校は，建学の精神にもとづく独自の伝統ないし校風と教育方針に存在意義があり，それを承知して入学する生徒の自由を規制しても，公序良俗に反すると断定するのは難しい。

(2) 公立高校の場合

　公立高校の場合は，私立高校とは異なり，人権規定が直接適用される。最高裁も，公立大学が学生に退学を命じる行為は行政処分であるという（最判昭和29・7・30民集8巻7号1463頁）。私立高校の校則には許される自由の制限も，公立高校には許されないのではないか。バイクに乗る自由が公立高校で争われた事件がある。高知県立O高校の生徒が，学校の許可を得ないで原付免許を取得したこ

とを理由として無期家庭謹慎処分を受け、2週間後に解除された。この生徒は、本件処分は違法だと主張して、県に慰謝料の請求を求めた。

第1審（高知地判昭和63・6・6判時1295号50頁）、第2審（高松高判平成2・2・19判時1362号44頁）とも請求を棄却。ただし、第2審判決は、「憲法13条が保障する国民の私生活における自由の一つとして、何人も原付免許取得をみだりに制限禁止されないというべきである」と述べて、バイクに乗る自由を正面から肯定した。にもかかわらず、学校の設置目的とバイクに乗る自由の制限との間に合理的関連性があれば憲法13条違反ではないとして、制限を肯定したのである。公立学校であれば人権規定が直接適用され、私学のような独自の校風や教育方針も認められないはずであるが、判決をみる限り、特段の差異は見あたらない。これは、公立私立を問わない昭和女子大事件最高裁判決の論理からすると当然だということであろうか。そうだとすれば、本件で憲法の人権規定が直接適用されないことをことさら強調するのはなぜなのか、逆に疑問になるのである。

類題

私立P女子高校は、良妻賢母の育成を建学の目標とする学校であるが、その校則において、不純異性交遊や援助交際とともに結婚を禁止していた。同校に通う生徒Aは、両親の同意を得てBと結婚したが、学校にはその事実を秘匿していた。けれども、間もなくAは妊娠し、学校に結婚の事実が発覚した。P高校は、生徒が結婚すると他の生徒に心理的な影響を与え学業に専念できなくなるとし

て，校則違反を理由にAに自主退学を勧告した。Aは子育てのため1年間休学した上で復学し，P高校を卒業したいと思っている。Aはどのような主張をすることが考えられるか。

参考文献

① 石川恵美子・小島勇・塩野宏・辻村哲夫・松尾浩也「座談会 校則問題を考える」ジュリ912号（1988年）4頁
② 佐藤幸治「日本国憲法と『自己決定権』――その根拠と性質をめぐって」法教98号（1988年）6頁
③ 戸波江二「校則と生徒の人権」法教96号（1988年）6頁
④ 戸波江二「自己決定権の意義と範囲」法教158号（1993年）36頁
⑤ 戸波江二＝小山剛「幸福追求権と自己決定権」井上典之・小山剛・山元一編『憲法学説に聞く』（日本評論社，2004年）7頁
⑥ 赤坂正浩「子どもの人権」赤坂正浩・井上典之・大沢秀介・工藤達朗『ファーストステップ憲法』（有斐閣，2005年）15頁
⑦ 米沢広一『憲法と教育15講』（北樹出版，2005年）22～50頁

Coffee Break ⑤

訴訟救助

　裁判は決してタダではありません。勝つ見込みがあってもお金がないため，あるいは，裁判をすると生活が非常に苦しくなってしまうため訴訟の提起をあきらめるようなことになると，なんのために自力救済を禁止して憲法が裁判を受ける権利を保障しているのかわからなくなってしまいます。そこで，民事訴訟法は，訴訟の準備および追行に必要な費用を支払う資力がない者またはその支払いにより生活に著しい支障を生ずる者に対しては，勝訴の見込みがないとはいえない場合に限り，裁判費用，執行官の手数料等の支払いを猶予し，訴訟費用の担保を免除する制度を，訴訟上の救助として規定しています（民訴82条以下）。これにより貧困者にも訴訟による権利保護の途が最小限保障されています。なお，この制度を補うものとして，民事法律扶助法による法律扶助という制度もあります。　　　　　　　　　　　　　　　　　　　　　　　　　　(I)

6 平等の意味——非嫡出子法定相続分差別事件

事　案

　被相続人A（女）は，T家に生まれBとの間にCをもうけたが，Bとは婚姻に至らず，さらに2人の男性と婿養子縁組をし，嫡出子をもうけた。Xは，非嫡出子Cの子であるが，Aの相続につきCを代襲するにあたって，非嫡出子である父Cの法定相続分を他の嫡出子の法定相続分と平等な形で分割することを求め，家裁に遺産分割の調停を申し立てた。調停は不調に終わり審判に付されたが，Xの主張は認められなかった。

　そこで，Xは非嫡出子の法定相続分を嫡出子の2分の1と定める民法900条4号ただし書（以下，本件規定という）は，憲法14条・13条などに反し違憲無効であるなどとして，家裁の審判を不服として高裁に即時抗告した。しかし，高裁は，法定相続分の割合をどのように定めるかは国の立法政策の問題であって，本件規定は憲法に反しないとし，第1審審判とほぼ同様な理由で抗告を棄却した（東京高決平成3・3・29判タ764号133頁）。

　これに対して，Xは本件規定が憲法14条違反であるとの主張に絞って，最高裁に特別抗告（民訴336条）したが，最高裁は大法廷を開いた上で抗告棄却の決定をした（最大決平成7・7・5民集49巻7号1789頁）。大法廷決定には，10裁判官による法廷意見の他，3つの補足意見，5裁判官による反対意見，さらにそのうちの1名に

よる追加反対意見が付された。

法廷意見は,まず憲法14条1項は合理的理由のない差別を禁止するものであって,合理的理由のある差別であれば許されるというのが判例であるということを明らかにし,続けて相続制度の概観に触れながら,相続の定めは多角的であり,法定相続分の定めは,遺言等の相続分の指定などがない場合に補充的に機能する規定であるとした。その上で,「相続制度は,被相続人の財産を誰に,どのように承継させるかを定めるものであるが」,相続制度をどのように定めるかは,その形態の歴史的,社会的多様性,伝統,社会事情,国民感情,家族のとらえ方,婚姻ないし親子関係の規律などを総合的に考慮した上で,「立法府の合理的な裁量判断にゆだねられている」とし,本件規定の合憲性に合理性の基準を適用して,つぎのように判断した。

まず立法目的については,本件規定は法律婚の尊重と非嫡出子の保護の調整を図るものであるとし,「これを言い換えれば,民法が法律婚主義を採用している以上,法定相続分は婚姻関係にある配偶者とその子を優遇してこれを定めるが,他方,非嫡出子にも一定の法定相続分を認めてその保護を図ったもの」であり,「現行民法は法律婚主義を採用しているのであるから……本件規定の立法理由にも合理的な根拠がある」とした。

つぎに,立法目的達成手段についての合理性についても,法定相続分につき嫡出子と非嫡出子の間に差を設けることは,立法目的との関連で著しく不合理で,立法府に与えられた合理的な裁量判断の限界を超えているとまではいうことはできないと判断し,結論として,本件規定は憲法14条1項に反しないと判示した。

これに対し,反対意見は,本件は「精神的自由に直接かかわる事

項ではないが，本件規定で問題となる差別の合理性の判断は…財産的利益に関する事案におけるような単なる合理性の存否によってなされるべきではなく，立法目的自体の合理性及びその手段との実質的関連性についてより強い合理性の存否が検討されるべきである」とした。その上で反対意見は，「婚姻を尊重するという立法目的」に「何ら異議はない」が，「出生について責任を有するのは被相続人であって，非嫡出子には何の責任もなく，その身分は自らの意思や努力によって変えることはできない。出生について何の責任も負わない非嫡出子をそのことを理由に法律上差別することは，婚姻の尊重・保護という立法目的の枠を超えるものであり，立法目的と手段との実質的関連性は認められず合理的であるということはできない」とした。さらに，本件規定は「非嫡出子を嫡出子に比べて劣るものとする観念が社会的に受容される余地をつくる重要な一原因」となっており，その立法目的が非嫡出子保護にあるというのは，「今日の社会の状況には適合せず，その合理性を欠く」とした。

Point

① 非嫡出子に対する相続分の差別は憲法上どのような点で問題となるか。
② 憲法14条との関係が議論されるわけ。
③ 憲法14条1項に関する違憲審査基準の枠組みについてみる。
④ 本件規定に対する違憲審査基準として実質的関連性の基準を考える。
⑤ 立法事実をどのように取り込むか。

解　説

1 非嫡出子に対する相続分の差別は憲法上どのような点で問題となるか

(1) 非嫡出子とは何か

　非嫡出子とは，婚姻関係外から生まれた子であり，婚外子ともいわれる。法律上結婚のことを婚姻というが，その婚姻関係にある夫婦から生まれた子を嫡出子（婚内子）というのに対し，そうでない子を非嫡出子といっている。非嫡出子は，旧民法では母との関係で私生児といわれ，父が認知した場合には父との関係で庶子といわれた。庶子などの法律上の用語はいまではないが，現行民法でも，非嫡出子は原則として母の氏を称し（民790条2項），母の親権に服する（民819条4項）とされている。

　旧民法のもとでの私生児や庶子などは，家制度の維持との関係が深く，それは嫡出男子，庶子，嫡出女子という順序で家督相続権を認めていたことにあらわれているが，このような取扱いは，差別を内包するものであったといえる。戦後，家制度は崩壊したが，なおその影響は残存している。ここで取り扱う非嫡出子に対する法定相続分の差別（区別）を定める民法900条4項ただし書は，その点に関連して長くその合憲性に対する疑いが指摘されてきたものである。

(2) 非嫡出子に対する差別はどう変化してきたか

　もっとも，非嫡出子に対する差別は，わが国だけでみられたわけではない。むしろ，「西欧キリスト教社会では神の前での神聖な結合（婚姻）を重視したので，婚姻外性関係は厳しく規制され，社会的に承認されない関係から生まれた子（罪ある結合の果実）は蔑視され，親との社会的，法律的つながりを正式には認められなかった（何人の子にもあらざる子）。」（高橋朋子・床谷文雄・棚村政行『民法7

親族・相続』（有斐閣，2004年）109頁）とされる。ただ，このような考え方は徐々に崩れ，とくに20世紀後半になると，世界各国で非嫡出子と嫡出子を平等に扱う傾向がみられるようになった。

　国内的にも，近年，非嫡出子に対する差別的取扱いに対する訴訟が提起されるようになり，そのなかには違憲判決がみられるようになった。たとえば，父に認知された非嫡出子には児童扶養手当を打ち切るとしていた児童扶養手当法施行令1条の2の3号ただし書を違憲とした地裁判決（奈良地判平成6・9・28判時1559号26頁），市長が住民票に非嫡出子と世帯主との続柄を住民基本台帳事務処理要領に従って，嫡出子のように「長男」等ではなく，「子」と記載したことがプライバシーを侵害するものであるとした高裁判決（東京高判平成7・3・22判時1529号29頁）などがみられた。

　本件規定についても，本大法廷決定が下される直前ともいえる平成5年に高裁決定（東京高決平成5・6・23判時1465号55頁）が，そして平成6年に高裁判決（東京高判平成6・11・30判時1512号3頁）が下されていた。このような状況のなかで，本件において最高裁決定が下されたのであるが，そこではどのような憲法上の問題があったのか，つぎにみてみることにしたい。

2　憲法14条との関係が議論されるわけ

　非嫡出子に対する法定相続分を嫡出子の2分の1とする民法900条の規定の合憲性については，いま述べた平成5年の東京高裁決定や平成6年の東京高裁判決のようにそれを違憲とする判決と，本件の高裁決定のように非嫡出子を含めた子の間で均分相続とするか否かは，立法政策の問題であり合憲とする判決が，下級審の段階でみられた。

このように高裁の間で意見が分かれていた問題について，最高裁が示した判断が本決定である。本件最高裁決定は，民法900条4項ただし書を合憲と判断したものであるが，そこではいくつかの検討すべき点がみられる。まず，本決定については，本件規定が憲法14条1項に反するか否かの合憲性の判断にあたって，最高裁の法廷意見が合理性の基準を適用したのに対して，反対意見は実質的関連性の基準を適用したことがあげられる。したがって，まず念頭に浮かぶのは，どちらの基準が妥当であり，どのようにあてはめるべきかということである。しかし，その前に，本件規定に関して憲法14条1項に違反し違憲であるということが，どうして議論されるのかについてみてみることにしたい。

なぜ，そのようにいうのかというと，非嫡出子の法定相続分の規定は，民法上の制度として定められているから，本件規定が非嫡出子の法定相続分を2分の1と定めていても，その差別は正当化されるとする考え方があるかもしれないからである。この考え方は，さらに裁判所が非嫡出子の法定相続分の差別を違憲と軽々しく判断するべきではないという議論と結びつきやすい。このような考え方をどのようにみるべきであろうか。違憲判断を慎重にするべきであるという考え方は，十分首肯できる場合もあるが，過度に行き過ぎると憲法81条の違憲審査の意味を失わせることになるというべきであろう。

それでは，本件規定は，憲法上どのような規定に違反するのであろうか。本件では，非嫡出子に対する法定相続分の差別が議論されているから，憲法14条1項に反しているか否かが問題となるということはいうまでもないが，それだけなのだろうか。実は，原告は，当初憲法14条1項とともに，憲法13条にも本件規定が違反すると

主張していた。学説のなかにも、本件規定によってライフスタイルの自己決定権が侵害されているという主張もみられた（二宮・後掲③57頁）。事実婚を選択したいのに、本件規定のために法律婚を選択することしかできないのは、憲法13条の保障するライフスタイルの自己決定権に対する侵害だというのである。

しかし、本件規定は、事実婚の選択そのものに直接制約を課するものとはいえず、また、そもそも本件規定は非嫡出子を嫡出子に対して差別するものであって、その影響を受ける当事者は非嫡出子本人であることを考えると、この規定の合憲性を争う適格があるのかが問題となる。さらに、相続権は、財産権でもあるとして、その侵害を争うことも考えられるが、それは非嫡出子に対する差別の重要性ということを軽視することになる（内野・後掲⑨54頁）。

そこで、本件規定の合憲性は、憲法14条1項との関係で考える必要があるということになる。ただ、非嫡出子に対する差別には、すでに触れたようにさまざまなものがある。たとえば社会的差別の大きさに比べれば、本件規定による差別はそれほど重要でないとする見方もありうるかもしれないが、「それらの論拠として援用される最有力のものは、ほかならぬ相続分差別」であり、したがって「相続分差別をこそ最重要問題とすべきである」という指摘（米倉・後掲⑧48頁）を、ここでは受け入れておくことにする。

3 憲法14条1項に関する違憲審査基準の枠組みについてみる

(1) 厳格な審査基準には「厳格審査」基準と「厳格な合理性」基準が含まれる

本決定の法廷意見と反対意見は、本件が憲法14条1項にかかわる事件であるとみる点では共通している。ただ、そこでの合憲性の

判断基準は異なっている。そのような相違がなぜ生じたのかは興味深い点であり、それについては後でみることにして、その前に憲法14条1項の違憲審査基準について、その概要を整理してみたい。

憲法14条1項に関する違憲審査基準について、判例は、同項後段に掲げられた5つの事由を単なる例示とみなした上で、それらを含めたすべての事由にもとづく区別について、その区別が合理的な理由を有するものか否かを問題とし、合理的な区別ならば憲法14条1項には違反しないとしてきた。本件でも、法廷意見はその冒頭で先例をあげて、そのことを確認している。

これに対し、学説は一般的に憲法14条1項後段にあげられた5つの事由である「人種」、「信条」、「性別」、「社会的身分」、「門地」に特別の意味を認め、それらの事由にもとづく区別については、他の事由にもとづく場合と異なり、厳格な審査基準が適用されることが妥当であるとし、かつ区別にあたらないとすることを立証する責任は、基本的に公権力側にあると解してきた。このような学説にあって問題となるのは、5つの事由にもとづく区別が存在する場合に、「厳格審査」基準と「厳格な合理性」の基準ないし実質的関連性の基準のいずれを用いるかということである

ここでもう一度確認しておくと、厳格な審査基準のなかには、「厳格審査」基準と「厳格な合理性」基準の2つが含まれる。「厳格審査」基準は、取扱いの差異が合憲であるためには、立法目的が必要不可欠の政府利益（やむにやまれぬ利益）であり、目的達成の手段が立法目的を達成するための必要最小限度のものであることを求める。これに対して、「厳格な合理性」基準は、取扱いの差異が合憲であるためには、立法目的が重要なものであり、目的達成の手段が立法目的との間に実質的関連性を有していなければならないとする、

いわゆる実質的関連性の基準を意味している（米沢・後掲①59頁）。厳格な合理性の基準の適用については，具体的事案によってかなり異なる判断結果をもたらすが，厳格審査基準に比べればより緩やかであるという点では意見は一致している。

(2) **厳格審査基準と厳格な合理性の基準のどちらを用いるかで大きく判断は異なる**

厳格審査基準と厳格な合理性の基準のいずれを選択するかによって，その適用の結果として違憲か否かの判断が大きく異なるとすると，その選択基準が重要となる。この点について，そもそも5つの事由について，厳格審査基準が適用されるものと，厳格な合理性の基準が適用されるものとを区別すること自体に懐疑的な立場から，5つの事由にもとづく区別に対して，一律に厳格審査基準を用いるべきであるとする見方がある。この考え方は，信条を除く4つの事由については，共通して過去に差別が存在したこと，生まれにもとづく差別がなされたこと，本人の能力ではいかんともし難い事柄であることを根拠に，また，信条については，内心の自由という精神的自由の根幹にかかわることを根拠に，それらにもとづく区別に対して厳格審査基準を適用すべきだとみるものである。

この5つの事由にもとづく差別について，すべて厳格審査基準を適用するべきであるとする説は，ほとんどすべての場合にほぼ違憲という判断が示されることになり，違憲判断のあり方を硬直化させるという批判も考えられる。

そこで，この説とは逆に，5つの事由にもとづく差別の合憲性を判断するにあたって，憲法判断のあり方について，より柔軟性を有する判断にもとづく結果を導き出すことのできる実質的関連性の基準を用いるべきであるとする説が考えられる。しかし，この説に対

解説

しては，5つの事由はそれほどの特別な意味を持っているのか，あるいは特別な意味を見いだすことができるのかが，問われることになる。

いま述べたような点をふまえて，最近の説のなかには，憲法14条1項後段の5つの事由にもとづく区別については，一応すべて実質的関連性の基準が適用されるとした上で，さらに人種，信条については「厳格審査」基準をケースバイケースで使い分けるべきであるという立場をとっているものもある。ただ，そこまで踏み込むのなら，5つの事由のそれぞれに指摘される特別な意味を考慮して，「人種」，「信条」には原則的には「厳格審査」基準を適用し，「性別」，「社会的身分」には「厳格な合理性」の基準を適用するべきであるという説が最近有力となっている。

(3) 社会的身分には「厳格な合理性」の基準が適用されるわけ

このような審査基準の使い分けは，信条の場合にはすでに触れたように，内心の自由にかかわり，精神的自由権の根幹にかかわるものであることからみて妥当といえる。これに対し，「人種」，「性別」，「社会的身分」にもとづく区別については，個人の尊厳と人格価値の平等を憲法が求めていることが（憲13条・14条），厳格な審査基準を適用するべき理由とされる。ただ，なぜ「人種」には「厳格審査」基準が適用され，「性別」・「社会的身分」には「厳格な合理性」の基準が適用されるのかということは，「人種」，「性別」，「社会的身分」が，ともに個人の意思や努力によってはいかんともしがたい性質のものである点では共通しているために疑問が生じうる。これに対しては，人種差別が，性差別や社会的身分にもとづく差別とは異なり，陰惨な過去の歴史的経緯を有し，また，人種差別によって民主的な政治過程へのアクセスが困難とされた事情を指摘できる。

したがって，社会的身分を人種と同様な意味での少数派と考えるのは，歴史的経緯の相違などからみて難しいといえる。

4 本件規定に対する違憲審査基準として実質的関連性の基準を考える

(1) 非嫡出子は「社会的身分」にあたるか

本件では，嫡出子が「社会的身分」にあたるか否かが問題となっている。「社会的身分」の意味について，学説は，社会において一時的にではなしに占めている地位と広くとらえる広義説，社会において後天的に占める地位で一定の社会的評価をともなうものと解する中間説，出生によって決定され自己の意思によっては離れることのできない固定した地位と解する狭義説に大きく分かれる（野中ほか憲法Ⅰ・288頁〔野中俊彦執筆〕）。さらに，中間説を修正して，「人が社会において一時的ではなく占めている地位で，自分の力ではそれから脱却できず，それについて事実上ある種の社会的評価が伴っているもの」と解する説（芦部・130頁）もみられる。中間説では出生による決定という部分が定義上うまくいかされていないという不備をおぎなおうとするものである。

これら学説のなかでは，狭義説の立場がかなり有力といえる。それは，14条1項後段のかかげる事由に法的意味を認めるならば，社会的身分の意味は狭く解するべきであり，そのことが身分という文言にともなう，「人の出生によって決定される」という要素と符合するという理由にもとづく。

判例は，「人が社会において継続的に占める地位」（最大判昭和39・5・27民集18巻4号676頁）として広義説をとっていると一般に解されているが，「親子の関係」（最大判昭和25・10・11刑集4巻10号2037頁）や「高齢」であること（最大判昭和39・5・27民集18巻4

号676号）は，社会的身分にあたらないと判示している。

判例は，非嫡出子は必ずしも社会的身分に該当するわけではないが，不合理な差別的取扱いは14条1項に反するという立場をとっているから，本件における非嫡出子に対する取扱いの差異の合憲性は，合理性の基準によって審査されることになる。ただ，本件における非嫡出子のような個人の意思や努力によってはどのようにもしがたい事由にもとづく差別について，合理性の基準を適用して緩やかに審査することは，憲法の個人の尊重という理念との関係からみて適当とは言い難いといえよう。

このような立場に対しては，本判決以前に，すでに触れた平成5年の東京高裁決定が，社会的身分について狭義説をとった上で，①立法目的についてはそれが重要なものであるか，②立法目的と規制手段との間に事実上の実質的関連性があるかという2点について審査を行い，本件規定は14条に反すると判示していることが注目される（長谷部・189頁）。本件における反対意見も，狭義説の立場をとって実質的関連性の基準，すなわち「立法目的自体の合理性及びその手段との実質的関連性についてより強い合理性の存否が検討されるべきである」（前掲最大決平7・7・5）という，合理性の基準よりも厳しい基準を用いて本件規定の合憲性を判断している。このように嫡出子が「社会的身分」にあたると考え，本件規定の合憲性の判断にあたって中間審査基準である「厳格な合理性の基準」を適用する見解は，すでにみたように多くの学説によっても支持されているところである。

(2) 立法目的をめぐる一致と相違

すでにふれたように，法廷意見は，これまでの判例に従って合理性の基準を適用して合憲の判断を下しているが，本件反対意見は，

実質的関連性の基準を適用して，違憲判断を示している。法廷意見の立場をとるにせよ，反対意見の立場をとるにせよ，まず立法目的が問題となる。とくに本件反対意見やそれを支持する学説にとっては，立法目的が合理的なものあるいは重要なものといえるか否かが，1つの大きな焦点となる。

法廷意見は，本件規定の立法目的を，「法律婚の尊重と非嫡出子の保護の調整を図った」（前掲最大決平7・7・5）ものとしているが，反対意見も立法目的とされる法律婚制度の維持・尊重については，「何ら異議はない」としている。したがって，両者はともに民法が婚姻の成立について一定の法律上の手続きを必要とする法律婚主義をとること（民739条）を認めている点では一致していることになる。

これに対し，法廷意見のあげるもう1つの立法目的である「非嫡出子の保護」に対して，反対意見は，そのような目的を支える立法事実が今日ではほとんど失われ合理性を欠くに至ったとして否定し，本件規定は，現実には非嫡出子の劣性が「社会的に受容される余地をつくる重要な一原因」となっており，立法目的として非嫡出子の保護をいうことは困難であるとしている。この点，さらに尾崎行信裁判官の追加反対意見は，本件規定の立法目的を非嫡出子の保護にあるとする法廷意見の見解に対して，より具体的な反論として法律婚制度の採用によって，非嫡出子に対する社会的差別が増大して非嫡出子の精神的成長に悪影響を及ぼし，十全な精神生活を送ることを妨げていることをあげている。

このような法廷意見と反対意見との立法目的をめぐる理解の対立は，尊属殺規定違憲判決（最大判昭和48・4・4刑集27巻3号265頁）における法廷意見内部での立法目的をめぐる鋭い対立を想起させる

ものがある。尊属殺規定違憲判決では、尊属殺重罰規定にみられる尊属に対する尊重報恩という道徳を立法目的と解することが、憲法の個人の尊重理念に反するとみるか否かで、裁判官の内部が多数意見と少数意見に大きく分かれていた（大須賀明「尊属殺重罰と法の下の平等」基本判例・50 頁）。本件では、そのような道徳をどこまで立法化するかの是非をめぐる直接的な対立ではなく、たとえば家制度の実質的な維持がその核心にあるとしても、それは間接的なものにとどまり、直接的には、立法府の裁量を幅広くとらえて立法府の判断を尊重して合憲と判断する法廷意見と、非嫡出子の法定相続分が嫡出子の場合の 2 分の 1 を有するにすぎないという場合に、それが個人の尊厳と人格の平等からみて憲法の理念と齟齬を来していると判断される以上、裁判所は憲法判断を下すべきであるという見解との対立というようにみることができる。

(3) **法廷意見における法律婚の尊重の内容は何か**

法廷意見は、立法目的として法律婚の尊重をあげているが、その意義について、どのように考えているのかを明らかにしていない。法律婚とは、婚姻をなすに際して法律上一定の手続を要するとするものであって、そのような形式を要しないとする事実婚や、形式は要するが、それは法律上の手続ではなく宗教上の手続であるとする宗教婚などと区別される。わが国の場合には民法で戸籍上の届出を婚姻成立の要件としており（民 739 条）、法律婚主義の立場をとっている。

このような法律婚を尊重する理由としては、①夫婦のいずれかが死去した場合に生存している配偶者を保護する必要性があること、②法律婚制度を設けることによって婚姻関係にある男女以外から生まれる婚外子すなわち非嫡出子の出産を抑制しうる効果のあること、

などがあげられている。しかし，①については，ここでの問題は嫡出子と非嫡出子の間の相続分の差別という子同士の平等にかかわるにもかかわらず，異質の議論が持ち込まれること，また，②については，その効果は少ないとみられることなどが反論として出されている（これらについては，米倉・後掲⑦・⑧が詳細な反論を加えている）。むしろ，法律婚制度を設けたことの本質的部分として，親からの相続にあたって，嫡出子と非嫡出子を相続分の上で区別することが公序にかなうという判断が含まれているとみることができるように思われる。そのような観点から，法廷意見の暗黙の前提は，法律婚制度を親族法的な側面ばかりではなく，相続法的な側面も密接に関連してその本質的内容に含まれるものとして理解しているとみることもできる。そうであれば，財産を自分と配偶者との間に生まれた子にどのように承継させるかということは，法律婚制度から必然的に導き出されるということになる。このような理解に立つと，本件規定は，被相続人の意思の推定規定として合理的なものということになり，法廷意見は，上に述べたような本質を含むものとしての法律婚を充実させるということこそ法律婚の尊重であると判断していたことになる。

　このような考え方は，かつての「家」制度のそれにつながるものとみることもできる。しかし，「家」制度は今日法律上否定されていることはいうまでもない。法廷意見も「家」制度の復活などを考えているわけではない。ただ，法廷意見が，本件規定を法律婚の尊重の目的との関係では目的達成の手段として位置付けながら，非嫡出子保護の目的との関係では手段としての補完的性格を指摘するという，説明としてはやや理解が難しいことを述べている背景として，かつての「家」制度に起因する考え方の潜在的な影響が指摘しうる

のではないかということである。このような観点からみると，本件規定の立法目的としてあげる法律婚の尊重と非嫡出子の保護の「調整」について，法廷意見は，より原理にのっとった説明を加えるべきではなかったかと思われる。

(4) **目的と手段の関連性をどうとらえるべきか**

つぎに，立法目的と立法目的達成の手段との関連性をどのような基準で判断するかが問題となる。法廷意見は，「法律婚の尊重と非嫡出子の保護との調整」という立法目的との関連で，本件規定による非嫡出子の法定相続分の区別が，立法目的と「著しく不合理であり，立法府に与えられた合理的な裁量判断の限界を超えたものということはできない」とする。これに対して，反対意見は，立法目的と立法目的達成の手段との間に実質的関連を求める実質的関連性の基準を適用し，非嫡出子は婚姻家族に属さないという属性を重視し，その区別の根拠とする本件規定は，「婚姻の尊重・保護」という「立法目的の枠を超え」，目的と手段との間の実質的関連性を欠くとした。この手段審査段階において，法廷意見は，ほとんど審査を行っていないが，そのことの理解の一助として，可部恒雄裁判官補足意見が述べているところが参考になる。

可部恒雄裁判官補足意見は，相続分の区別が立法目的とどのように結びつくのかということは，「安易な目的・効果論の検証」にすぎないとした上で，当該区別は民法が採用した「法律婚主義の論理的帰結」であり，これを維持・促進すべきものとする前提に立つ以上，相続分の区別の当否は，「立法裁量の範囲内に属し，違憲の問題を生ずべき実質を有しない」とする。このような見解によれば，目的達成の手段の立法目的との関連性を検討する必要性はないということになる。ただ，尊属殺重罰規定違憲判決以来の立法目的と目

的達成手段の2つの側面からの審査という先例と，どのように調和するのか疑問も生じる。

これに対し，反対意見は，実質的合理性の基準を適用して，非嫡出子の相続分を嫡出子の相続分の2分の1とする本件規定を違憲と判断したが，どのような場合に立法目的に対して立法目的達成の手段が実質的関連性を持つということができるのであろうか。たとえば，フランスではかつて非嫡出子のうち，姦通からうまれた子ども（姦生子）を除いて，嫡出子も非嫡出子も平等とするという考え方がとられていた。そこで，このようなフランスの例にならって，本件規定を改正したような場合にも，実質的関連性がないとして憲法14条1項に違反するということになるのであろうか。この点については，相続における個人の尊厳を重視する反対意見の立場からは，姦生子という区別を設けることは，非嫡出子に対する差別が問題とされたのと同じ理由で憲法上疑義が認められることになろう。

5 立法事実をどのように取り込むか

(1) 立法事実と時の経過

本件の憲法訴訟との関連における特徴として注目されるのは，反対意見が「相続において非嫡出子を差別することは」，「婚姻の尊重・保護」のために当初，合理性を有していたが，立法事実の経年的変化によって，その意義が徐々に薄れ，「非嫡出子の保護」という立法目的は，今日の社会状況のもとでは合理性を欠くに至ったとしていることである。反対意見は，そのような変化を導くに至った理由として，「社会意識の変化」や「立法改正の動向」といった「立法の基礎をなす事実の変化」，「諸外国の立法の趨勢」，国際人権規約B規約26条・子どもの権利条約2条1項の存在などをあげる

(高見＝右近・後掲⑤17頁)。

このような立法事実の変化の重視は，平等という概念が，実体を有する概念ではなく，他の者との関係で生じる概念であるということからみれば首肯しうるものといえる。

(2) **立法事実の変化を踏まえて司法が憲法判断すべきか**

もっとも，具体的に立法事実の変化により立法目的が合理性を著しく失った時点を，どのように判断するかについては困難がともなう。

また，本件におけるように，国内の立法改正の動向，平等化を進める諸外国の立法の趨勢，出生による差別を禁ずる条約の存在がみられる一方，国民の意識が必ずしも同様な変化を示していない場合に，どのような根拠で立法事実の変化をとらえるのかということが問題となる。かりに国民の意識の変化を示す世論調査等の社会学的資料に依拠することができると判断しうるとしても，そのような判断をすることが司法の役割として適切なのかという疑問は残ることになる。

この点で注目されるのは，本件規定について合憲の判断を示した平成15年3月31日最高裁判決（判時1820号62頁）における深澤武久裁判官の反対意見である。深澤武久裁判官は，本件大法廷決定以後の社会事情の変化，法制審議会による相続分区別の廃止の答申，国際連合人権委員会による日本政府に対する本件規定の改正の勧告などをあげて改正の必要を説いた上で，さらに，つぎのように付け加えている。「最高裁判所の違憲判決が社会的に大きな影響を及ぼすことは，その性質上，避け難いところであって，違憲判決の結果，新たな対応をする必要が生じた場合には，関係機関が速やかに適切な措置をとるべきことは，憲法が最高裁判所に違憲立法審査権を付

与した当然の帰結というべきものであり，そのことをもって違憲立法審査権の行使が制約されると考えるのは相当でない」。

このような司法の役割観に対しては，同判決の島田仁郎裁判官の補足意見が，「〔本件規定は〕，極めて違憲の疑いの濃いものである」としつつ，本件規定が「相続制度の一部分を構成するものとして，国民の生活に不断に機能しているものであるから，これを違憲としてその適用を排除するには」，十分な検討と準備が必要であるとして，違憲判決を下すのではなく，「本件規定については，相続分を同等にする方向での法改正が立法府により可及的速やかになされることを強く期待する」として，対照的な見解を述べていることが注目される（なお，最判平成 16・10・14 判時 1884 号 40 頁における才口千晴裁判官の反対意見参照）。

(3) 反対意見の違憲判決の不遡及的効力への言及は必要だったか

最後に，反対意見が「本件規定を違憲と判断するとしても，当然にその判断の効力が遡及するものでない」として，違憲判決の不遡及的効力に言及し，「違憲判断に遡及効を与えない旨理由中に明示する等の方法により，その効力を当該裁判のされた時以後に限定することも可能である」としていることをどのように考えるべきであろうか。この点に関して，平成 12 年 1 月 27 日の最高裁判決（判時 1707 号 121 頁）の藤井正雄裁判官の補足意見は，「裁判所の法解釈には法の制定に類する創造的機能もあることを承認するならば，最高裁判所は，違憲判決において，その効果を遡及させるか否かを自ら決定することもできるといえる」が，法解釈における創造的機能は法の欠缺する分野にとどめるべきであり，「明文の規定の存するところに法創造的契機を持ち込む」ことには慎重な検討が必要であるとする立場を明らかにしている。ただ，この見解が本件におけるよ

うに平等,さらに個人の尊厳にまでかかわるような問題の場合にまであてはまるかは疑問である。

類 題

本件規定を改めて、嫡出子と非嫡出子の相続分の平等は目指すが、非嫡出子の父に嫡出子がいるような場合には非嫡出子には現物ではなく、相当する金額に代える相続代償請求権を認めるように定めた場合に、その新しい規定は憲法14条1項に反することになるか。

参考文献

① 米沢広一「民法900条4号但書の合憲性を問う——非嫡出子の相続分差別東京高裁違憲決定」法セミ465号（1993年）58頁
② 野山宏「非嫡出子相続分違憲特別抗告事件最高裁大法廷決定」ジュリ1079号（1995年）53頁
③ 二宮周平「非嫡出子差別はくずれた」法セミ465号（1993年）53頁
④ 久貴忠彦「非嫡出子の相続分に関する大法廷決定をめぐって——最高裁平成7年7月5日大法廷決定について」ジュリ1079号（1995年）44頁
⑤ 高見勝利＝右近健男「非嫡出子相続分規定大法廷決定を読む」法教183号（1995年）16頁
⑥ 米倉明「非嫡出子の法定相続分差別は違憲か——最高裁平成7年7月5日大法廷判決について」法セミ490号（1995年）4頁
⑦ 米倉明「非嫡出子相続分差別是認論における本気と浮気」新しい家族24号（1994年）43頁
⑧ 米倉明「非嫡出子相続分差別是認論における本気と浮気（続）」新しい家族26号（1995年）46頁
⑨ 内野正幸「婚外子相続差別と法の下の平等」基本判例・51頁

7 外国人の公務就任権——東京都管理職選考事件

事　　案

この事件の原告は，日本生まれの外国人で，昭和63年，東京都に保健婦（現在の名称は保健師）として採用された。平成6年，平成7年に東京都人事委員会が実施した管理職選考を受験しようとしたが，東京都は原告が日本国籍を有しないことを理由に受験資格を否定した。受験できなければ管理職にはなれない。外国人が東京都の職員（地方公務員）になること自体は認めるが，管理職になることまでは認めないというわけである。そこで原告は，国家賠償法1条1項にもとづいて，東京都に対し，慰謝料の支払い等を請求する訴訟を提起した。

第1審（東京地判平成8・5・16判時1566号23頁）は，つぎのように述べて原告の請求を棄却した。(1)国民主権の原理は，国の統治作用が国民によって行われることを要請している。(2)①国の統治作用である立法・行政・司法の権限を直接行使する公務員（国会議員，国務大臣，裁判官など）は日本国民であることが必要で，外国人の就任は禁止されている。②公権力の行使または公の意思の形成に参画することによって間接的に国の統治作用にかかわる公務員についても，外国人の就任は憲法上保障されてはいないが，（①とは異なり）禁止されているわけではない。③上司の命を受けて行う補佐的・補助的な事務，もっぱら専門分野の学術的・技術的な事務等に従事す

る公務員に就任することは許容されている。憲法22条1項，14条1項が外国人に適用されるとしてもこのように解される。(3)本件の管理職選考は②にかかわるもので，外国人にはその職への就任が憲法上保障されているわけではないから，原告が東京都の管理職選考を受験できなかったとしても違法ではない。

これに対して第2審（東京高判平成9・11・26判時1639号30頁）は，原告の請求を一部認容した。その理由はこうだ。(1)憲法15条1項や93条2項は，外国人に公務就任権を保障したものではないが，外国人が公務に就任することを禁止するものでもない。(2)公務員をその職務内容に即して①国の統治作用である立法・行政・司法の権限を直接行使する公務員，②公権力を行使し，または公の意思の形成に参画することによって間接的に国の統治作用にかかわる公務員，③それ以外の上司の命を受けて行う補佐的・補助的な事務またはもっぱら学術的・技術的な専門分野の事務に従事する公務員の3つに大別すると，①への就任は外国人に禁止されるが，②の一部と③は外国人が就任しても違憲ではなく，逆に憲法22条1項，14条1項の保障が及ぶところである。(3)地方公務員の管理職のなかには，もっぱら専門的・技術的な分野においてスタッフとしての職務に従事するにとどまるなど，公権力を行使することなく，また，公の意思の形成に参画する蓋然性が少なく，地方公共団体の行う統治作用にかかわる程度の弱い管理職も存在する。このような管理職に外国人が就任する権利は，憲法22条1項，14条1項の保障するところであるから，外国籍の職員から管理職選考受験の機会を奪うことは違憲である。

こうしてみると，第1審と第2審で結論が異なったのは，外国人に公務就任権が（一定の範囲で）憲法上保障されているか否かにか

かっていることになる。そこで、最高裁がこの問題にどのような判断を下すか、注目された。最高裁は、つぎのように述べて、第2審判決を破棄し、外国人の管理職選考受験資格を否定したのである（最大判平成17・1・26民集59巻1号128頁）。(1)地方公務員法は、地方公共団体が、条例や人事院規則の定めるところにより職員に外国人を任命することを禁止するものではない。(2)「公権力行使等地方公務員」、すなわち、地方公務員のうちで、住民の権利義務を直接形成し、その範囲を確定するなどの公権力の行使にあたる行為を行い、若しくは普通地方公共団体の重要な施策に関する決定を行い、またはこれらに参画することを職務とするものについては、原則として日本国民の就任が想定されているとみるべきであり、外国人の就任は、本来わが国の法体系の想定するところではない。(3)地方公共団体が、「公権力行使等地方公務員の職」と「これに昇任するのに必要な職務経験を積むために経るべき職」とを一体とした管理職任用制度を構築し、管理職への昇任は日本国民である職員に限るとの資格要件を定めたとしても、違憲でも違法でもない。

さて、最高裁判決の結論はわかる。しかし、外国人の公務就任権は憲法上保障されているのかいないのか、最高裁がどう考えているのか、この判決だけでは明らかではない。そこでまず、他の最高裁判決とあわせて、最高裁の考えを推測してみよう。そしてつぎに、最高裁はどうして正面からこの問題に意見を述べなかったのか。この点についても考えてみよう。

Point

① 日本国憲法の定める基本的人権は外国人にも保障されるか。

② 選挙権は外国人に保障されるか。
③ 公務就任権は外国人に保障されるか。
④ 最高裁は憲法問題についてどこまで自己の見解を示すべきか。

解　説

1　日本国憲法の定める基本的人権は外国人にも保障されるか

　日本国憲法上，日本国内にいる外国人にも基本的人権の保障が及ぶことについて，今日，判例・学説で争いはない。問題は外国人に保障されない権利も存在するという点である。最高裁は，マクリーン事件（最大判昭和53・10・4民集32巻7号1223頁）でこう述べた。「憲法第3章の諸規定による基本的人権の保障は，権利の性質上日本国民のみをその対象としていると解されるものを除き，わが国に在留する外国人に対しても等しく及ぶものと解すべきであり，政治活動の自由についても，わが国の政治的意思決定又はその実施に影響を及ぼす活動等外国人の地位にかんがみこれを認めることが相当でないと解されるものを除き，その保障が及ぶものと解するのが相当である」。これは，学説では「権利性質説」とよばれる考え方で，今日では圧倒的な通説となっているものである。

　では，権利の性質上外国人に保障されない権利は何か。最高裁は先の判決で，国家の政治的意思決定やその実施に影響を及ぼす政治活動をあげているが，学説が真っ先にあげてきたのは参政権である。参政権は，自分が所属する国家の政治に参加する権利であるから，国家の構成員である国民にのみ認められる権利で，外国人には保障されないと考えられたからである（たとえば，芦部・90頁）。最高裁のあげる政治活動も，参政権の行使と実質的に同じ機能を有するが

ゆえに保障されないと説明されるのである。

けれども、最近では通説にも動揺がみられる。外国人にも参政権が保障されるとか、保障しても違憲ではない、という学説が登場してきたからである。ここでは学説それ自体の当否を検討することはしない。問題は、最高裁がどう考えているかである。まずは外国人の選挙権について検討し、それとの比較で公務就任権について考えてみることにしよう。ただし、あらかじめつぎの3点を確認しておきたい。

①これまで「参政権」といえば、選挙権・被選挙権・公務就任権をさし、多数説はいずれも憲法15条1項（公務員の選定罷免権）によって保障されると考えてきた（被選挙権の根拠規定については、最高裁も同様である。最大判昭和43・12・4刑集22巻13号1425頁〔三井美唄労組事件〕）。これに対して、公務就任権は憲法22条1項（職業選択の自由）で保障されるという学説も有力である（高橋・83頁、渋谷・後掲③5頁など）。15条1項は「国民固有の権利」だから外国人には保障されないが、22条1項は自由権だから前国家的な権利で、権利の性質上外国人にも保障される、と考えるのである。

けれども、公務就任権の根拠規定が15条1項か22条1項かで、公務就任権が外国人に保障されるかどうかの問題に、直ちに結論が導き出せるわけではない。「公務」が「職業」に含まれると解しても、すべての「職業」が外国人に保障されるとは限らないからである（現行法上外国人に保障されない職業について、手塚・後掲②216〜220頁）。

②つぎに、「保障される」「保障されない」の意味である。ここでは、禁止説、許容説、要請説の3つに分けて考えることにしよう（禁止、許容、要請を区別する解釈論上の意義について、内野正幸『憲法解

釈の論理と体系』(日本評論社,1991年) 21頁以下)。外国人の選挙権を例にあげると,要請説では,外国人に選挙権を与えなければならない (与えなければ違憲である) ことを意味するのに対して,許容説では,外国人に選挙権を与えることも与えないこともできる。そして禁止説は,外国人に選挙権を与えることは許されない (与えたら違憲) のである。したがって,現行の公職選挙法が選挙権の要件として国籍をあげるのは (公選9条),要請説からは違憲,許容説と禁止説からは合憲と判断されるのに対して,公職選挙法を改正して外国人に選挙権を与えるのは,要請説と許容説では合憲,禁止説では違憲と判断されるのである。

③「外国人」とは,日本国籍を有しない者のことである。同じ外国人でも,旅行者など短期間だけ滞在する一般の外国人と,日本に生活の本拠を持ち,永住資格を認められた定住外国人を区別して考察すべきことは,学説では常識に属する (芦部・89〜90頁など)。とはいえ,定住外国人とは講学上の用語である。法律では,「出入国管理及び難民認定法」における「永住者」,「日本国との平和条約に基づき日本の国籍を離脱した者等の出入国管理に関する特例法」における「特別永住者」をさす。本件の原告はこの特別永住者である。特別永住者であることから,他の外国人とは異なる特別の配慮を必要とするかどうか問題となるが,本件の最高裁多数意見は,管理職選考の受験資格が認められない理由は「特別永住者についても異なるものではない」とした。藤田宙靖裁判官の補足意見は特別永住者をとくに優遇する必要がない理由をさらに詳しく説明している (中西・後掲④24頁以下)。この点,学説ではおそらく意見の分かれるところであるが,最高裁の考え方を明らかにするのがここでの目的であるから,これ以上は立ち入らないことにしよう。

2 選挙権は外国人に保障されるか

(1) 国政選挙権

　公職選挙法9条1項は，日本国民であること（日本国籍を有すること）を衆議院議員・参議院議員の選挙権の要件としている。外国人の国政選挙権について，論理的には禁止・許容・要請の3説がありうるが，通説は禁止説である。国民主権は，国家の政治的意思決定に参加する権利を当該国家の国民に限定する原理だと解するからである（これに対する批判は，渋谷・後掲③5～7頁）。最高裁は，「国会議員の選挙権を有する者を日本国民に限っている公職選挙法9条1項の規定が憲法15条，14条の規定に違反するものでないことは」マクリーン事件の判決の趣旨に徴して明らかであるとしたが（最判平成5・2・26判時1452号37頁），これだけでは許容説か禁止説か必ずしも明らかではない（なお，被選挙権については，最判平成10・3・13裁時1215号5頁）。けれども，在外日本人選挙権訴訟（最大判平成17・9・14判時1908号36頁）で，海外で生活する日本国民に国政選挙権を与えないのは違憲であると判断しているところからみて，通説と同じく違憲説をとるものと推測される。というのは，日本国内に住んでいるすべての人に国籍の如何にかかわらず選挙権を認めるか，それとも，日本国籍を有するすべての人に日本国内に住んでいるか否かにかかわらず選挙権を認めるか，二者択一だと考えられるから，後者（在外日本国民への選挙権付与）を選択した以上，前者（在留外国人への選挙権付与）は否定されるはずだからである（この判決については *17* 参照）。

(2) 地方選挙権

　これに対して，地方レベルでは，学説上許容説が有力であり，最高裁も，定住外国人地方参政権訴訟（最判平成7・2・28民集49巻2

号639頁）において許容説に従った。最高裁はこう述べている。

① 「憲法の国民主権の原理における国民とは、日本国民すなわち我が国の国籍を有する者を意味することは明らかである。そうとすれば、公務員を選定罷免する権利を保障した憲法15条1項の規定は、権利の性質上日本国民のみをその対象とし、右規定による権利の保障は、我が国に在留する外国人には及ばないものと解するのが相当である」。

② 「憲法93条2項にいう『住民』とは、地方公共団体の区域内に住所を有する日本国民を意味するものと解するのが相当であり、右規定は、我が国に在留する外国人に対して、地方公共団体の長、その議会の議員等の選挙の権利を保障したものということはできない」。

③ 「我が国に在留する外国人のうちでも永住者等であってその居住する区域の地方公共団体と特段に緊密な関係を持つに至ったと認められるものについて、その意思を日常生活に密接な関連を有する地方公共団体の公共的事務の処理に反映させるべく、法律をもって、地方公共団体の長、その議会の議員等に対する選挙権を付与する措置を講ずることは、憲法上禁止されているものではないと解するのが相当である」。

都道府県のレベルと市町村のレベルを一緒に考えることができるか、選挙権を付与できるのなら被選挙権はどうか、などまだはっきりしないところはあるが、外国人の選挙権については、多数説と判例は基本的に一致していることがわかる。このことを前提として公務就任権に移ろう。

3 公務就任権は外国人に保障されるか

(1) 公務員の種類と外国人の就任の可否

外国人の選挙権について、判例・通説ともに、国レベルでは禁止説、地方レベルでは許容説である。ここから類推して、公務就任権についても、国家公務員は禁止説、地方公務員は許容説、となるようにも思われるが、第1審から最高裁まで、そのような考え方はしていない。国家公務員であれ、地方公務員であれ、外国人が就任できるものとできないものがある、と考えるのである。どうしてだろうか。選挙権についても、最高裁は、国と地方を形式的に区別しているわけではない。国民主権原理に照らして実質的に考えているはずだ。公務員就任権についても同様で、公務員の職務内容ごとに実質的に判断しなければならないのである。おそらく、公務員の職務内容のうちで、選挙権の行使と同様の、またはそれ以上の政治性を有するものと、それほどの政治性を有しないものを区別して、前者は（国家公務員であれ地方公務員であれ）外国人が就くことはできないが、後者は外国人でも可能だ、と考えることになろう。

この点、実務では、「当然の法理」とよばれる考え方にもとづいて公務員の任用がなされてきた。それは、公権力の行使または国家意思の形成への参画に携わる公務員となるためには日本国籍を必要とする、というものである（前田正道編『法制意見百選』（ぎょうせい、1986年）367～372頁参照）。人事院規則8－18が国家公務員採用試験の受験資格を（郵政一般職の採用試験を除いて）日本国民に限定している（同規則8条3号）のも、この法理にもとづいている（芦部憲法学Ⅱ・134頁）。けれども、この法理は、あまりに包括的で、かつ漠然としている、と批判されるようになった（たとえば、芦部・90頁）。しかも、「国籍を必要とする」とは禁止なのか許容なのか、これも

明らかではない。実務では「当然の法理」は立法が存在しない場合の解釈原理で、一般的には、立法によって外国人を公務員に任用することは可能だと解されている。「公権力の行使または国家意思の形成に携わる公務員」のなかにも、外国人の就任が禁止されているものと、法律等によって外国人の就任を認めることのできるものの2種類があるというわけである（前田・前掲370～371頁）。「当然の法理」だけでは禁止と許容の境界線はわからないのである。

本件の第1審、第2審判決とも、公務員をその職務内容に即して3種類に分類した（冒頭の**事案**参照）。その3種類の内容は、第1審、第2審とも共通である。ただ、第1審は、①の公務員について禁止説、②③は許容説をとった。外国人に公務就任権を認めても違憲ではないが、認めなくても違憲ではない。したがって、原告に管理職選考の受験資格を認めなかった東京都の行為も違法ではないことになる。これに対して第2審は、①につき禁止説は共通だが、②の一部と③について要請説をとった。これらの公務員になる権利は外国人にも憲法の保障が及ぶので、東京都の行為は人権侵害で違憲・違法だということになる。

最高裁は、外国人の公務就任権一般について、はっきりしたことは何も述べていない。公務就任権が憲法上保障されているか否かにかかわらず、原告はもうすでに公務員として採用されているのだから、判断する必要はないというのである（高世・後掲⑤29頁）。その上で、公権力行使等地方公務員については、「原則として」日本国民の就任が想定されており、外国人の就任は「本来」わが国の法体系の予想するところではない、とする。これは禁止だろうか、それとも許容か。例外を認めるその書き方からすると、少なくとも全面禁止はあり得ない。地方レベルでは法律による選挙権の付与も認め

られる以上、選挙権行使と同等の政治性を有する公権力行使等地方公務員についても、最高裁は許容説に立っている（部分的に禁止されるものがあるとしても）と考えることができるだろう。

　公権力行使等地方公務員については許容だとしよう。それ以外の管理職についてはどうか。第2審は、管理職のなかでも統治作用とのかかわりが希薄なものについては、外国人にも憲法の保障が及ぶとして要請説をとったのである。最高裁は、管理職のうち、公権力行使等地方公務員に昇任するために必要な職務経験を積むために経るべき職についても、外国人の就任を認めなくとも違憲ではないとした。この職は、公権力行使等地方公務員の職とは異なり、それ自体としては外国人の就任を認めても差し支えないもののはずである。このような管理職について、最高裁も第2審と同じく要請説をとり、その上で合理的な制限として合憲としたと解することもできないではないが、制限の合理性を積極的に論証することはしていないから、要請説を前提としたとはやはり考えにくい。このような管理職についても許容説をとっていると考えることができるのではないか。そうすると結局、ほとんどすべての地方公務員について許容説を暗黙の前提としていることになり、地方選挙権と同様の結論となる。

(2) **法律による権利付与と条例による権利付与**

　最高裁は、地方のレベルでは、外国人の選挙権も公務就任権も許容説だとしよう。どちらも立法政策によって決定できるのである。それでは、どんな「立法」ならば可能なのか。

　地方参政権訴訟で、最高裁は定住外国人に「法律をもって」選挙権を付与することもできるとした（→**2**(2)③）。地方公共団体が独自の条例で付与することはできるのか。この点、理論的には可能であるとの学説も少数ではあるが有力に主張されていたのであるが

(渋谷秀樹『日本国憲法の論じ方』（有斐閣，2002年）380〜385頁），その学説でも，最高裁判決の読み方としては，法律に限定するものであると読むのが正しいと解されてきたのである。それに対して，本判決は，条例や規則で外国人に公務就任権を認めることができるとしており，ここから逆に考えると，最高裁は選挙権についても条例で賦与できると考えていたのではないか，という疑問が生じてくる。「法律をもって」とは代表例を示したにすぎず，条例を排除することを意図するものではなかったのではないか。それとも選挙権と公務就任権を異なって取り扱う合理的な理由——権利の性質の違いなど——が別にあるのだろうか。

4 最高裁は憲法問題についてどこまで自己の意見を示すべきか

本件の最高裁判決について，いろいろ推測してみた。けれども，どうしてこのような推測が必要なのか。最高裁は「憲法の番人」なのだから，憲法問題について自己の見解をはっきりと示すべきだったのではないか。

この点，地方参政権訴訟（→ 2 (2)）で最高裁は許容説をとることを明らかにしたのであるが，この部分はいわば傍論である。事案の解決にどうしても必要であったわけではない。にもかかわらず，最高裁は自己の見解を積極的に示したのである。このことを高く評価する学説がある反面，「最高裁はとくに傍論を示してまで，許容説を明示する必要があったのであろうか」（長尾・後掲① 16頁）と疑問視する学説もある。どうしてなのだろうか。

日本国憲法の採用した違憲審査制は，判例・通説によれば，付随的審査制である。最高裁判所も，司法権を行使する裁判所であって，憲法問題だけを取り扱う特別の憲法裁判所ではない。付随的審査制

は，個人の権利保護を第1の目的とするもので，具体的事件を解決するために必要な限りで憲法判断を行う。そうであれば，憲法判断を行わなくても事件を解決できるのなら，憲法判断に立ち入るべきではない。本件でも，外国人の公務就任権一般について判断しなくても事案を解決できたのだから，それ以上の判断をしなかったのであって，むやみに憲法判断を期待する方が筋違いである，とも考えられる。事案の解決の直接必要のない判示はすべて「蛇足」だとの指摘もあるのである（井上薫『司法のしゃべりすぎ』（新潮新書，2005年）参照。最高裁判決については71頁以下）。

　しかし，一般に上訴について，①誤った裁判を是正し当事者の権利救済を図るという主観的機能と，②法令解釈の統一などにより判例による法形成を行うという客観的機能の二重の機能があり，①は控訴の，②は上告の目的だとされる。これを違憲審査制の観点からみれば，付随的審査制が個人の権利保護を第1の目的とするからといって，憲法保障機能が無視されてよいわけではない，ということである。たしかに，最高裁は憲法裁判所ではない。裁判所は当事者が望むすべての憲法問題を判断すべきだとすれば，抽象的違憲審査制でも簡単に正当化されてしまうだろう。けれども，たとえば憲法81条は，憲法問題については最高裁判所の判断を求める途を開くよう要請している。最高裁は憲法問題についての終審裁判所である。その裁判所ができるだけ憲法判断なしですませる必要があるというのでは，同条の解釈とそぐわないのではないか。また，裁判所法10条2号は，最高裁が当事者の主張がなくとも職権で法令の違憲判断をすることを認めている（同条1号の「当事者の主張に基いて」という文言が2号にないのは，当事者の主張がなくても職権でできる，という意味である）。最高裁は個人の権利救済以上の役割をはたすべきだ

ということであろう。下級審の間で憲法解釈に対立がある場合にも，最高裁が今後の指針を示すことが憲法上も期待されているというべきだろう。だとすれば，本件でも外国人の公務就任権一般について最高裁の見解を明示することが望ましかったように思われる。

けれども，最高裁の地位，はたすべき役割とは別に，本件ではなお別の問題がある。その問題がいかに重要でも，最高裁が自信を持って判断できない難問の場合がある。最高裁がいったん判断を示せば，下級審はそれ以降，最高裁の判断に従うのが普通である。あとで間違いだったと思ってもなかなか修正できない。あるいは，短期間で判例を変更するのも混乱を生じさせる。そこで，「将来に向けて問題を一挙に解決してくれることを望んでいた人たちからするとガッカリということかも知れないけど。でも，こういう姿勢の方が，変化の多い現代社会の，しかも難しい問題についての司法のあり方としては望ましいという見方もありうるでしょう」（長谷部・後掲⑥86頁）という意見もある。確かに，自衛隊裁判では，このような姿勢を最高裁は一貫して取り続けてきた（*1*参照）。本件で問題となった外国人の公務就任権もそのような難問の1つと考えるべきであろうか。

類　　題

国会議員Aは，選挙区のなかに外国人が多く居住する地域があり，その人たちの生活を熟知していたが，憲法改正論議が盛り上がっている今こそ外国人にも衆参両議院議員の選挙権と被選挙権を付与するための憲法改正を断行すべきだと考え，そのための憲法改正案を作成した。A議員が同改正案を発議するための賛成議員を募

っていたところ，B議員より，このような内容の改正は憲法改正の限界を超えているので無効であり，自分は賛成できないという趣旨の反対に出会った。A・Bそれぞれの論拠となりうるものを整理しなさい。

参考文献

① 長尾一紘『外国人の参政権』(世界思想社，2000年)
② 手塚和彰『外国人と法〔第3版〕』(有斐閣，2005年)，とくに224〜238頁
③ 渋谷秀樹「定住外国人の公務就任・昇任をめぐる憲法問題——最高裁平成17・1・26大法廷判決をめぐって」ジュリ1288号(2005年)2頁
④ 中西又三「東京都職員管理職選考受験資格確認等請求事件上告審判決の意義と問題点」ジュリ1288号(2005年)16頁
⑤ 高世三郎「東京都管理職試験最高裁判決の解説と全文」ジュリ1288号(2005年)26頁
⑥ 長谷部恭男「外国人の公務就任権」法教295号(2005年)79頁

II 宗教&表現

8 宗教上の人格権と裁判

事　案

　自衛官は殉職すると「神」になるのか。遺族はそれを喜ぶのか，それとも不本意ながら甘受しなければならないのか。

　昭和43年，原告Xの夫である自衛隊員は，公務中に交通事故で死亡した。その後，昭和47年，自衛隊退職者等で組織された社団法人隊友会の支部である隊友会山口県支部連合会（以下，県隊友会とする）は，Xの亡夫を含む山口県出身の殉職隊員を山口県護国神社に合祀したいとの希望から，自衛隊山口地方連絡部（以下，地連とする）の職員の協力のもとに，県隊友会名で合祀申請を行い，護国神社は殉職自衛隊員を祭神として合祀するに至った。この合祀申請に至る過程で，Xは地連職員に対して明確に亡夫の合祀を断る旨の連絡を行っていたが，県隊友会会長は，地連職員からXの意向は伝え聞いていたものの，亡夫の合祀申請を撤回しなかった。合祀の後に，Xは，地連職員を経由して護国神社宮司からの亡夫の合祀を伝達されるにいたり，地連と県隊友会の行為はXおよび亡夫の宗教上の人格権を侵害するとして，国家賠償法および民法にもとづいて地連と県隊友会に対して損害賠償を請求するとともに，県隊

友会に対して合祀申請手続の取消しを求めて訴えを提起した（なお，本件提起後，X以外の親族（とくに亡夫の実父等）は合祀を歓迎し，県隊友会に合祀取消しをしないよう嘆願書を提出している）。

第1審判決（山口地判昭和54・3・22判時921号45頁）は，地連の行為がなければ合祀申請には至れないとの認定から，合祀申請行為を地連と隊友会の共同行為とみなし，県隊友会と共同して合祀申請をした地連職員の行為は日本国憲法20条3項に違反し，私人に対する関係で違法な行為であり，Xは合祀申請による亡夫の護国神社への合祀によって静謐な宗教的環境のもとで信仰生活を送るべき法的利益，すなわち宗教上の人格権を侵害されているとの判断を下し，国の損害賠償責任を認めた（なお，申請取消請求については，県隊友会はすでに護国神社に合祀申請の取下げを要請しているとの認定から，請求には理由なしとされた）。第2審判決（広島高判昭和57・6・1判時1046号3頁）も第1審の判断をほぼ是認したが，最高裁判決（最大判昭和63・6・1民集42巻5号277頁）は，下級審の判断を破棄し，Xの請求を棄却する判断を下した。そこでは，下級審の認定とは異なり，法的評価として合祀申請は県隊友会の単独行為であり，地連職員の個々の協力行為も宗教的活動にはあたらないとの判断がまず下される。その上で，合祀は神社の自主的な判断にもとづく行為であり，合祀申請は合祀の前提としての意味を持つものではなく，合祀は信教の自由の保障により神社が自由になしうるものであって，それ自体は何人の法的利益も侵害せず，Xもそのことによって神社の宗教行事への参加等の強制は受けていない，さらに，信教の自由の保障は自己の信仰と相容れない他者の信仰にもとづく行為に対して強制等による不利益の付与のない限り寛容であることを要請するとともに，宗教上の感情を被侵害利益とするような宗教上の人格

権なるものは直ちに法的利益として認めることができず，結局，Xの主張はすべて理由のないものとして棄却されたのであった。

Point

① 宗教上の人格権なる法的利益は本当に認められないのか。
② 信仰にもとづいて一般的義務の免除を求めることができるのか。
③ 自己の信仰にもとづいて他者に一定の行為を求めることはできないのか。

解　説

1 宗教上の人格権なる法的利益は本当に認められないのか

(1) 人格的利益保護のための不法行為訴訟

本件は，第2審判決で，県隊友会が社団法人隊友会の地方組織にすぎず，独立の人格を有するものとはいえないとして被告適格が否定された（すなわち，県隊友会に対するXの訴えは却下された）関係で，国が上告し，その点で国の不法行為責任が争われる損害賠償請求事件となった。たしかに，本件の最高裁判決は，憲法の政教分離原則違反が争われていた関係から，最高裁の多数意見がその点に関していわゆる津地鎮祭事件判決（最大判昭和52・7・13民集31巻4号533頁）を引用して，地連職員の行為の違法性の判定を行ったためにそちらの論点に注目が集まった（→**9**）が，ただ，事件の「本質は，個人の人格的利益保護の在り方をめぐる民法上の『不法行為訴訟』と考えるべき」（河上・後掲⑧（上）72頁）であって，本件の内容を

把握するためには，まず，誰のどのような行為が加害行為とされ，被害者のどのような利益が被侵害利益とされるのかという点を明らかにしておく必要がある。

最高裁の多数意見は，この点に関して，県隊友会の単独名義で行われた合祀申請について，「地連職員が県隊友会に協力した行為の意味だけを問題」にするという「土俵の設定」を行っている（笹川紀勝「信教の自由・政教分離の原則と自衛官の合祀」百選Ⅰ 100頁）。その上で，合祀申請に至る過程での県隊友会に協力した地連職員の行為を目的効果基準の適用によって憲法20条3項にいう宗教的活動とまではいえないとの判断が下されている。さらにそれに加えて，ここでは，制度的保障の理論を持ち出すことで，たとえ宗教的活動にあたっても信教の自由を直接侵害しない限り私人との関係では違法にならないとして，わざわざXとの関係での地連職員の行為に対する損害賠償請求の可能性を否定する論拠として提示することになる（この点に関して，戸波・後掲③34頁では，最高裁の多数意見のこのような判断に疑問を提起している）。

以上のような判断に続いて，多数意見は，Xの法的利益の侵害の有無を検討する。そこでは，まず，「合祀申請が神社のする合祀に対して事実上の強制とみられる何らかの影響力を有したとすべき特段の事情の存しない限り」合祀申請と合祀とを一体として評価すべきでないとして，「法的利益の侵害の成否は，合祀それ自体が法的利益を侵害したか否かを検討すれば足りる」とされる。そのために，多数意見は，合祀を行った県護国神社とXとの私法上の関係として問題の検討を行うが，その際に利用されたのが信教の自由の私人間効力である。私人間において信教の自由がどのようにして，どの程度まで保障されるべきかについては従来あまり議論されてい

なかった（渡辺・後掲⑤119頁）。ただ，Xは自己の信教の自由の侵害を直接に主張しているわけではなく，「静謐な宗教的環境の下で信仰生活を送るべき利益」を法的利益と主張している。そして，自己の信仰生活の静謐を他者の宗教上の行為によって害され，不快の感情を持ったとしても，そのような宗教上の感情を法的利益としてその法的救済を求めるならば，それはかえって相手方の信教の自由を妨げる結果となるとされる。そのために，信教の自由の保障は，何人も自己の信仰と相容れない信仰を持つ他者の信仰にもとづく行為に対して，それが強制や不利益をともなう自己の信教の自由を妨害するものでない限り，他者の行為に寛容でなければならないとして，結局，「静謐な宗教的環境の下で信仰生活を送る利益」は直ちに法的利益として認めることができず，Xは県護国神社による合祀によっても当該神社の宗教行事に参加を強制されたわけではないので，また，X自身の信仰に圧迫・干渉を加えられた事実も認められないから，Xの法的利益は何ら侵害されていないとの結論が示された。

　以上の判断から，多数意見は，まず地連職員の行為の宗教的活動性を否定すると同時に，たとえ政教分離違反があったとしてもそれだけでは損害賠償請求を基礎付けることはできないとし，さらに，Xは「県護国神社を訴訟の相手方としたことはないのに，多数意見は，神社が」Xの法的利益を侵害しているか否かを検討し，そこではXの宗教的人格権そのものを否定するだけでなく，Xの法的利益の侵害はないと「わざわざ述べ」るばかりか，Xに「自分と異なるものの信教の自由への『寛容』を求め」るという判断を示すことで，本件のXの請求を否定する形で事件の処理を行っている（笹川・前掲101頁）。

(2) 客観的違法行為型の不法行為

「他者の行為が別段法令上の行為規範に触れておらず,本来自由に行えるはずの行為であっても,それが権利の侵害をともなえば,不法行為となり,被害者は加害者に故意又は過失があれば,損害賠償を求めることができる」というタイプの不法行為を「主観的権利侵害型の不法行為」とよべば,それが私人間における不法行為訴訟の最も典型的な形態になる。これに対して,「被侵害利益が厳格な意味での権利とはいえない,保護の程度の低い法的利益であっても,侵害行為が客観的にみて違法である場合には,その違法性の方向・性質・程度などによっては不法行為責任を惹起する場合もありうる」として,それを「客観的違法行為型の不法行為」とよべば,私人の行為に比較して法令による拘束が多い公的機関の行為については,国家賠償法1条1項の「公務員が,その職務を行うについて……違法に他人に損害を加えたとき」との文言から,「その損害が厳格な意味での権利侵害ではなくても,国家賠償の原因となることが少なくな」く,「国の違法な行為に起因して損害を受けた者は,『客観的違法行為型の不法行為』として加害者に対し,損害賠償を請求することができるのが原則でなければならない」(原田・後掲①30～33頁)といわれている。

しかし,このような「客観的違法行為型の不法行為」を認めると,国の行為が客観的に違憲・違法と考えられる場合には誰でも国家賠償を請求することができるようになり,訴えを提起できる者が無限に広がるのではないか,また,本件では,X以外の親族は合祀に満足しており,Xの請求を認めることは親族間での不穏当な関係を生み出すことになるのではないか,といった問題が提起されうる。たしかに,国の客観的な違憲・違法行為によって不快感を持つ者は

多様・多数になり，それを認めると被害が国民一般にまで拡散し，国民の多くが国家賠償訴訟を提起する可能性は否定できない。しかし，本件の内容に即していえば，同じ宗教上の不快感といっても，Xの感情は，被合祀者の遺族・配偶者として国民一般とは異なった特異なものということができ，亡夫の妻として受けた「精神的ショックに対し慰謝料の支払いがなされても，国家賠償が無限に拡がるおそれはない」といえる。また，ここでの賠償請求は，「国が違法な行為をして不利益をもたらしたがゆえに『客観的違法行為型の不法行為』として認められるものである」ので，国の関与した宗教的活動に対して不快感を持たなかった（むしろ賛同する）遺族に対しては，そもそも損害が生じていない（不快感が発生していない）のであるから合祀に賛成する遺族と反対する遺族との「間での不平等取扱いとならないのは当然」とされることになる（原田・後掲① 35頁）。

本件では，この点に関して，島谷六郎・佐藤哲朗裁判官の意見が関連する。そこでは，まず，「県護国神社の合祀の方針決定は，本件合祀申請に至る間における地連及び県隊友会の強力な働き掛けの結果」とし，さらに一連の経過からすれば地連職員と県隊友会の行為を共同行為でないとする多数意見は「余りにも形式論にすぎる」と批判する。そして，「いやしくも国の機関としては，ことさらに特定の宗教に接近し，これと結びつくような行為は許されないのであって，本件における地連職員の行為は，殉職自衛隊員の県護国神社への合祀という宗教上の行為を目的としたものであって」憲法20条3項の「禁止する宗教活動に当たるものといわなければならない」との判断を下す。そして，この判断を前提に「客観的違法行為型の不法行為」を承認するならば，本件のXの請求は認められてもよかったはずであるが，島谷六郎・佐藤哲朗裁判官の意見では，

「憲法20条3項の政教分離規定に違反する国又はその機関の宗教的活動も，それが私人の権利又は法的利益を侵害するに至らない限り，私人に対する関係では当然には違法と評価されるものではない」し，Xが主張する「宗教上の人格権」を「法的利益として認めることができない」という理由から，Xの請求を棄却する多数意見の結論には賛同している。その点で，Xの宗教上の人格権が権利とまではいえなくても，そのことから直ちに不法行為の成立を否定するのは，あまりにも「主観的権利侵害型の不法行為」という典型的形態のみを念頭に置くものとして，不法行為訴訟で「客観的違法行為型の不法行為」も認められる今日の状況のもとでは問題を残すといわざるをえないのではないか（同旨として原田・後掲①34頁）。

(3) 信教の自由と宗教上の人格権

「損害賠償請求訴訟において，何らかの被侵害利益の存在が認められるのであれば，その法的利益を侵害する国家行為が政教分離原則に反している場合には，当該国家行為は当然違法と評価される」（戸波・後掲③35頁）とすれば，結局，問題は，Xが主張する「静謐な宗教的環境の下で信仰生活を送るべき利益」としての「宗教上の人格権」が不法行為訴訟上保護に値すべき利益といえるか否かということになる。

宗教上の人格権を法的利益として承認するか否かについては，それをどのような仕方で何に関連付けてとらえるかという問題と密接不可分になる。本件の多数意見は，「基本的には信教の自由との関連で宗教的人格権を論じている」（横田・後掲④20頁）と指摘されるように，「『自己の信仰する宗教により何人かを追慕し，その魂の安らぎを求めるなどの宗教的行為をする自由』を信教の自由の一環，あるいはその派生的自由として捉えており，それ故『静謐な宗教的

環境の下で信仰生活を送るべき利益』たる宗教上の人格権についても，信教の自由の場合と同様に，『強制』を侵害要件とし，『寛容』を求め」（野坂泰司「自衛官合祀と政教分離」基本判例・74頁）ている。そのために「『強制や不利益の付与』を伴うか否かに吟味の焦点を合わせ」る結果，「それはまさに憲法上の信教の自由を侵すか否かの吟味となり，X側の主張する宗教上の人格権なる私法上の権利なり利益の侵害の有無を吟味する余地は存しなくな」（斉藤・後掲②37頁）っている。そして，この点をふまえると，「信教の自由から導かれる『宗教上の人格権』という論理構成は」，信教の自由との関連での「強制」の要素の必要性，個人間での宗教上の対立に際しての「寛容」論をともなうことから必ずしも「適当とはいえ」（戸波・後掲③38頁）ず，むしろ本件で重要なのは，「不法行為上の法的利益の有無であり，吟味の力点は私法上の権利なり利益の存否及びその侵害如何」であって，「憲法上の人権論も重要であるが，……私生活，それも精神生活上の心の静穏を人格権の客体として認めることの可否を吟味し，加害行為の態様を合わせ衡量する中で救済の是非を論ずる」（斉藤・後掲②40頁）ことが必要になる。

　この点で，「現代社会において，他者から自己の欲しない刺激によって心を乱されない利益，いわば心の静穏の利益もまた，不法行為法上，被侵害利益となりうるものと認めてよい」との観点から，本件の伊藤正己裁判官の反対意見は，「呼称や憲法上の根拠はともかくとして，少なくとも，このような宗教上の心の静穏を不法行為法上の法的利益として認めうれば足りる」として，「社会の発展とともに，不法行為法上の保護利益は拡大されてきたが，このような宗教上の心の静穏の要求もまた現在において，1つの法的利益たるを失わない」としている。さらに，最高裁は，宗教上の信念からい

かなる場合にも輸血を受けることは拒否するとの明確な意思を有している患者に対して医師がほかに救命手段がない場合には輸血するとの方針を説明せずに手術を施行して輸血を行った場合の医師の不法行為責任が問われた事件（いわゆるエホバの証人輸血拒否事件。最判平成 12・2・29 民集 54 巻 2 号 582 頁）では，「具体的な医療実践上の不利益を離れて」個人の宗教的信念にもとづく「自己決定の機会を奪ったこと自体を法的保護に値する利益の侵害とすべき理由は見出し得ない」との医師の側の主張にもかかわらず，原告の宗教上の信念にもとづいて一定の医療行為を拒否するとの意思決定の権利を人格権と認め，輸血を行った医師に損害賠償を命ずる判決を下している。また，同じく信仰上の理由で輸血拒否をしている成年患者にかわって両親が病院に医療行為の委任を求めた仮処分申請に関する事件（大分地決昭和 60・12・2 判時 1180 号 113 頁）で，下級審ではあるが，両親の親族関係を保持し，将来の扶養義務の履行を期待する「親族権」（一種の人格的権利）は本人の「信仰に基づき医療に対してする真摯な要求」を凌駕するほどのものではないとして，仮処分の場面ではあるが，真摯な信仰にもとづく医療行為への要求に一定の法的利益性を承認している。これらの判断を前提とすれば，本件でも X の「静謐な宗教的環境の下で信仰生活を送るべき利益」は，憲法上の権利としての信教の自由とは別に，少なくとも不法行為法上保護に値する利益として認定されてもよかったのではないだろうか。

2 信仰にもとづいて一般的義務の免除を求めることができるのか

(1) 信仰にもとづく不利益賦課の禁止

自己の信仰との関係で不利益となるような公的機関の行為が問題

となるのは、本件のように、政教分離原則との関係で疑わしい公的機関の行為が争われる場合だけではない。より直接的に、自己の信仰にもとづく行為の結果として公的機関から不利益を被る場合もある。その問題が争われたのが剣道受講拒否事件（最判平成8・3・8民集50巻3号469頁）である。それは、公立の高等専門学校で必修とされていた剣道実技の履修を自己の信仰にもとづいて拒否したために原級留置・退学処分を受けた学生がそれらの処分の取消しを求めた処分取消訴訟であった。もちろん、原級留置や退学は学生にとって重大な不利益となり、取消訴訟を提起しても処分の効力は停止しない（いわゆる執行不停止の原則。行訴25条1項参照）ために、学生は、それぞれの処分の執行停止を申し立てたが、地裁、高裁ともにその申立てを却下している。たとえば、原級留置処分の執行停止申立てについての大阪高裁の決定（大阪高決平成3・8・2判タ764号279頁）では、自由意思にもとづいて高専に入学した以上、高専の卒業を望むならば、その特殊な部分社会を規律するための規則を遵守する義務を負うことは当然であり、自己の宗教上の信条から当該義務の遵守を拒否することは許されない、との判断を下している。ただここでは、司法権の限界論としての部分社会の法理ではなく（→ *4* 参照）、裁判所は、「『部分社会』論を実体的な憲法上の主張を封ずるためにもちだし」（木下智史「『エホバの証人』信者剣道受講拒否訴訟」法セミ521号（1998年）56頁）ていることになる。

　執行停止の申立が否定されたために、結局、学生は、取消訴訟の最高裁での勝訴判決の後に5年遅れでようやく2年次に復学・進級することになった。最高裁は、校長の採った原級留置・退学処分は、学生の「信仰上の教義に反する行動を命じたものではなく」、その意味で直接に「信仰の自由や宗教的行為に対する制約を特に目

的とするものではな」いが、学生が「重大な不利益を避けるためには剣道実技の履修という自己の信仰上の教義に反する行動を採ることを余儀なくさせられるという性質を有する」とする。その上で、校長の措置が「教育内容の設定及びその履修に関する評価方法についての一般的な定めに従ったものであるとしても」、裁量権の行使にあたっては信仰上の教義に反する行動を採るよう余儀なくさせる性質のものであったことに相応の配慮を払う必要があったし、学生が自由意思で学校を選択しても、それを理由に著しい不利益を与えることが当然に許容されることにはならないとする。そして、「高等専門学校においては、剣道実技の履修が必須のものとまではいい難く、体育科目による教育目的の達成は、他の体育種目の履修などの代替的方法によってこれを行うことも性質上可能」との判断を前提に、「他の学生に不公平感を生じさせないような適切な方法、態様による代替措置を採ることは可能であ」り、「代替措置を採ることが実際上不可能であったということはできない」として、「信仰上の理由による剣道実技の履修拒否を、正当な理由のない履修拒否と区別することなく、代替措置が不可能というわけでもないのに、代替措置について何ら検討することもなく」、原級留置処分・退学処分をしたのは、「考慮すべき事項を考慮しておらず、又は考慮された事実に対する評価が明白に合理性を欠き、その結果、社会通念上著しく妥当を欠く処分をしたものと評するほかはなく、本件各処分は、裁量権の範囲を超える違法なものといわざるを得ない」との結論を示した。

(2) **義務の免除は政教分離違反なのか**

この剣道受講拒否事件で、学生は、単に信仰を持ちだして高専の規則によって履修が義務付けられている格技の受講を拒否しようと

しただけではない。宗教上の教義と世俗の義務とが衝突する場合，宗教上の「教えの優先を肯定するとしても，信仰を持ち出せばおよそ世俗の義務が免除されるとか，義務を果たしたものとみなされる，とは言いがたく，世俗の義務を別の形で果たすための代替措置が要請される」（棟居・後掲⑦ 126 頁）のはいうまでもない。そのために，剣道受講拒否事件では，必修科目の剣道実技の受講を拒否するかわりの代替措置がとられなかったことが中心的争点として争われていた。

この点で，宗教的理由で学校の授業を欠席した場合に，指導要録上の欠席記載の取消しを求め，記載措置によって被った精神的苦痛の損害賠償を求めた日曜授業参観事件（東京地判昭和 61・3・20 行集 37 巻 3 号 347 頁）とは異なっている。そこでは，宗教的理由からもっぱら欠席した事実の取消し（義務の免除だけ）を求めていたが，欠席記載は単なる事実行為であり，抗告訴訟の対象となる行政処分ではないから取消訴訟については訴えが却下され，また，損害賠償請求については，宗教行為に参加する児童の授業への出席を免除することは「結果的に，宗教上の理由によって個々の児童の授業日数に差異を生じることを容認することになって，公教育の宗教的中立性を保つ上で好ましいことではない」との判断が下された。要するに，公立学校という公的機関によって宗教上の理由で義務の免除を容認することは，宗教的中立性，政教分離原則に違反するというのであった。

自己の信仰にもとづき不利益を賦課されないという利益の保護を求める場合，自衛官合祀事件の場合とは反対に，当該利益の保護が公的機関による政教分離原則違反になるかが問題とされる。剣道受講拒否事件でも，第 1 審判決（原級留置処分取消事件。神戸地判平成

5・2・22判タ813号134頁）は，代替措置による単位の認定が宗教上の理由にもとづく有利な取扱いになり，他の生徒の消極的な信教の自由と抵触し，公教育の宗教的中立性，ひいては政教分離原則に反することになり，学校側に代替措置をとることが義務付けられるわけではないとの判断を示している。ただ，ここでは，宗教上の理由での義務の免除が宗教的中立性・政教分離原則違反になるといっているわけではなく，義務の免除にかわる代替措置を採ることを政教分離原則から公的機関に義務付けられないといっている点が，義務の免除そのものを宗教的中立性に反するとした日曜授業参観事件とは異なる。

最高裁は，信仰上の真摯な理由から剣道実技に参加することができない学生に対する代替措置は「その目的において宗教的意義を有し，特定の宗教を援助，助長，促進する効果を有する」とはいえず，代替措置を採ることが「その方法，態様のいかんを問わず，憲法20条3項に違反するということができないことは明らか」とし，また，「学生が信仰を理由に剣道実技の履修を拒否する場合に，学校が，その理由の当否を判断するため，単なる怠学のための口実であるか，当事者の説明する宗教上の信条と履修拒否との合理的関連性が認められるかどうかを確認する程度の調査をすることが公教育の宗教的中立性に反するとはいえない」と判断した。そして，学生が「剣道実技を履修しないまま直ちに履修したと同様の評価を受けることを求めていたものではない」ことから，「処分に至るまでに何らかの代替措置を採ることの是非，その方法，態様等について十分に考慮するべきであった」のに「それがされていたとは到底いうことができない」とされたのであった。

3 自己の信仰にもとづいて他者に一定の行為を求めることはできないのか

(1) 信仰上の理由による他者からの妨害排除

　公的機関だけでなく，私人による場合でも，自己の信仰に相反するような行為を他者がとることによって当該信仰を傷つけられる場合はある。この場合は，自衛官合祀事件がいうように，やはり他者の行為に「寛容」でなければならないのだろうか。信教の自由そのものの衝突ではないが，他者の行為によって自己の信仰の核心に触れる侵害行為が行われ，その点を民事の不法行為訴訟で争ったのが，エホバの証人輸血拒否事件（前掲最判平成12・2・29）であった。最高裁は，その事件で，「手術の際に輸血以外に救命手段がない事態が生じたときには輸血するとの方針を採用していることについての説明を怠った点を捉え，インフォームド・コンセントに結びついた説明義務違反の問題として処理し，このような医療措置についての説明が要求される理由を患者の宗教上の信念を内容とする人格権に求めた」（潮見佳男「『エホバの証人』信者輸血拒否訴訟事件」ジュリ1202号（2001年）67頁）のであった。そこでは，医師が「医療水準に従った相当な手術をしようとすることは，人の生命及び健康を管理すべき業務に従事する者として当然のこと」としながらも，患者が宗教上の信念からいかなる場合にも輸血を拒否するとの固い意思を有し，輸血をともなわない手術を受けることができると期待している以上，医師は，輸血の可能性について事前に十分説明し，手術を受けるか否かの決定を患者自身に委ねるべきであったにもかかわらず，説明を怠ったことから手術を受けるか否かについての意思決定の権利を患者から奪った点が問題とされている。

　この最高裁の判断を前提にすれば，信仰にもとづいて相手方の行

為を受け入れるか否かは本人に決定する権利があり，相手方に対して自己の信仰に従った行為を要求することまでは認めていない（医師に無輸血で手術をするよう患者が要求しうるところまで最高裁は言及しておらず，単に医師が説明責任をはたし，どうするかの決定を患者に委ねるべきであったとしている）。ところが，これに対して，自衛官合祀事件では，本人ではないが本人の配偶者が，自らの宗教上の信仰にもとづいて県隊友会の合祀申請を明確に拒否している。この場合，原告の明確な意思決定に反する行為を県隊友会が行い，それに地連職員が協力したということは，明らかに原告の信仰を妨害する行為になるのではないだろうか。もし，このような行為が許されるとすれば，それは本人の意思決定ではなく，本人の配偶者の意思決定にすぎないという理屈しかないように思われる（この点で，死者の意思決定を誰が代行できるのかという点の問題が残るだけであろう）。

(2) 信仰上の理由からの他者への作為請求の可否

結局，自衛官合祀事件でも，原告の信仰に相反する行為を他者に行わないよう求めているにすぎないのではなく，裁判所は，他者に自己の信仰に従った行為をするよう要求するものと解しているふしがないわけではない（原告の信仰に反して護国神社に合祀そのものをしないでおくよう求めているように解するからこそ，最高裁は，「寛容」論を持ち出し，原告の法的利益の存在を否定する）。そして，輸血拒否事件の最高裁判決は，輸血をせずに治療をすることを医師に求めているわけではなく，輸血なしでは治療を行えないという説明義務を医師がはたすよう要求している。剣道受講拒否事件でも，信仰上の理由によってただ剣道受講の拒否を認めるという判断ではなく，代替措置の可能性を検討もせずに重大な不利益をもたらす処分をしたことが校長の裁量権行使における問題とされている。とするならば，真

挚な宗教上の信念にもとづく場合，国家や他者に対して，たとえば，輸血なしで治療を行うのか否かの説明を求める権利，あるいは，必修科目の履修にかかわる代替措置の可能性を検討するよう要求する権利が導き出せるのか，という点は問題になる。そして，そのような権利が認められるとすれば，どのような方法でその権利の実現を求めることができるのかということになる。

　私人間の問題であれば，エホバの証人輸血拒否事件からの推測で，契約という法律行為の成立段階での当事者間の話し合いや合意内容に関する問題となり，民事訴訟による一定の手段の可能性が考えられる。事後的には不法行為訴訟となるが，事前の問題として医療契約締結に際しての医療内容の説明を受ける地位の確認のような仮処分の申請も考えられるであろう。ただし，この点は，必ずしも宗教上の人格権にもとづかなくても，「医師（医療組織）と患者という非対称的な関係を患者の自己決定権を鍵概念にして規律」（淺野博宣「自己決定権と信仰による輸血拒否」百選Ⅰ57頁）しようとする最近の医事法での問題として一般的に考える必要がある。また，公立の学校教育の現場においては，行政事件訴訟法改正によって明文で規定された公法上の法律関係に関する地位確認の訴え（行訴4条）の利用の可否が検討に値する。ここでは，具体的な処分がないけれども，たとえば学校規則がそのまま適用されると明らかに原級留置・退学処分を受けるという自己に不利益な法状態が出現することから，あらかじめ自己の宗教上の信念にもとづき規則上の義務の免除にかわる代替措置を求めうる地位の確認の訴えの許容性を，とくに市民の権利利益の実効的な救済・保護を図るために，行政事件訴訟法改正によってあえて確認的にこの確認の訴えを明文で定めた点を考慮して検討していかなければならないだろう。

類　　題

　敬虔なクリスチャンの信者Aは，その親族の墓を建てようと考え，市の設置・管理する墓地公園内の敷地の永代使用契約を結ぼうとした。しかし，その墓地公園の使用約款には，当該墓地公園の墓地としての雰囲気や景観を保持し，公園内にある墓地の適切な管理のために，通常の石段の墓以外の建立を禁止する旨の規定が置かれていた。Aは，自己の信仰に従い，十字架のついた墓碑を建立しようとしていたが，前記の約款の規定のために十字架のついた墓碑の建立はできない旨の説明（この内容は約款の規定の解釈に関する市側の文書に記されていた）を当該墓地公園の管理人から受けたために，そこでの永代使用契約の締結を断念するに至った。ところが，Aの帰依する教会には墓地がなく，また，自宅周辺には仏式の寺院にしか墓地がないために，Aは墓地の建立をできない状況に陥ってしまった。このような場合，Aは，どのような主張をして誰を相手に，墓地建立のための手段をとることができるかを検討しなさい。

参 考 文 献

① 原田尚彦「合祀訴訟と当事者能力——妻には損害賠償請求権が帰属するか」ジュリ916号（1988年）30頁
② 斉藤博「宗教の自由と私法上の人格権」ジュリ916号（1988年）36頁
③ 戸波江二「信教の自由と『宗教上の人格権』」ひろば41巻9号（1988年）28頁
④ 横田耕一「『寛容』なき社会の『寛容』論——自衛官合祀違憲訴訟大法廷判決をめぐって」法セミ404号（1988年）14頁

⑤ 渡辺康行「私人間における信教の自由」樋口陽一先生古稀記念・藤田宙靖・高橋和之編『憲法論集』（創文社，2004 年）117 頁
⑥ 浦部法穂「政教分離と信教の自由」ジュリ 1022 号（1993 年）52 頁
⑦ 棟居快行『憲法フィールドノート〔第 2 版〕』（日本評論社，1998 年）119 頁
⑧ 河上正二「ロー・クラス民法総則講義（8）第 1 部序論　第八章：民法によって体現される憲法価値（上）（下）自衛官合祀事件判決（最高裁昭和 63・6・1 判決）」法セミ 588 号（2003 年）72 頁，589 号（2004 年）66 頁

Coffee Break ⑥

法律専門家の自由化

　法律専門家という言葉はあまり聞きなれないと思います。ここでは，法曹（裁判官，検察官，弁護士）に加えて隣接する法律の専門家を含んだ意味で使っています。隣接する法律専門家とは，具体的には司法書士，弁理士，税理士など，弁護士法などと同様に「○○士法」などのいわゆるサムライ法によってその業務が定められている人たちです。今回の司法制度改革で，これらの隣接法律専門家の専門性を大いに活用すべきだとする考え方が取り入れられました。たとえば，司法書士には 2003 年 4 月に簡易裁判所での訴訟代理権が認められました（司法書士法 3 条 6 号・7 号）。また，弁理士についても，特定侵害訴訟代理業務試験に合格し登録に特定侵害訴訟代理業務の付記を受けたときは，訴訟代理人となりうるとされました（弁理士法 6 条の 2）。これからは，法律専門家の間の垣根も低くなりそうです。ちなみに，司法書士の年間平均報酬額は，1400 万円ということです。

(O)

9 靖国神社公式参拝と政教分離

事　案

　(甲事件)　岩手県議会が，議長を含む議員39名の賛成により，天皇，内閣総理大臣等の公式参拝が実現されるよう要望する旨の議決をし，議長が，議決事項を内容とする意見書，請願書，陳情書を作成して上京し，内閣総理大臣等に提出した。これら意見書等の印刷費および交通費は，県から支出された。これに対して，岩手県の住民が，内閣総理大臣等の公式参拝は，憲法20条1項後段・3項，89条に違反するとし，また，公式参拝を求める議決も違憲であるとして，地方自治法242条の2第1項4号前段にもとづき，議長および議員に対して損害賠償を求める代位請求訴訟を起こし，さらに，予備的に地方自治法242条の2第1項4号後段にもとづき，議長に不当利得の返還を求め，議員に損害賠償を求める代位請求訴訟を提起した。

　(乙事件)　岩手県は，靖国神社に対し，春・秋の例大祭に玉串料，みたま祭に献灯料を公金から支出した。これら玉串料等の支出にかかる支出負担行為および支出命令は，「岩手県知事部局行政組織規則」，「岩手県知事部局代決専決規程」により，県福祉部厚生援護課長が専決していた。これに対して，岩手県の住民が，玉串料等の支出は，憲法20条1項後段・20条3項・89条に違反するとして，岩手県知事，同県福祉部長および厚生援護課長に対し，地方自治法

242条の2第1項4号前段にもとづき，損害賠償を求める代位請求訴訟を提起した。

第1審（盛岡地判昭和62・3・5判時1223号30頁）は，甲事件では原告の請求を却下ないし棄却し，また乙事件では請求を却下したので，原告が控訴した。

第2審（仙台高判平成3・1・10判時1370号3頁）は，公式参拝および玉串料等の支出が政教分離原則に反しないかという本件の中心的争点に対して，津地鎮祭訴訟最高裁判決をはじめとする最高裁の先例によって確立された目的効果基準を適用し，公式参拝を違憲とするはじめての判決（以下，本件判決という）を下した。それまで最高裁が同基準を適用した事件すべてで合憲判決を下してきたことに対し，本件判決は，同基準が厳しい基準として適用されうることを示したという点で，画期的であった。しかし，そのことは，目的効果基準の客観性，有効性に疑問を投げかけるものでもあった。また，本件では，公式参拝の合憲性を争うために地方自治法242条の2にもとづく損害賠償代位請求訴訟という住民訴訟の形がとられ，議決が違憲であることを理由に損害賠償（公費の返還）が求められた。この点について，本件判決は，原告側の控訴を棄却し原告敗訴としたが，公式参拝や玉串料等の支出は違憲としており，実質的には原告の主張を認め原告を勝訴とするものであった。このような判決の手法は，上告し得ないようにし，違憲判断を画定することを図ったものといわれるが，そのような判決手法はどのように評価されるべきか，検討される必要がある。

Point

① 政教分離規定の解釈でなぜ目的効果基準が必要なのか。

② 靖国（神社）公式参拝訴訟と目的効果基準のかかわりをみる。

③ 公式参拝の合憲性を争う訴訟にはどのような問題があるか。

解　説

1 政教分離規定の解釈でなぜ目的効果基準が必要なのか

(1) 政教分離原則と目的効果基準はどのようなものか

憲法は，政教分離に関して，憲法 20 条 1 項後段・3 項，89 条で規定（以下，政教分離規定という）を置いている。これらの政教分離規定の解釈のもとになるのが，政教分離原則である。

政教分離原則については，国家が宗教に干渉するべきではないとする「国家の非宗教性ないし宗教的中立性」を意味するものと一般に解されている。したがって，政教分離規定も，この原則にもとづいて政教分離を厳格に解釈すればすむようにも思われるが，最高裁そして多くの学説は，そのようには解していない。たとえば，最高裁（最大判昭和 52・7・13 民集 31 巻 4 号 533 頁〔津地鎮祭事件大法廷判決〕）は，「元来，政教分離規定は，いわゆる制度的保障の規定であって，信教の自由そのものを直接保障するものではなく，国家と宗教との分離を制度として保障することにより，間接的に信教の自由を確保しようとする」ものであるとし，そのような見地から，「政教分離原則は，国家が宗教的に中立的であることを要求するものではあるが，国家が宗教とのかかわり合いをもつことを全く許さないとするものではな」いとする。

それでは、国家と宗教のかかわり合いが許されるか否かは、どのような基準で判断するのか。その点について、上記最高裁が用意した解答が目的効果基準である。目的効果基準とは、「宗教とのかかわり合いをもたらす行為の目的及び効果にかんがみ、そのかかわり合いがわが国の社会的・文化的諸条件に照らし相当とされる限度を超えるものと認められる場合にこれを許さない」とするものであって、このような観点から、たとえば、憲法 20 条 3 項により禁じられる宗教的活動とは、「行為の目的が宗教的意義をもち、その効果が宗教に対する援助、助長、促進又は圧迫、干渉等になるような行為」をさすとする。そして、具体的にこの基準を適用するにあたっては、「当該行為の外形的側面のみにとらわれることなく、当該行為の行われる場所、当該行為に対する一般人の宗教的評価、当該行為者が当該行為を行うについての意図、目的及び宗教的意識の有無、程度、当該行為の一般人に与える効果、影響等、諸般の事情を考慮し、社会通念に従って客観的に判断しなければならない」とする。

(2) **レモン・テストとは何か**

　この目的効果基準は、アメリカの判例法理であるレモン・テストを基礎にしているといわれる。レモン・テストとは、アメリカの最高裁が、1971 年の Lemon v. Kurtzman 事件に対する判決のなかで明らかにしたもので、国の行為が政教分離原則に反するか否かを、世俗的目的の有無、主たる効果が宗教を促進または抑制するものか、過度の国家とのかかわり合いの有無の 3 要件を個別に問い、いずれかにあたれば違憲とする法理であり、厳格なものと解されている基準である。このレモン・テストと比較すると、目的効果基準では、目的と効果に照らし「相当とされる限度を超える」国家と宗教とのかかわり合いは認められないとされ、また過度の国家とのかかわり

合いという要件が欠けているという特徴を持っている。レモン・テストにはみられないこのような制限を付した形で考え出された目的効果基準が，どのように適用されてきたのか，そしてそこにどのような問題があったのかを，つぎにみてみることにする。

(3) **目的効果基準の具体的な適用はどのようになされてきたか**

目的効果基準をはじめて適用したのは，前述の津地鎮祭事件大法廷判決である。そして，その後自衛官合祀拒否事件大法廷判決（最大判昭和63・6・1民集42巻5号277頁），大阪地蔵像事件判決（最判平成4・11・16判時1441号57頁），箕面忠魂碑・慰霊祭事件大法廷判決（最判平成5・2・16民集47巻3号1687頁）などでも目的効果基準が適用された。その結果は，すべて合憲判断であった。

これらの判決をみると，①津地鎮祭訴訟は，国や地方公共団体が主体となって宗教的活動を行った場合，②箕面忠魂碑・慰霊祭訴訟は，国や地方公共団体が宗教団体の主宰する宗教活動に対して援助を行った場合，③大阪地蔵像訴訟は，国や地方公共団体が非宗教団体に対して援助を与えた場合というように，一応分けることができる。しかし，この分類のあてはめだけで，目的効果基準が違憲判断の基準としてどのようなものであったかを説明することは難しい。そこで，上記の諸判決の目的効果基準の適用についての全体的な特色をみてみると，少なくともつぎの3点が指摘できる。①目的効果基準の適用が，形式的にとどまる場合と実質的に行われる場合があること，②すべての最高裁の先例が，目的については実質的な判断を下しているものの，効果についてはほとんど判断を示していないこと，③目的効果基準を具体的に判断する際の考慮要素の用い方が明確ではないということである。

このような判例の傾向に対して，学説はどのような立場をとって

きたのであろうか。学説のなかには，政教分離規定を信教の自由を強化するための人権規定ととらえる人権説の立場もみられるが，学説の多くは，政教分離原則を制度的保障ととらえ，信教の自由の保障を一層強めるために政教分離を制度として保障したものであると解してきた。したがって，多数説は，政教分離原則が国家と宗教との文字通りの完全な分離を要請するものではないという点では，判例とその立場を共有している。その意味で，多数説と判例の相違は，判例の示してきた目的効果基準をどの程度厳格に適用するべきかという点に帰着することになる。

(4) 愛媛玉串料訴訟判決の持つ意味

このようななかで，目的効果基準を適用して違憲判断を下したはじめての最高裁判決が，愛媛玉串料訴訟判決（最大判平成9・4・2民集51巻4号1673頁）である。愛媛玉串料訴訟最高裁判決では，目的効果基準を津地鎮祭訴訟最高裁判決や箕面忠魂碑・慰霊祭訴訟最高裁判決と同様に実質的に適用し，かつ従来明確ではなかった具体的な考慮要素について，個別的に具体的に検討している。そして，目的について玉串料等の奉納は，「遺族援護行政の一環」としての「戦没者の慰霊及び遺族の慰謝」という世俗目的に出たものであるとの県の主張を，慣習化した社会的儀礼とは認められないとした。さらに効果について，地方公共団体が特定の宗教団体に対して玉串料等の奉納をすることを，特定の宗教に対する援助，助長，促進になると実質的に判断し肯定していることも注目すべき点としてあげることができる。

もっとも，愛媛玉串料訴訟最高裁判決は，目的効果基準の適用にあたって，目的と効果の一方の要件を満たせば違憲となるのか，両方の要件を満たさなければ違憲とならないのかという点について，

明確な立場を示したわけではなかった。その点で、可部恒夫裁判官の反対意見が、目的効果基準はアメリカのレモン・テストと異なり、目的と効果の2つの要件をともに充足する場合にはじめて違憲となるとする立場を主張していることが注目されるが、判決はそのような理解を明確には示さなかった。

愛媛玉串料訴訟最高裁判決は、学説からは目的効果基準の厳格な適用の可能性を示すものとして評価される一方、これまでの最高裁の先例が同じ目的効果基準を適用してすべて合憲判決を下してきたことから、目的効果基準の審査基準としての客観性、有効性が問題とされた。このことをさらに浮き立たせたのが、この判決に付された目的効果基準を厳しく批判する高橋久子、尾崎行信、園部逸夫各裁判官の意見である。とくに、尾崎行信裁判官による意見は、目的効果基準を鋭く批判するものであった。

(5) 目的効果基準に対する批判

目的効果基準に対する批判は、この判決が下される前から行われていた。その主な批判は、①国家と宗教とのかかわり合いが相当とされる限度のものに限って、目的と効果の審査に入っているため、審査が形式的かつ緩やかになりやすい、②審査基準をあてはめる前にある種の価値観によって結論がすでにほぼ決まっており、審査基準として適切なものとはいえない、③目的と効果の判断がどのような考慮要素を重視してなされるのか明確ではなく一貫性を保ちがたい、④考慮要素のなかに、当該行為を行う者の宗教的意識など主観的なものが含まれており、また最終的には「諸般の事情」によって判断するとされているために、判断の振幅が大きいことなどがあげられてきた。

尾崎行信裁判官は、このような目的効果基準の審査基準としての

有効性に関する批判に加えて、目的効果基準の基礎とされるレモン・テストそのものに疑問を投げかけた。それによれば、アメリカ憲法（修正1条）のもとでは文言上政教分離原則により禁止される行為を明確にする必要があるために、目的と効果をみてその行為を判断するレモン・テストが審査基準として有用性であるのに対し、憲法20条3項は「宗教的活動」をそもそも原則としてすべて禁じているのであり、その場合にレモン・テストにもとづく目的効果基準を適用することは適切ではないとする。この批判は、従来の学説の批判が主として、レモン・テストを規準点として、そこから判例の緩やかな審査の不十分さと厳格化を主張していたことに対比すると新鮮なものといえる。

もっとも、最近の最高裁の政教分離事件に関する判決では、目的効果基準は緩やかに適用されている。たとえば、大嘗祭に関連する一連の事件に対する最高裁の判決は、知事が大嘗祭に参列した行為の合憲性が争われた鹿児島大嘗祭事件（最判平成14・7・11民集56巻6号1204頁）でも、また知事らが大嘗祭に関連して行われた主基斎田抜穂の儀に参列した行為の合憲性が争われた抜穂の儀事件（最判平成14・7・9判時1799号101頁）でも、いずれも参列の目的は「天皇の即位に伴う皇室の伝統的儀式に際し、日本国及び日本国民統合の象徴である天皇に対する社会的儀礼を尽くす」もので合憲であると判示としており、効果については実質的な判断はみられない。

2 靖国（神社）公式参拝訴訟と目的効果基準のかかわりをみる

(1) 公式参拝訴訟での争点にはどのようなものがあるか

公式参拝訴訟とは、内閣総理大臣等の靖国神社への参拝が憲法の政教分離規定に反するとして提起される訴訟である。岩手靖国公式

参拝訴訟は、その名の示すように、靖国神社公式参拝をめぐってこれまで数多く提起されてきた訴訟の1つである。公式参拝訴訟としては、昭和60年に首相の公式参拝の合憲性をめぐって一連の訴訟が提起された。そのなかで、明確に違憲判断を示したのが、本件判決である。そして、平成13年から平成15年にわたる数次の首相の公式参拝をめぐっては、東京、千葉、大阪、愛媛、福岡、沖縄の全国6つの地域で訴訟が提起され、そのなかで明確に違憲判断を示したのは、平成16年4月7日に下された九州・山口訴訟福岡地裁判決（判時1859号125頁）、そして、平成17年9月30日に台湾人靖国訴訟で大阪高裁が下した判決（判例集未登載）である。

公式参拝訴訟での政教分離にかかわる憲法上の争点は、①内閣総理大臣等の靖国神社参拝が公的なものか私的なものか、前者であるとすれば、②その参拝が目的効果基準のもとで違憲となるのか否かということである。

①の点について、たとえば、平成13年からの数次の首相による靖国神社参拝をみると、首相は、秘書官をともない公用車で靖国神社に赴き、「内閣総理大臣」に続けて自らの名を記帳した上で、本殿において祭神に一礼する方式により参拝し、その際「献花内閣総理大臣」に続けて自己の名前の書かれた名札付の献花をし、献花料として、私費から3万円を支出した。原告によれば、このような行為は、内閣総理大臣の職務として行ったものであり、憲法の政教分離規定等に反する行為であるとされる。これに対して、被告側は、私人としての信教の自由を実現するための私的参拝であると反論している。もっとも、これまでかなりの下級審の判決が同首相の靖国神社参拝を内閣総理大臣としての職務として行われた公的行為と認めている。本件判決も、そのように解している。もっとも、平成

17年9月29日の東京高裁の判決や平成17年10月5日の高松高裁の判決のように私的なものであるとみる判決も現れている。私的なものとみる場合には、政教分離の問題は生じないことになる。これに対して、公的性格なものであると認める場合には、さらにこの参拝が憲法の政教分離規定に反するか否かの憲法判断に立ち入るか否かという判断を迫られることになる。

それでは、公的な性格であるか否かをどのように判断するのか、この点で注目されるのが、台湾人靖国訴訟大阪高裁判決である。同判決では、首相の参拝の態様、参拝の主たる動機ないし目的が政治的であることなどを総合的に判断して、行為の外形からみて、内閣総理大臣の職務としてなされた公的な性格のものであると判断した。さらに、この判決では、参拝を私的行為とあえて明確にせず、曖昧な言動に終始する場合には、参拝を公的行為と認定する事情とされている。

内閣総理大臣による参拝が公的なものと認められる場合には、つぎに②の憲法判断を行うか否かが問題となるが、この点多くの裁判所は、これまで憲法判断を回避してきた。そのなかで憲法判断を行い、違憲判断を示した判決として、本件判決と前述の大阪高裁判決をみてみることにしたい。

(2) 2つの判決における**違憲判断のための工夫**——目的について

公式参拝訴訟では、国の機関である内閣総理大臣がその職務として特定の宗教団体に参拝を行うことが、憲法の政教分離原則に反するか否かが問題となるが、その違憲判断の基準としては、前に触れた目的効果基準が適用される。

それでは、公式参拝は、目的効果基準のもとでどのように判断されるのであろうか。まず、目的である。これまでの最高裁の目的効

果基準の適用では、津地鎮祭訴訟のように宗教団体が主宰する儀式に参列したり、あるいは愛媛玉串料訴訟のように宗教団体の定める正式な方式に則った玉串料の奉納などの事案が問題とされた。そのため、その儀式や行為が社会的儀礼とは言い難い場合として宗教的意義を認めることは容易であったが、公式参拝訴訟での参拝はそのいずれにもあたらず、かつその目的が戦没者の追悼にあると主張されるため、宗教とのかかわり合いを認め得たとしても、行為の目的が宗教的意義を有すると判断することはより難しいといえる。

この点で、本件判決は、公式参拝の主観的意図が追悼の目的であっても、参拝の宗教性を排除ないし希薄化せず、参拝の態様が神社神道の正式参拝という方式によらない参拝であっても、その宗教性という実質はかわらないとした。しかし、目的が宗教的意義を有すると認定するためには、参拝がいま述べたような特徴を持っているため、具体的な考慮要素の判断にあたって、宗教的な意義を有することを強く示す必要がある。本件判決は、この点について靖国神社の沿革、戦前戦後の天皇、内閣総理大臣の靖国神社参拝、内閣総理大臣の靖国神社公式参拝をめぐる経緯を重視するという形がとられた。

大阪高裁判決でも、参拝が宗教団体である靖国神社の礼拝施設の本殿で、祭神に拝礼することによって、畏敬崇拝の気持ちを表したものであり、それは客観的にみて極めて宗教的意義の深い行為であるとした。また、参拝は内閣総理大臣の職務を行うについてなされた公的性格を有するものであり、さらに国内外の強い批判に抗して、実行・継続されている点で参拝実施の意図の強固さは、一般人からみても容易に知りうるところであるとした。

このように2つの判決では、公式参拝の目的が宗教的意義を有す

るとしているが、その際に、本件判決さらには平成13年から数次にわたる首相の公式参拝をめぐる訴訟で違憲判断を示した福岡地裁判決のように、憲法の政教分離規定が神道を念頭においた規定であることをどの程度考慮するかは、なお検討すべき点となる。目的効果基準が神道ばかりではなく、国家と宗教一般のかかわり合いの合憲性を判断する基準であることを見失う危険もあるからである。

(3) 2つの判決における違憲判断のための工夫——効果について

つぎに、効果についてである。この点について、本件判決は、公式参拝がその行為の態様からみて国が特定の宗教への関心をよび起こす行為であるという指摘を加えるとともに、公式参拝がもたらす直接的、顕在的な影響、将来予想される間接的、潜在的な動向について総合考慮すれば、国と靖国神社との宗教上のかかわり合いが、政教分離原則に照らし、相当とされる限度を超えるとして、違憲と判断した。

この判断について、学説のなかには、それがアメリカでレモン・テストにかわる基準として提唱されているエンドースメント・テストにもとづくものとする理解がみられる。エンドースメント・テストは、政府の行為が宗教を後押しするメッセージを含んでいることが客観的にみて明らかであるか否かに着目するものであるが、レモン・テストとの関係は明確ではなく、アメリカではレモン・テストの目的と効果の部分をより詳細に判断するためのものともいわれる。

そのような観点でみると、大阪高裁判決は、国と靖国神社とのかかわり合いが、「一般人に対して国が靖国神社を特別に支援しており、他の宗教団体とは異なり特別のもの」との印象を与え、「特定の宗教への関心を呼び起こすもの」であり、その効果が特定の宗教に対する助長、促進になるから、わが国の社会的・文化的諸条件に

照らして相当とされる限度を超えるというべきであると判断しており，目的効果基準の内容をより詳細に示そうとしていると思われる。

以上のような公式参拝における目的効果基準の適用は，愛媛玉串料訴訟で争われた靖国神社への玉串料の奉納の場合とは異なる部分があり，とくに目的の部分をどのように考えるのか，その点で最高裁の判決が待たれるところといえる。

3 公式参拝の合憲性を争う訴訟にはどのような問題があるか

(1) 公式参拝訴訟には2つのタイプがみられる

公式参拝の合憲性の判断は，憲法訴訟が提起されるなかで，具体的な事件の解決のために裁判所によって下されるが，公式参拝訴訟を争う訴訟には，2つのタイプがこれまでみられた。

第1のタイプは，公式参拝によって個人の信教の自由などの権利・自由が侵害されたとして，内閣総理大臣や国に損害賠償を求めようとするものであり，第2のタイプは，住民訴訟の形で地方公共団体に代位して損害賠償を提起するものであった（なお，後述するように，平成14年に地方自治法が改正され，住民訴訟の構造がかわっている）。

台湾人靖国訴訟は，台湾人先住民を含む188人が首相の靖国神社参拝により精神的苦痛を受けたとして，国，首相，靖国神社に1人あたり1万円の損害賠償を求めた事件であり，第1のタイプに属する。その他，たとえば九州・山口訴訟では，首相の靖国神社参拝が政教分離規定に反する違憲行為であり，それによって信教の自由，宗教的人格権および平和的生存権を侵害され，精神的損害を被ったことを理由に，原告らが国および内閣総理大臣に対して，損害賠償を求めるものであった。これに対し，岩手靖国公式参拝訴訟は，地

方自治法242条の2第1項4号にもとづく住民訴訟として提起されたものであり，第2のタイプに属する。

(2) **損害賠償請求訴訟の場合を考える**

第1のタイプの訴訟については，これまでのところ，政教分離規定に反する行為によって，個人の権利が侵害されたことを理由に，損害賠償が認められる可能性は低いといえる。それは，一般に政教分離規定は，制度的保障の規定であると解され，さらに津地鎮祭訴訟最高裁判決が，政教分離規定は間接的に信教の自由を保障しているにとどまるとしているため，具体的な権利侵害の立証が難しいからである。そこで，この種の損害賠償訴訟を提起する場合には，政教分離規定を人権規定と解する人権説の立場がとられることがある。人権説は，制度的保障論が制度の周辺部分を法律によって規制することを認める理論であり，政教分離規定を制度的保障の規定ととらえる限りは，政教分離の程度は緩やかにならざるを得ないとして，政教分離規定を信教の自由を強化するための人権規定ととらえる立場である。もっとも，九州・山口訴訟福岡地裁判決は，原告らが主張する政教分離規定は不安なく心のままに信仰を貫徹する自由を保障する人権規定であると解することは，政教分離規定が制度的保障であると解されることから認められないと判示した。また，人権説に対しては，政教分離規定を人権と解する根拠や人権としての具体的内容が不明確であるなどの批判が加えられている。

むしろ，福岡地裁の判決で注目されるのは，宗教的人格権の主張についての判示である。宗教的人格権とは，日常の生活において静謐な環境のなかで宗教的または非宗教的生活を送る権利であり，自衛官合祀拒否訴訟でも原告により主張された。しかし，自衛官合祀拒否訴訟最高裁判決は，「静謐な宗教的環境の下で信仰生活を送る

べき利益」はそれが強制や不利益の付与をともなう形で妨げられない限り，不法行為上の法的利益として認めることはできないと判示した。しかし，同最高裁判決には，宗教的人格権に対する侵害が不法行為として問題となった場合には，強制の要素は要しないとした伊藤正己裁判官の反対意見が付されていた。福岡地裁判決でも侵害の態様などによっては，宗教的人格権の侵害による不法行為の成立の可能性が存在するとしていた。この点で，台湾人靖国訴訟大阪高裁判決が，信教の自由の内容について「公権力の圧迫，干渉を受けずに自らこれを行う権利ないし利益を有すると解する余地が全くないわけではない」としていることが注目される。

　もっとも，自衛官合祀拒否訴訟に比べ，公式参拝訴訟では，参拝による原告の宗教的人格権に対する侵害は軽微なものと考えられるから，権利侵害が認められる可能性は低く，損害賠償訴訟で勝訴する可能性は低いと思われる。ただ，原告のねらいが損害賠償を得ることよりも，公式参拝を違憲とする判断を求めていることを考えれば，そのような判断を得ることは実質的勝訴という意味合いを持つともいえる。実際，福岡地裁判決も原告側が控訴せず判決が確定した。もっとも，公式参拝の違憲性は，下級審で違憲判断が積み重ねられたとしても，最高裁による判断によって最終的に決着がつくという点は，忘れるべきではないであろう。

(3) **住民訴訟の場合を考える**

　第2のタイプについては，住民訴訟が客観訴訟として地方自治法に定められている以上，政教分離原則違反を理由として権利侵害を要件とすることなく，正面から争うことが可能である。ただ，地方自治体による玉串料等の公金からの支出の合憲性を争う場合と異なり，公式参拝の合憲性を争う場合には，住民訴訟で争うとしても，

そこに特有の困難も存在する。たとえば、岩手靖国公式参拝訴訟で争われたのは、公式参拝を要望する県議会の議決とそれにもとづく支出の違法性・違憲性であり、現実に行われた公式参拝の合憲性が争われたわけではない。実際に行われる公式参拝は、地方自治体の公金支出等と関連することがそれほど多くないとすれば、住民訴訟によって争うことは簡単ではないといえる。その意味で、実際に行われる内閣総理大臣の公式参拝の合憲性を少なくとも迅速に争う手段としては、いささか物足りない感じを抱かざるを得ない。さらに、平成14年に地方自治法242条の2第1項4号が改正され、新4号ではこれまでの原告住民が地方公共団体に代位して直接首長ら職員を訴えるという訴訟形態ではなく、地方公共団体の執行機関などに損害賠償等の責任を負う職員を相手取って訴訟を提起するように請求するという訴訟形態がとられることになった。その結果、住民訴訟による責任の追及がこれまでよりも難しくなった。

　ところで、岩手靖国公式参拝訴訟でも、違憲判決が第2審で下された後、原告側が実質的勝訴として控訴せず判決が確定したが、そのことに関連して、結論としては原告敗訴でありながら、結論に至る過程で違憲判断を示すことは、憲法判断のあり方としても適切ではないという批判もみられる。たしかに一般論としては、憲法判断は事件の解決に必要な限りで下すべきであり、不必要に示すべきではない。しかし、九州・山口訴訟福岡地裁判決が結論部分で指摘するように、「裁判所が違憲性についての判断を回避すれば、今後も同様の行為が繰り返される可能性が高い」場合には、裁判所が参拝の違憲性を判断することを「自らの責務と考え」判示したとしても、許される場合があるように思われる。

類題

　ある県が，戦没者の追悼方法に関するアンケート調査を行ったところ，少数の反対はあったものの，住民の過半数が追悼式典への公金の支出に賛成していることが明らかになった。そして，その調査結果等をふまえて行われた議会の議決に従って，県知事および担当課長が，神道と仏教の宗教団体が共同で主催する戦没者慰霊祭に，香典代と供花代として，毎年公金からその費用を支出することを決め，秋に行われた慰霊祭に支出した。このような場合に，県の住民はどのような主張をして，どのような訴訟を提起することができるか。

参考文献

① 野坂泰司「愛媛玉串料訴訟大法廷判決の意義と問題点」ジュリ1114号（1997年）29頁
② 小泉洋一「大法廷判決における政教分離原則違反の判断方法」ジュリ1114号（1997年）38頁
③ 大石眞「政教分離原則の再検討」ジュリ1192号（2001年）93頁
④ 初宿正典「岩手靖国住民訴訟控訴審判決と違憲審査権の行使」ジュリ979号（1991年）39頁
⑤ 戸松秀典＝長谷部恭男＝横田耕一「鼎談・愛媛玉串料訴訟最高裁大法廷判決をめぐって」ジュリ1114号（1997年）4頁

Coffee Break ⑦

アメリカのロークラークと日本の最高裁調査官

　裁判官の命を受けて事件に必要な調査をするのが，アメリカではロークラーク，わが国では最高裁調査官が行う仕事だといわれます。ただ，ロークラークと最高裁調査官との間には大きな相違がみられます。その最も大きな違いは，アメリカのロークラークは，最高裁ばかりではなく，連邦の地方裁判所や州の高等裁判所にもいることで，ほとんどの裁判所にはロークラークをみかけることになります。また，わが国の最高裁調査官の多くが現職の東京地裁の裁判官でもあるのに対して，アメリカのロークラークは，裁判官が自ら面接を行ってそのなかから優秀な人を採用するという，日本的にいえば秘書のような存在である点でも異なっています。アメリカの最高裁では，首席裁判官は5人，それ以外の裁判官は4人のロークラークを1年契約で採用しますが，その多くは全米でもトップクラスのロースクールを卒業したての優秀な人たちばかりです。

(O)

10 プライバシーと表現の自由──週刊文春販売差止め事件

事　案

　平成16年3月17日，マスコミは大騒ぎとなった。新聞には「週刊文春出版差し止め」の見出しが躍った。東京地裁が，同日発行予定の雑誌「週刊文春」の販売等を禁止する仮処分命令を発したのである。

　問題になった記事は，T衆議院議員の長女が結婚後1年ほどで離婚した経緯を3頁にわたり「独占スクープ」として報じるものであった。この記事が「週刊文春」に掲載されることを知った長女と元夫は，この記事が長女らのプライバシーを侵害すると主張し，仮処分手続により当該雑誌の販売等の差止めを求めた。東京地裁は，申立てのあった3月16日，当事者双方が立ち会う審尋を経て，週刊文春の販売等の差止めを命ずる仮処分命令を発したのである。具体的には，離婚に関する「記事を切除又は抹消しなければ，これを販売したり，無償配布したり，又は第三者に引き渡したりしてはならない」という内容であった。

　これを不服とする文藝春秋社が東京地裁に保全異議を申し立てたところ（民保26条），同地裁は，審尋を行い両当事者の主張を聴いた上で，3月19日，この仮処分命令を認可するとの決定を下した（東京地決平成16・3・19判時1865号18頁）。そこで，文藝春秋社は保全抗告を行った（民保41条）。すると今度は，東京高裁はこの仮

処分命令を取り消したのである（東京高決平成16・3・31判時1865号12頁）。長女らは特別抗告（民訴336条）を断念。高裁決定が確定した。

それでは，地裁と高裁でこのように結論が異なった原因は何か。

東京地裁はこう考えた。①T家は，T議員の夫も現参議院議員であり，父は元内閣総理大臣という高名な政治家一家であるが，長女自身は現に政治家でもなければ，過去に政治家であったこともない，純然たる私人である。本件記事は私人の私的事項に関するもので，「公共の利害に関する事項」とはいえない。②また，本件記事を客観的に評価すれば，「専ら公益を図る目的のもの」とみることはできない。③離婚の事実は，純然たる私事に属し，プライバシーとして保護に値する。本件暴露記事により長女らが「重大にして著しく回復困難な損害を被るおそれ」がある。したがって，事前差止めの要件は充足されている。ただし，印刷された雑誌77万部のうち，74万部はすでに出荷され，取次業者に引き渡されている。この引渡しにより販売は完了しているから，原決定は，文藝春秋社の占有下にある3万部につき，取次業者への販売等を差し止める限度で実際上の存在意義を有するにとどまる。

これに対して，東京高裁は，①～③の事前差止めの要件については地裁と同様で，ただ，本件記事は長女らのプライバシーの権利を侵害するものではあるが，事前差止めを認めなければならないほど長女らに「重大な著しく回復困難な損害を被らせるおそれがある」とまではいえない，と判断したのである。

そうだとすると，地裁と高裁で事前差止めの判断基準は同一であったにもかかわらず，③の要件を満たしているか否かで判断を異にし，結論が異なったことになる。そもそも，事前差止めの可否を判

断する 3 要件はどこからでてきたのか。また,それは妥当なのか。

Point

① 出版の事前差止めは「検閲」に該当しないか。
② 名誉毀損の場合,出版の事前止めはどのような要件があれば認められるか。
③ プライバシー侵害の場合,出版の事前差止めはどのような要件があれば認められるか。
④ 他の救済手段にはどのようなものがあり,その問題点は何か。

解　説

1 出版の事前差止めは「検閲」に該当しないか

(1) 人格権侵害の救済方法

自分が思うことを自由に話したり書いたりできることは,自由で民主的な社会の基礎である。しかし,社会を構成する 1 人 1 人の人格を尊重していることが前提である。名誉やプライバシーなど,個人の人格に関連する利益で法が保護するものを総称して「人格権」という。表現の自由は重要だが,他人の人格権を侵害することは許されないのである。もちろん,どんな場合に人格権侵害があったといえるのか,その要件がそもそもの大問題だが(この点は,奥平・後掲①,松井・後掲②,五十嵐・後掲④に詳しい),ここでは侵害されたことを前提としよう。

それでは,表現行為によって人格権が侵害された場合,どのような救済手段があるのか。民法は,名誉毀損について,「損害賠償」

(民710条)と「名誉を回復するのに適当な処分」(民723条)を用意している。けれども，これらは事後的な救済手段である。権利はすでに侵害されている。侵害が行われる前に侵害そのものをやめさせることができれば，救済手段としてはより有効だろう。出版物の頒布・販売等の事前差止めが必要とされるゆえんである。

しかしながら，効果が高ければ弊害も大きい。表現行為が行われる前にそれを禁止することを「事前抑制」という。出版の差止めはこの事前抑制に該当する。事前抑制は，表現の自由に対する重大な制約である。というのは，表現がいわゆる「思想の自由市場」に登場すること自体を阻止するものであるから，表現の存在自体が抹消され，批判の機会すらなくなってしまう。だからこそ，濫用の危険性も高いのである。簡単に認めるわけにはいかない。憲法が「検閲」を禁止する理由もここにある。

(2) 「検閲」の概念

憲法21条2項は「検閲は，これをしてはならない」と定める。

ここには問題が2つある。第1の問題は，検閲禁止の性格である。というのは，検閲禁止が絶対的なら，検閲に該当すればそれだけで憲法上許されないことは明らかだが，禁止に例外が認められるなら，検閲に該当しただけでは許される余地がまだ残されていることになるからである。第2の問題は，もちろん「検閲」の意味内容である。細部は別とすれば，検閲の主体は行政権に限られるのか，公権力一般（といっても，立法権は一般的な規範を定立する国家作用であるから，ここでは，個別具体的な事例に行使される権力である行政権と司法権を意味する）をさすのか，学説上争いがある。前者は，検閲と事前抑制を概念的に区別する（検閲は事前抑制の一部をなす）のに対して，後者では両者は重なり合うことになる。第1の問題で絶対禁止とする

説は、第2の問題で行政権に限定し（A説。たとえば、佐藤・519頁）、第1の問題で原則禁止（例外の余地あり）とする説は、第2の問題で公権力一般と広く解するのである（B説。たとえば、芦部・179頁）。

最高裁は、札幌税関検査事件（最大判昭和59・12・12民集38巻12号1308頁）において、憲法21条2項は、「検閲の絶対的禁止を宣言」したものであり、そこにいう「『検閲』とは、行政権が主体となって、思想内容等の表現物を対象とし、その全部又は一部の発表の禁止を目的として、対象とされる一定の表現物につき網羅的一般的に、発表前にその内容を審査した上、不適当と認めるものの発表を禁止することを、その特質として備えるものを指すと解すべきである」とした。

A説を採用したわけである（ただし、A説をとる学説は、最高裁の検閲の定義は狭すぎると批判している）。出版の事前差止めを裁判所が行っても、主体が行政権ではないから、定義上「検閲」にあたらないのである。しかし、行政機関が行えば検閲にあたり絶対に禁止されるのに、裁判所が行えば検閲にあたらないとされる根拠は何か。裁判所であれば、どんな手続で事前差止めを行っても、検閲にあたらず憲法上許容されることになってしまうのだろうか。

2 名誉毀損の場合、出版の事前差止めはどのような要件があれば認められるか

(1) 北方ジャーナル事件

最高裁の立場でも、「検閲」に該当しなければ、それ以外の事前抑制が全く自由だというわけではない。事前抑制は、憲法21条1項によって原則的に禁止されている。では、裁判所による事前差止めが例外的に認められるのは、どのような場合か。

名誉毀損を理由に雑誌の発行を差し止めた北方ジャーナル事件（最大判昭和61・6・11民集40巻4号872頁）において，最高裁は，「実体法上の差止請求権」が「人格権としての名誉権」から生じるとした上で，表現行為に対する事前抑制は，厳格かつ明確な要件のもとにおいてのみ許容されうる，と述べた。また，公務員または公職選挙の候補者に対する評価，批判等の表現行為は，一般に「公共の利害に関する事項」であり，私人の名誉に優先する社会的価値を含み憲法上とくに保護されるべきであるから，事前差止めは原則として許されない。ただ，その場合でも，「その表現内容が真実でなく，又はそれが専ら公益を図る目的のものではないことが明白であって，かつ，被害者が重大にして著しく回復困難な損害を被る虞があるときは」例外的に事前差止めが許される。なぜなら，このような表現行為の価値は被害者の名誉に劣後することは明らかだし，差止めが有効適切な救済方法として必要だからである。

　このような実体要件が充足されれば，事前差止めがすぐに許容されるというわけではない。たしかに，最高裁の検閲の定義では，行政機関が行う場合だけが検閲で，裁判所が行うものはそうではない。しかし問題は，そう解すべき実質的根拠である。行政機関であれ裁判所であれ，表現行為の事前抑制であって，その表現が思想の自由市場に登場する機会そのものが失われる点では同様である。にもかかわらず，行政機関が行う場合は検閲で絶対に禁止すべきだと解されるのに，どうして裁判所には例外が認められるのかといえば，裁判所は，公開の法廷で，両当事者の意見を十分に聴いた上で，公正中立な立場から決定を下す，その慎重な手続にポイントがあろう。そうであるならば，裁判所がこのような慎重な手続によらずに決定を下す場合には，実質的には行政機関の決定と同じもので，検閲に

該当すると解することもできるはずである。

一般図書の場合には、販売期間が長期にわたるから、十分審理した上で差し止めることも可能であるが、新聞・雑誌などの場合は、発行日が固定され、短期間で販売が終了するため、迅速に決定を下す必要がある。そこで仮処分という簡易な手続が用いられるのである。仮処分手続は、口頭弁論ないし債務者の審尋を必要とせず、立証についても疎明で足りるものとされている。このような簡易な手続で出版の事前差止めを行うことは憲法上許されるのであろうか。

北方ジャーナル事件最高裁判決は、札幌税関検査事件判決を引用して、裁判所が仮処分手続で出版物を事前に差し止めることは検閲にあたらないとしたが、手続上の問題点はしっかりと意識している。そのため、このような簡易な手続では表現の自由の手続的保障として十分ではないとして、「事前差止めを命ずる仮処分命令を発するについては、口頭弁論又は債務者の審尋を行い、表現内容の真実性等の主張立証の機会を与えることを原則とすべきもの」だと述べた（原則だから例外の余地があるわけだが）。裁判所による事前抑制が検閲に該当しない、その根拠に遡って考えるなら、このような手続保障が不可欠なのである。

(2) **民事保全法との関連**

以上をまとめると、北方ジャーナル事件最高裁判決は、裁判所による事前差止めが許されるためには、①表現対象が「公共の利害に関する事項」を含んでいないこと、②表現内容が真実ではないか、または③公益を図る目的ではないこと、④重大かつ著しく回復困難な損害のおそれがあること、という実体要件と、⑤口頭弁論または債務者の審尋を行うこと、という手続要件を充たさなければならないとしたことになる。

なお，本判決後，民事訴訟法の改正にともない，民事保全法が制定された。同法23条2項によれば，仮処分は，このままでは当事者に著しい損害が生じるおそれがある場合，または急迫な危険がある場合にも認められる。出版差止めの仮処分はこれにあたる。通常の民事保全手続に口頭弁論はどうしても必要なものではないが（民保3条），23条2項の仮処分命令を発するためには，かならず「口頭弁論又は債務者が立ち会うことのできる審尋の期日を経なければ」ならない（民保23条4項）。また，仮処分命令の申立てには，被保全権利および保全の必要性について疎明を必要とする（民保13条1・2項）。

こうしてみると，要件①〜③は刑法230条の2の定めるところであるが，④⑤も，今日では民事保全法の規定に対応していることがわかる（渋谷・後掲③ 211頁以下）。しかも，最高裁判決は，公共の利害に関する事項についての表現行為でも，債権者の提出した資料だけで②〜④の要件を充たすことが明白である場合には，例外的に⑤の手続を経ずに事前差止めが可能だとしたのであるが，民事保全法は例外の要件をさらに限定している点が注目される（民保23条4項ただし書）。

3 プライバシー侵害の場合，出版の事前差止めはどのような要件があれば認められるか

(1) 「エロス＋虐殺」事件

名誉毀損と同じく，プライバシー侵害の場合にも，表現行為の事前差止めが許されることは，下級審判決ではかなり早くから肯定されていた。映画「エロス＋虐殺」の上映禁止が求められた事件で，東京地裁も同高裁も，差止請求は退けたが，差止めの可能性自体は

認めている(東京地決昭和45・3・14判時586号41頁,東京高決昭和45・4・13判時587号31頁)。ただし,東京地裁は「権利侵害の違法性が高度な場合にのみ,差止請求を認めるべき」であるとしたのに対し,高裁は,差止めを認めないことによって被害者が被る不利益の程度と,差止めによって侵害者が受ける不利益の程度を比較衡量して決すべきであるとしていた。これら2つの決定は,「高度の違法性説」と「比較衡量説」といった具合に異なる立場をとったものと分類されることが多い(奥平・後掲①240頁以下,渋谷・後掲③213頁)。けれども,地裁もプライバシー侵害の違法性が高度であるかどうかは表現の自由との比較衡量によって決まるものとしており,また高裁も,回復困難な重大な損害が生じる場合に差止めを認めるべきであると慎重な態度をとっているところからみて,両決定は結局同趣旨であり,少なくとも違う名前をつけて分類すべきほどの違いはないというべきであろう。

　それでは,北方ジャーナル事件最高裁判決と比較衡量はどう関係するのか。同判決は,差止めの要件を設定しているため,比較衡量とは異なるようにも思われる。しかし,①の要件があれば差止めが原則として許されないのは,表現の価値が名誉の価値に優越するからであり,その場合でも,②〜④の要件があれば,表現の価値が被害者の名誉に劣後することが明らかだから例外的に差止めが許されると説明されており,同判決でも比較衡量が前提となっていることがわかる。ただ,「エロス+虐殺」事件判決が個別事件ごとの衡量であったのに対して,より一般的なアプローチの方法を示したということであろう。個別事件ごとの衡量ではあらゆる事情が総合勘案されるため,当該事件は(本来は)最も妥当に解決されるはずだが,他の事案に対する予測可能性は失われる。表現の自由に対する萎縮

的効果が大きい。これに対して表現の類型別に比較衡量を行えば，衡量にルールが与えられ，規制の限界が明確になるので萎縮的効果を除去することができる。北方ジャーナル事件の最高裁判決は，このような類型別の比較衡量論だということができる（伊藤正己裁判官は，同判決の補足意見でそう指摘している。大橋進裁判官の補足意見も参照）。

(2) 「石に泳ぐ魚」事件

北方ジャーナル事件最高裁判決で提示された要件は，プライバシー侵害を理由とする差止めの場合にも妥当すると考えるべきであろうか。

この点で注目されるのが，「石に泳ぐ魚」事件である。小説のモデルとされた人物が，顔の腫瘍に関する事実など，秘匿したい事実を暴露され，プライバシー等を侵害されたと主張して，小説の出版（単行本化）の差止めを求めた。第1審（東京地判平成11・6・22判時1691号91頁），第2審（東京高判平成13・2・15判時1741号68頁）とも差止めを認めたため，小説家側は上告したが，最高裁は，簡単な理由付けで高裁判決を肯定し，上告を棄却した（最判平成14・9・24判時1802号60頁）。

高裁判決は，北方ジャーナル事件の最高裁判決を引用し，人格権から差止め請求権が生じるとした上で，差止めの可否は「予想される侵害行為によって受ける被害者側の不利益と侵害行為を差止めることによって受ける侵害者側の不利益とを比較衡量して決すべきである」と述べた。そうして，「侵害行為が明らかに予想され，その侵害行為によって被害者が重大な損失を受けるおそれがあり，かつ，その回復を事後に図るのが不可能ないし著しく困難になると認められるときは事前の差止めを肯認すべきである」として，小説の出版

等の差止請求を肯定したのである。そうすると，基本的には比較衡量論で，ただその判断の際に，最高裁が提示した要件の④を考慮して，被害者の不利益の程度が著しい場合に限って差止めが認められるわけである。この判断方法では，プライバシー侵害の場合の方が名誉毀損の場合よりも容易に差止めが認められるだろう。というのは，プライバシーの場合，いったん侵害されれば原状回復はありえないからである。

これに対して，最高裁は，小説の内容は公共の利害にかかる事項ではないプライバシーにわたる事実を含み，小説のモデルとされた人物は公的立場にはないから，プライバシー等が侵害されており，小説が出版されれば重大で回復困難な損害を被らせるおそれがあるから，人格権としての名誉権等にもとづく差止請求を認めた高裁判決に違法はないとした。簡単な説明で，北方ジャーナル事件で提示された要件との関係は，今ひとつはっきりしないままである。

(3) **本件（週刊文春販売差止め事件）の位置**

そこで本件である。地裁も高裁も，判断基準として北方ジャーナル事件で提示された要件にしたがっている。ただし，②の表現内容の真実性は，プライバシー侵害の違法性を阻却する理由にならないから，①公共性，③公益目的，④重大かつ回復困難な損害の実体要件と，⑤口頭弁論または審尋の手続要件を踏襲しているわけである。ただし，高裁は，名誉権に関する実体3要件をプライバシーにそのまま使えるか疑問の余地があるとしながら，基準として不当とはいえないこと，当事者がこの3要件を前提としていること，手続的・時間的制約があることを理由に，この3要件を判断基準とした。その意味では，プライバシーを理由とする差止めの要件は，まだ確定していないと考えているわけである。

①と③の判断は，地裁・高裁共通である。ただし，①について，地裁も高裁も，差止めを求めた長女が私人であり，その離婚は全くの私事で，「公共の利害に関する事項」とはいえないとしたが，私人の私生活上の行為であっても「公共の利害に関する事実」にあたる場合があることは最高裁も月刊ペン事件（最大判昭和 56・4・16 刑集 35 巻 3 号 84 頁）で認めているところで，異論のありうるところである（毛利・後掲⑥）。また。③についても，文藝春秋側は公益目的の有無は報道する側の主観を基準とすべきであると主張したが，裁判所はこれを退けた。表現の自由を人格権よりも重視する立場（後述の現実的悪意の法理）からは批判もあろう。

判断が分かれた原因は，④重大かつ回復困難な損害のおそれがあるか否かで，地裁が離婚は他の人に知られたくない事実であることを重視したのに対し，高裁は，離婚は社会制度上是認されている事柄で，人格的評価につながるものではなく，日常生活でどうということもなく耳にし，目にする情報の 1 つにすぎない，と判断したところにある。

ところで，地裁は雑誌の販売差止めを認めたが，取次業者に雑誌が引き渡されれば「販売」は完了しているとして，印刷された 77 万部のうち，出荷されずに残っている 3 万部についてのみ販売等を禁止した。74 万部が一般購読者に販売されることは差止めの対象ではない。プライバシーを重視するのであれば，中途半端な態度にも思われる。地裁は「離婚の事実やその経過の公表が，常に重大な損害を生じ，これを公表する表現行為の価値より優越することが明らかであるとまでいうのは，困難である」とか，「債権者らの被る損害が真に重大というべきかどうかについては，議論の余地があり得る」と述べているところからみて，小売店舗等での販売まで禁止

するほどの侵害ではない，と解したものと思われる。地裁判決は，このようなかたちで表現の自由とプライバシーの調整ないし妥協を図ったのであろうが，であるとすれば，最初から差止めを認める理由があったのか，疑問になるのである。

なお，差止めの根拠として，今日ではとくに著作権が注目されるが，ここでは指摘するにとどめる（奥平・後掲① 351 頁，喜多村・後掲⑤ 131 頁，松井・後掲② 172 頁）。

4 他の救済手段にはどのようなものがあり，その問題点は何か

(1) 損害賠償

名誉毀損に対して民法が用意している原則的な救済手段が損害賠償である。ただし，他人の名誉を毀損して得られる経済的利益が賠償額より大きければ，名誉毀損の表現を思いとどまろうという気にはなかなかならない。北方ジャーナル事件において，大橋進裁判官や伊藤正己裁判官は，名誉毀損に対する損害賠償額が名目的な低額に失するとの非難を受けているとして，改善を求めた。たしかに，人格権保護の観点からは望ましい。けれども，損害賠償額が高額化すれば別の問題が生じてくる。

たとえば，アメリカの名誉毀損訴訟では「現実的悪意の法理」が用いられる（奥平・後掲① 181 頁以下）。日本でも，北方ジャーナル事件で谷口正孝裁判官が事前差止めの要件として同法理を採用すべきであるとした。すなわち，「その表現行為がいわゆる現実の悪意をもってされた場合，換言すれば，表現にかかる事実が真実に反し虚偽であることを知りながらその行為に及んだとき又は虚偽であるか否かを無謀にも無視して表現行為に踏み切った場合」にのみ事前差止めが許されるというのである。ともあれ，この法理はもともと

事後的に名誉毀損の成立を判断する基準である。なぜこれほどに表現する側を保護するのかといえば，アメリカでは他方で懲罰的損害賠償が認められていて，名誉毀損だとされるととてつもない高額の損害賠償額が課せられるのである。不法行為を抑止する機能の点ではすぐれているが，表現に萎縮効果をもたらす点では問題である。そこで，現実の悪意の法理が必要になるのである。

つまり，損害賠償額が低いこれまでの日本では，現実的悪意の法理は不要であった。しかし，このところ損害賠償額が高額化しつつある（五十嵐・後掲④ 253 頁）。そうすると，表現に対する萎縮効果を取り除くために，同法理の採用を検討すべきことになろう（松井・後掲② 121 頁，喜多村・後掲⑤ 154 頁）。

(2) **謝罪広告**

民法は，名誉毀損の救済手段として，もう1つ「名誉を回復するのに適当な処分」（民 723 条）を認めている。そのような処分として，これまで謝罪広告という方法がとられてきた。しかし，謝罪広告は，名誉毀損に対しては認められるが，プライバシー侵害の場合には認められない。後者の場合，一旦侵害されれば原状回復があり得ないからである。さらに，謝罪広告の強制には憲法上の疑義がある（最大判昭和 31・7・4 民集 10 巻 7 号 785 頁参照）。そのため，謝罪の文句も決まり切ったものになりがちであるという（喜多村・後掲⑤ 135 頁）。そこで反論文の掲載が注目されている（奥平・後掲① 234 頁以下，松井・後掲② 123 頁）。最高裁は，サンケイ新聞意見広告事件（最判昭和 62・4・24 民集 41 巻 3 号 490 頁）において，日本共産党の主張した反論文掲載請求権を否定したが，名誉毀損が成立する場合には認められる可能性が残されているからである。

類題

過去の犯罪を描いた映画が制作された。その犯罪により服役し現在はまじめに働いている人が，過去の経歴を暴かれず平穏な私生活を送る権利を侵害されたと主張して当該映画の上映禁止を求める仮処分を申し立てたとする。その申立ては認められるか。

参考文献

① 奥平康弘『ジャーナリズムと法』（新世社，1997年）131～242頁（第Ⅱ章）
② 松井茂記『マス・メディア法入門〔第3版〕』（日本評論社，2003年）95～146頁
③ 渋谷秀樹『日本国憲法の論じ方』（有斐閣，2002年）208～215頁
④ 五十嵐清『人格権法概説』（有斐閣，2003年）250～288頁（第6章）
⑤ 喜多村洋一「出版による被害に対する救済」青弓社編集部編『プライバシーと出版・報道の自由』（青弓社，2001年）123～140頁
⑥ 毛利透「判批」法学教室別冊付録　判例セレクト2004年（2005年）7頁

11 公共用財産の使用不許可と集会の自由

事　　案

　地方公共団体によって集会等の用に供するために設置されている市民会館で，ある団体が昭和 59 年 6 月 3 日に「関西新空港反対全国総決起集会」を開催しようとして，市民会館を設置・管理する地方公共団体の長に当該市民会館条例にもとづいて同年 4 月 2 日に使用許可の申請を行った。この使用許可の申請を行った団体は，昭和 59 年に入ってから 3 月に新東京国際空港公団本部ビルに火炎放射器のようなもので火を噴きつけたり，申請の翌々日の 4 月 4 日には関西新空港対策室のあるビルや大阪府庁に対して連続爆破や放火をしてけが人をだすなどの実力行使を行う過激な活動集団であった。さらに，この団体は，従来から他の活動グループと対立抗争を続けて事件を起こしていた。そこで，市民会館を設置・管理する地方公共団体の長は，申請された会館の使用が条例の定める「公の秩序をみだすおそれがある場合」および「その他会館の管理上支障があると認められる場合」に該当するとして，昭和 59 年 4 月 23 日，この申請を不許可とする処分を行った。これに対して，市民会館を使用しようとしていた者たちは，処分の根拠となった条例の違憲・違法，不許可処分の違憲・違法を主張して，国家賠償法による損害賠償請求を提起した。

　本件での中心的争点は，憲法 21 条 1 項が集会の自由を保障して

いることに照らして、公の施設での集会の開催を制限することが許されるか、許されるとすればどのような場合に許されるかという点にある。この点について、第1審（大阪地判昭和60・8・14民集49巻3号872頁）および第2審（大阪高判平成元・1・25民集49巻3号885頁）は、本件での市民会館の使用が一般市民の生命・身体・財産を侵害するおそれが多分に認められる（あるいは明白かつ現在の危険がある）として、条例も本件不許可処分も違憲ではないと解し、請求を棄却した。最高裁は、従来の大法廷判決の憲法判断の趣旨に徴して、条例の不許可事由については集会の自由を保障する見地から限定的に解し、当該事由に該当するとした不許可処分も適法であると判断した（最判平成7・3・7民集49巻3号687頁）。

なお、本件では争点として争われているわけではないが、司法的救済方法の観点から国家賠償訴訟の利用の適否も問題となる。まず、たとえ条例・不許可処分が違憲・違法と判断されて請求が認容されても、そのことによって集会が開催できる、すなわち自由が実現されることにはならない。国家賠償の場合には、損害賠償という形で金銭的な事後救済がなされるにすぎない。また、国家賠償ではなく処分取消訴訟によった場合、裁判所の判断が下されるのは使用申請日時をはるかに過ぎた時点であるために、本案判断が下されるか否かは非常に疑わしい。さらに、たとえ裁判所の本案判断を得て原告の請求が認容されたとしても、使用不許可処分の取消しが認められるだけで、会館の使用が許可されることにはならない。そのために、集会の自由という自由権の実現のための司法的救済として、いかなる方法が可能かという観点から、当該自由権の保障内容とともに、救済方法の検討も必要になる。

Point

① 集会の自由(憲21条1項)という人権は,どのような内容の権利保障を含んでいるか。
② 集会の自由の保障との関係で,集会開催のための公共的な施設の利用を制限することがどのような場合に許されるか。
③ 自由権の規制に対する司法的救済方法として国家賠償という制度は適切といえるか。

解　説

1 集会の自由(憲21条1項)という人権は,どのような内容の権利保障を含んでいるか

(1) 集会の自由は表現の自由の一類型

集会とは,多数人が共通の目的のもとに一定の場所に集まる一時的な集合体を意味する。したがって,集会の自由とは,原則としてその目的・場所・時間などを問わず,複数人による集会を主催すること,当該集会に参加すること(あるいは参加しないこと)について政府によって強制・干渉されないことを意味する。ただ,集会の自由は,たしかに個人の精神活動を基礎にするが,むしろ集団的行動を主催し,あるいはそれに参加する保障という点で,言論・出版などの表現の自由とは異なる側面を持ち,集会の自由は通常の表現の自由とは区別して考えるべきとの見解も主張されている(この点について,ドイツ基本法は意見表明の自由(5条1項)と集会の自由(8条)を区別し,国際人権規約B規約は表現の自由(19条)と平和的な集会の権利(21条)を区別して保障している)。

しかし、日本国憲法は、集会の自由を表現の自由と区別せずに、同一の条項で保障している。この点で、学説も、集会の自由は人的結合を通じて集団としての意思を形成し、それを集団として外部に表明する自由を含んでいることから、表現の自由の一類型としてとらえるべき（たとえば、野中ほか憲法Ⅰ・348頁〔中村睦男執筆〕）と主張し、また、空港の規制区域内に所在する建造物の使用禁止命令が争われた成田新法事件の最高裁判決（最大判平成4・7・1民集46巻5号437頁）でも、「現代民主主義社会においては、集会は、国民が様々な意見や情報等に接することにより自己の思想や人格を形成、発展させ、また、相互に意見や情報等を伝達、交流する場として必要であり、さらに、対外的に意見を表明するための有効な手段であるから、憲法21条1項の保障する集会の自由は、民主主義社会における重要な基本的人権の1つとして特に尊重されなければならない」との判断を下している。

(2) **集会の自由は集会開催場所の提供を求める権利を含むのか**

　集会の自由が政府による集会の主催・参加に対する制限・干渉を排除するという自由保障本来の性格を持つことはいうまでもないとして、しかし、集会のためには一定の場所の確保が必須の条件になる。集会主催者が自己の所有する家や庭を集会のために利用する場合であれば、政府による集会開催に対する妨害は、主催者の所有権・財産権の侵害ともなりうるが、通常の場合、集会は、道路・公園・広場などの一定の場所の利用を必要とする。そこで、集会に対する政府の妨害の排除は、政府によって設置・管理されている一定の場所の提供の拒否を否定すること、すなわち、集会の自由の保障は、集会開催場所の提供という政府による援助・支援を求める給付請求権としての内容も含むのかが問題とされることになる。

この点に関して，たとえば，私鉄駅構内でのビラ配布の規制が問題になった事件の最高裁判決（最判昭和59・12・18刑集38巻12号3026頁）の伊藤正己裁判官の補足意見では，「意見を社会に伝達する自由を保障する場合に，その表現の場を確保することが重要な意味を」持つことがあり，「この場所が提供されないときには，多くの意見は受け手に伝達することができない」との判断を示す。その上で，伊藤正己補足意見では，一般公衆が自由に出入りできる場所は本来の利用目的を備えると同時に表現の場として役立つことがあるとして，そのような道路・公園・広場などを「パブリック・フォーラム」とよび，「このパブリック・フォーラムが表現の場として用いられるときには，所有権や，本来の利用目的のための管理権に基づく制約を受けざるをえないとしても，その機能にかんがみ，表現の自由の保障を可能な限り配慮する必要がある」との見解が提示された。これは，アメリカ判例理論として形成された「パブリック・フォーラム」論を参考しているが，アメリカの「パブリック・フォーラム」論では，表現活動の場がパブリック・フォーラムに該当する場合には，所有権や管理権よりも表現活動が優先されるとして，市民の公共の場所に対するアクセス保障の問題として政府の規制の統制という観点から議論されていたが，今日では，市民の表現活動に対する政府の援助・支援という給付的文脈のもとでの統制作用の問題として同定する必要があるとの見解が主張されている（蟻川・後掲⑤97〜98頁）。

　公権力を背景に政府が市民・私的団体の表現活動を援助・支援する場合，政府が間接的に言論の市場に登場することになる。補助金等による財政的支援の場合はいうまでもなく，場の提供という形での援助であっても，問題は同一線上でとらえられる。この場合，政

府が自由に市民・私的団体に対する援助・支援を決定できるとなれば，言論市場において政府にとって都合のよい言論が優位することになってしまう。そこで，どのような場合ならば政府による援助の拒否が許されるのかという，政府の言論（government speech）に対する統制の問題が提起される。ただ，この点に関連して，本件最高裁判決（前掲最判平成7・3・7）では，住民の福祉を増進するための公の施設（自治244条1項）として集会の用に供する施設が設置されている場合，「住民は，その施設の設置目的に反しない限りその利用を原則的に認められることになるので，管理者が正当な理由なくその利用を拒否するときは，憲法の保障する集会の自由の不当な制限につながるおそれが生ずる」として，結局は，まだ公の施設の利用制限の憲法上の可否の問題として取り上げられているにすぎない。

2 集会の自由の保障との関係で，集会開催のための公共的な施設の利用を制限することがどのような場合に許されるか

(1) 公物管理権による規制

一般市民の使用に開放されている公共用財産は，多くの場合，社会公共の安全と秩序維持のために市民に命令・強制する公物警察権の行使としてではなく，公物の本来の効用の維持・増進の観点からする公物管理権にもとづいて，その集会のための使用について許可制をとっている。最高裁は，メーデーのための皇居外苑の使用不許可処分が問題になった皇居前広場事件（最大判昭和28・12・23民集7巻13号1561頁）での「なお，念のために」という括弧書きにおいて，公共用財産を「いかなる態様及び程度において国民に利用せしめるかは右管理権の内容であるが，勿論その利用の許否は，その利

用が」公共用財産の「公共の用に供せられる目的に副うものである限り，管理権者の単なる自由裁量に属するものではなく」，公物「管理権の行使として本件不許可処分をした場合でも，管理権に名を藉り，実質上表現の自由又は団体行動権を制限するの目的に出でた場合は勿論，管理権の適正な行使を誤り，ために実質上これらの基本的人権を侵害したと認められうるに至った場合には，違憲の問題が生じうる」としている。

本件では，市民会館条例によって市民会館使用の不許可事由として「建物，設備等を破損または汚損するおそれがある場合」および「その他会館の管理上支障があると認められる場合」とならんで「公の秩序を乱すおそれがある場合」という不確定概念が規定され，このような不確定概念による規制の可否が問題とされる。これについて，本件の園部逸夫裁判官の補足意見では，このような不確定概念を利用して「集会を事実上禁止することになる場合には，たとい施設管理権の行使に由来するものであっても，実質的には，公の秩序維持を理由とする集会の禁止（いわゆる警察上の命令）と同じ効果をもたらす可能性があ」ると共に，不確定な要件による広範な要件裁量の余地と，「本件条例のように右要件に当たると判断した場合は不許可処分をすることが義務付けられていることから，条例の運用が，集会の自由に対する恣意的な規制に至るおそれがないとはいえない」として，その問題性を指摘する。そして，「道路，公園，広場その他の公共場所においては，一般的な警察権限と管理権とが同じように規制の根拠として用いられており，また管理権の存在がはっきりしている場所においては，そのことだけで規制が正当化されている」日本の状況にかんがみて，「『公共の場所』を積極的に表現活動の場所として性格づけることによって，重要な法益をもって

しか『公共の場所』での表現活動の規制を正当化し得ない」という点での「パブリック・フォーラム」論の導入を提言する学説もある（紙谷・後掲④118頁）。

(2) **集会開催制限の正当化理由**

それでは、どのようなものが公共用財産の使用拒否の正当化理由となるのか。学説では、①「施設の設備・構造等の外的条件が集会に適さない」こと、②「利用の競合する際に先願順等の中立的基準を適用する」こととと共に③「施設の利用が他者の権利・自由を侵害する危険がある場合」が指摘される（川岸・後掲③120頁）。この点、②については利用者相互の調整という観点から管理権者の恣意的運用を排除するためのものとして問題は少ないが、その他の①および③の要件についてはさらなる検討が必要になる。

①に関連して、皇居前広場事件の最高裁判決は、人員収容能力の倍にあたる人間が広場全域に「長時間充満することとなり、厖大な人数、長い使用時間からいって、当然公園自体が著しい損壊を受けることを予想せねばならず、かくて公園の管理保存に著しい支障を蒙るのみならず、長時間に亘り一般国民の公園としての本来の利用が全く阻害されることになる」ことをもって使用不許可の正当化理由とした。しかし、このように簡単に施設の設備等の外的条件から集会開催が否定されてしまうと、集会開催の可能性と共に集会の実質的内容自体も施設の外的条件に規定されてしまうおそれがある。一見当然に認められそうな①の要件も、その実質的判断にあたっては、集会の自由が基本的人権として保障されている意義に十分配慮することが必要となる。

本件では、③が問題となっていた。本件最高裁判決（前掲最判平成7・3・7）は、この点についてつぎのように述べる。公の施設

の管理者は、「利用を不相当とする事由が認められないにもかかわらずその利用を拒否し得るのは、利用の希望が競合する場合のほかは、施設をその集会のために利用させることによって、他の基本的人権が侵害され、公共の福祉が損なわれる危険がある場合に限られるものというべきであり、このような場合には、その危険を回避し、防止するために、その施設における集会の開催が必要かつ合理的な範囲で制限を受けることがある」。その結果、どのような場合に制限が必要かつ合理的な範囲にとどまるのかの判定が問題となるが、それについて、本件最高裁判決（前掲最判平成7・3・7）は、「基本的人権としての集会の自由の重要性と、当該集会が開かれることによって侵害されることのある他の基本的人権の内容や侵害の発生の危険性の程度等を較量して決せられるべきもの」とし、さらに、その「較量をするに当たっては、集会の自由の制約は、基本的人権のうち精神的自由を制約するものであるから、経済的自由の制約における以上に厳格な基準の下にされなければならない」との判断を下す。ここでは、精神的自由と経済的自由を区別して前者の制約には厳格基準を適用するとの見解を示しているが、それは、学説のいう規制目的・目的達成手段の合理性を判定するための二重の基準とは異なり、集会の自由と他の人権侵害発生の危険性を比較するための基準として「明らかな差し迫った危険の発生が具体的に予見されることが必要」とし、その危険発生の判定に際しては「客観的な事実に照らして具体的に明らかに予測される場合でなければならない」とした。そして、このように限定的に解することによって、公の施設の利用制限を規定する市民会館条例を合憲と解した。ここに、新空港の設置・管理等の安全を確保する高度かつ緊急の必要性のもとに、危険発生の蓋然性の認定だけで集会の用に供せられる建造物

の使用禁止命令を根拠付ける法律の合憲性を認めた前記の成田新法事件（最大判平成4・7・1）の最高裁判決の判断を修正していると考えられる。

(3) **敵意ある聴衆の法理**

本件では、以上のような条例の合憲限定解釈のもとで、当該条例にもとづいて下された市民会館使用不許可処分の合憲性にも言及する。そこでは、会館の使用申請を行った団体による従来からの危険な破壊活動にかんがみて、「会館の職員、通行人、付近住民等の生命、身体又は財産が侵害されるという事態を生ずることが、客観的事実によって具体的に明らかに予見された」との結論を導き出している。そして、その際に危険認定の1つの重要な要素とされたのが申請者と対立する団体による暴力的介入の可能性であり、最高裁は、この点との関連で、学説によって主張される「敵意ある聴衆の法理」についての判断を下すことになる（この点の指摘は、市川・後掲⑥369頁）。

集会の目的や主催団体の主張に反対する人々が当該集会を妨害することを理由に、集会開催が禁止されることになれば、実質的に敵対者に集会開催の決定権を委ねることになってしまう。これでは、人気のない、あるいは反対者のいる意見を表明するための集会の開催は困難になる。そもそも妨害や混乱の防止は、治安秩序の維持を任務とする警察の役割であり、妨害や混乱の可能性から集会開催が禁止されることになれば、政府の警察権不行使という怠慢によって集会の自由の保障が意味のないものとなってしまう。そこで、本件最高裁判決（前掲平成7・3・7）は、「主催者が集会を平穏に行おうとしているのに、その集会の目的や主催者の思想、信条に反対する他のグループ等がこれを実力で阻止し、妨害しようとして紛争を

起こすおそれがあることを理由に公の施設の利用を拒むことは，憲法21条の趣旨に反する」との見解を示す。ただ，本件では，従来からの継続する実力行使による主催集団と対立集団との抗争から，「警察に依頼するなどしてあらかじめ防止することは不可能に近かった」とし，「平穏な集会を行おうとしている者に対して一方的に実力による妨害がされる場合と同一に論ずることはできない」と結論付けている。

なお，この点に関連して，本件と同じく公の施設の利用拒否処分に対する国家賠償訴訟の上尾市福祉会館事件の最高裁判決（最判平成8・3・15民集50巻3号549頁）では，反対者による妨害のおそれから公共用財産の利用を拒否できるのは「警察の警備等によってもなお混乱を防止することができないなどの特別な事情がある場合に限られる」とし，この事件ではそのような特別な事情があるとはいえないとの判断から，「会館の管理上支障がある」事態が生ずるとは客観的事実に照らして具体的に明らかに予測され得ないとしている。この点で，最高裁は，集会の自由が保障されていることに一定の理解を示していると考えられる。

3 自由権の規制に対する司法的救済方法として国家賠償という制度は適切といえるか

(1) 国家賠償という制度

国家賠償とは，「公権力の不法な行使に対する国民の損害賠償請求権と国家の賠償責任を認める制度」（野中ほか憲法Ⅰ・524頁〔野中俊彦執筆〕）である。市民が公権力の行使に際して公務員の不法行為によって損害を受けても，国家は賠償責任を負わず，その損害賠償責任を公務員自身が負うとされた「国家無答責の原則」が妥当して

いた時代には、市民は損害の大きさに相応の賠償を得ることができず、実質的には泣き寝入りするしかなかった。そのために、切り捨て御免的な行政に対する反省をふまえて（この表現は野中・前掲504頁）国家責任の原則が確立されてきた20世紀の半ばに制定された日本国憲法では、市民の権利救済のために17条で国民の国家賠償請求権を基本的人権として保障し、それを受けて国家賠償法が制定されている。なお、この制度の背後には、公権力を行使する公務員にとっても、過失による自身の不法行為責任が免除されることで公務遂行についての萎縮が取り除かれる効果もある。

ただ、この制度は、たしかに公権力の行使についての事後的な裁判所による統制という側面は持つが、公権力の違法な侵害を排除し、適法な状態を回復する狭義の行政救済とは異なり、国・地方公共団体がその活動により直接または間接に市民に被らせた損害・損失を事後的に補填する国家補償制度の1つにすぎない。そのために、国家賠償は、あくまでも公務員の不法行為によって発生した損害を国・地方公共団体が金銭で賠償するだけで、違法な公権力の行使そのものの是正という点を制度の本来的目的とするものではない。たしかに、狭義の行政救済だけでは違法な公権力の行使によって生じた被害・損害に対する完全な救済とはならないが、国家賠償だけでも違法な公権力の行使を除去しうるわけではない。

(2) **自由侵害に対する損害賠償は有効な救済か**

公権力の行使によって自由が侵害されている場合、国家賠償制度を利用することが本当に自由実現のために適切な方法といえるのかが問題となる。この点で、公務員の不法行為によって発生する損害についての国家賠償訴訟は、国家賠償法1条1項の「公権力の行使」に違法があったか否かが常に問題となり、公権力の行使の違

法・違憲を追求する方法として活用されることが多い（この点については，とくに **17** 参照）。そこでは，公権力の行使を根拠付ける法令の違憲性を原告が主張することで，あるいは，根拠法令が合憲であっても公権力の行使（事実行為も含まれるが多くの場合には行政処分）が人権を侵害すると主張することで，政府の活動の憲法適合性を裁判所に判定してもらうことができる。その意味で，国家賠償訴訟でも，通常の訴訟の場合と同じく，憲法上の人権規定が政府の活動をコントロールするための実体的規範として機能していることは否定できない。

しかし，裁判所の判定の結果，たとえ公権力の行使に違憲・違法の判断が下されても，それはあくまでも公権力の行使にあたる公務員の不法行為によって発生した損害に対する国家賠償請求権を基礎付けるためだけのものにすぎない。この点は，たとえ根拠法令を違憲とする判断が下されて，その結果，公務員の行った処分が違憲・無効であることから損害賠償責任を国・地方公共団体が負うことになったとしても，当該処分が違法として取り消されるわけでもなければ，無効として排除されるわけでもない。そうだとすると，はたして憲法によって保障された自由侵害に対する救済手段として，損害賠償という金銭賠償による救済に限定される国家賠償制度の利用が有効か否かを検討する必要がある。ただ，その際に考慮すべきは，行政事件訴訟制度を利用して開催期日が特定化されている公共用財産の利用に対する使用不許可処分の取消訴訟を提起したとしても，裁判には時間がかかり，たとえば，皇居前広場事件での最高裁判決が，メーデーのための集会開催を予定していた期日の「経過により判決を求める法律上の利益を喪失したものといわなければならない」としたように，判決時には訴えの利益がないとの判断が下され

る可能性が高い。その結果，自由実現という観点からの裁判所による実効的救済として，どのような訴えを提起することがよいのかを検討しなければならない。

(3) 公共用財産の使用不許可処分に対する司法的救済の問題

自由侵害に対する救済方法をどのように考えたらよいのか。取消訴訟では期日に間に合わず，訴えの利益なしとされてしまう可能性を別にして，たとえ期日に間に合っても1つの大きな問題がある。それは，たとえ取消判決が下されたとしても，そこでは使用不許可処分が取り消されるだけで，公共用財産の使用が認められることにはならず，集会の自由がそのことによって実現されるわけではないという問題である。この点で，たとえば，日本国憲法32条が定める「裁判を受ける権利には実効的な救済を受ける権利も含まれている」との前提から，「国民は政府の行為に対し，賠償請求に代え，あるいはそれとともに，政府の行為の違法（違憲）性の確認・宣言，その執行の差止め，義務づけなど適切な救済を求めることが当然できる」と考えて，「この権利は憲法上の権利であるため，法律でそのような訴訟が明記されていなくても，憲法上当然にそのような訴訟を提起できるものというべきである」（松井茂記『日本国憲法〔第2版〕』（有斐閣，2002年）408頁）とする見解が1つの可能性を示唆する。そこで，管理権者に対する公共用財産の使用についての義務付け訴訟が可能か否かを，期日が特定されている財産使用という点を勘案して仮の権利保護としての仮の義務付けの可能性と共に検討することが必要になる（平成16年の行政事件訴訟法改正による義務付けの訴えおよび仮の義務付けの内容については，*2*参照）。そして，この場合には，訴訟要件の充足可能性と共に，「行政庁が一定の処分をすべき旨を命ずることを求めるにつき法律上の利益を有する」（行訴37

条の2第3項）か否かに関連して，実体的に，日本国憲法21条1項の定める集会の自由には集会開催場所の提供を求める権利が含まれているのか否かの検討がより一層必要となるであろう。

類　　題

道路での集会および集団示威運動については，公安条例により事前に公安委員会の許可を得なければならないとされている。そして，多くの場合には，道路での集会・集団示威運動の実施が「公共の安全（ないしは公共の安寧秩序）の維持」にとって危険を及ぼすと認められるときには，当該集会や集団示威運動の実施を許可しないこととし，同時に無許可で当該集会や集団示威運動を実施した者に対しては刑罰を科すこととしている。

このような規制に違反して無許可で集会・集団示威運動を行った者が刑事被告人として憲法違反を主張する場合には，どのような主張を行うことができるか。また，許可申請を行ったにもかかわらず「公共の安全の維持」に対して危険を及ぼすおそれがあるとして不許可になった者は，どのような訴訟を提起して，どのような憲法上の主張をすることができるか。

参考文献

① 初宿正典「集会の自由に関する若干の考察」論叢148巻5・6号（2001年）90頁
② 初宿正典・小山剛「憲法21条が保障する権利」井上典之・小山剛・山元一編編『憲法学説に聞く』（日本評論社，2004年）96頁

③ 川岸令和「公物管理権と集会の自由」争点 120 頁
④ 紙谷雅子「パブリック・フォーラム」公法 50 号（1988 年）113 頁
⑤ 蟻川恒正「政府と言論」ジュリ 1244 号（2003 年）91 頁
⑥ 市川正人『表現の自由の法理』（日本評論社, 2003 年）353 頁

Coffee Break ⑧

司法修習

　裁判官，検察官または弁護士になるためには，まずは司法試験に合格しなければなりません。合格したら司法修習です（裁 66 条 1 項）。期間は少なくとも 1 年とされています（裁 67 条 1 項）。これまでは，司法研修所での前期修習で法律実務への導入教育を受けた後（3 か月），全国の裁判所，検察庁，弁護士会で，民事・刑事の裁判事務，検察事務，弁護士業務を修習し（1 年），最後に再び司法研修所の後期修習で総仕上げを行っていました（3 か月）。けれども，法科大学院が発足し，法理論教育だけではなく，実務への導入教育も行われることから，新司法試験合格者は（当面は 1 か月ほどの補完課程を置くものの）すぐに実務修習に入ることになっています。内容は，従来の 4 分野についての分野別実務修習（8 か月）と，修習生の自主性による選択型実務修習（2 か月）で構成されます。そして最後に，後期修習に対応する集合修習が行われます。こうして「法曹として基本的なスキルとマインド」が養成されるのです。

(K)

Coffee Break ⑨

裁判員制度

　法廷を舞台としたアメリカ映画をよくみかけます。原告側と被告側の行き詰まる弁論の応酬，陪審員達の苦悩が描かれることも多いですね。これからは日本でも，この種の映画が作られるかもしれません。というのも，国民が裁判に参加する裁判員制度ができたからです。それは，重大な刑事事件について裁判官とともに国民が裁判員として裁判を行うもので，裁判官三人と裁判員六人からなる合議体が有罪・無罪の決定及び量刑の判断を行うのです。ところで，国民が司法に参加する制度としては，事実認定を行う陪審制（アメリカ）と事実問題に限らず法律問題についても国民が裁判官となって専任の裁判官と合議する参審制（ドイツ，フランス）があります。今回の裁判員制度は基本的に参審制に位置付けられます。明治憲法下でも不十分ながら陪審制が存在していましたが定着することはありませんでした。裁判員制度もそうならないよう十分な準備期間が必要です。

(S)

Ⅲ 行政 & 裁判

12 生存権と生活保護──福岡市学資保険訴訟

事　案

　福岡市に生活保護を受けている家族がいた。構成は，夫婦2人と子ども3人（長男，長女，次女）である。夫婦はともに病弱で，夫Aは，昭和50年8月以降，家族5人を同一世帯とする生活保護を受けていた。Aは，翌51年6月，当時3歳であった長女を被保険者とする学資保険に加入した。保険料は月額3000円で，満期保険金は50万円であった。月々の保険料は生活保護費から捻出した。Aは，長男・長女が高校に進学する際，この学資保険を担保として貸付けを受けたため，その返済をしていたが，平成2年6月，学資保険の満期保険金のうち，貸付けの弁済金などを控除した残金45万円弱を受け取った。福祉事務所長は，この金額をほぼ全額収入と認定し，同月までの保護費が月額18万円強であったものを，翌7月分から約9万5000円に減額する変更処分をした。利用できる資産があるならまずそれを活用すべきで，生活保護はそれでも足りない分を補うものである，というのである。この処分を不服として，Aは県知事に対して審査請求をしたが棄却され，厚生大臣（当時。現在は厚生労働大臣）に対して再審査請求をしたがこれも棄却された。

そこでAは長女および次女とともに、当該変更処分の取消しを求めて訴訟を提起した（国および市に対する国家賠償請求訴訟も提起したが、この点は省略）。この訴訟継続中の平成5年1月、Aは死亡した。

それから2年後、第1審はAらの訴えを却下した（福岡地判平成7・3・14判タ896号104頁）。この訴訟はAの死亡によって消滅し、子どもたちが訴訟を承継する余地もないし、子どもたちに固有の原告適格を認めることもできない、としたのである。これに対して第2審は、子どもたち自身の原告適格と訴訟承継を認めた上で、保護変更処分を違法であるとして取り消した（福岡高判平成10・10・9判時1690号42頁）。学資保険の満期保険金は、収入認定の対象となるべき資産等にはあたらず、したがって本件変更処分には正当な理由が欠けているというのである。福祉事務所長は、第2審判決は生活保護法4条1項、8条1項の解釈を誤っていると主張して上告したところ、最高裁は、「生活保護法の趣旨目的にかなった目的と態様で保護金品等を原資としてされた貯蓄等は、収入認定の対象とすべき資産にはあたらない」と述べて、保護変更処分を違法とした高裁判決を正当とし、上告を棄却した（最判平成16・3・16民集58巻3号647頁）。

さて、この事件で最高裁は生活保護法に照らして保護変更処分を違法と判断したのであるが、生活保護法は憲法25条を具体化した法律である。Aの家族が受けていた生活保護は、憲法25条で保障された権利なのか、それとも生活保護法によってはじめて保障された権利なのか。憲法25条はどのような性格の規定なのであろうか。

また、この生活保護を受ける権利はAだけが持っていたのであろうか、それともAの家族全員が持っているのであろうか。

さらに、本件は行政処分が法律違反であるとされた事例である。

原告からみれば，法律によって救われたということになる。しかし，法律それ自体に問題がある場合にはどうなるのか。憲法で救うことはできるのか。どのようにしたら救うことができるのであろうか。

Point

① 生存権の法的性格——憲法25条はどのような性格の規定か。
② 生活保護法はどのような内容の法律なのか。
③ 生活保護を受けていた父親が死亡した場合，子どもたちが訴訟を継続することはできるのか。
④ 「資産」（生保4条1項）等はどのように解釈されるべきか。
⑤ 法律の合憲性を争う場合はどうか。

解　説

1 生存権の法的性格——憲法25条はどのような性格の規定か

憲法25条1項は，「健康で文化的な最低限度の生活を営む権利」を国民に保障する。この権利は「生存権」とよばれる。これは，国民が現に健康で文化的な生活を営んでいることを前提として，その生活を公権力によって侵害されない，という自由権または防御権ではない。そうではなく，健康で文化的な生活を営むことのできない国民が，そのような生活を最低限度でも営めるよう国家に要求する権利なのである。つまり，国家の不作為を求める権利である自由権とは異なり，国家の積極的な作為を求める請求権である。そこで，このような権利が，裁判で実現可能な具体的権利であるかどうかをめぐって議論がなされてきた。

かつての通説は，25条はプログラム規定，すなわち将来の政策的な指針を示した規定であって，政治的道義的な責任を国に課したにすぎず，国民に法的な権利を保障したものではないと説明した（プログラム規定説）。これに対して，その後の学説は，「健康で文化的な最低限度の生活」は内容が曖昧で，25条だけを根拠に具体的請求権を主張することはできないが，裁判で実現することはできなくとも権利とよぶことはできる，と主張している（抽象的権利説）。学説のなかには，さらに進んで，国が生存権を実現する義務を怠っているときには裁判所に不作為の違憲確認訴訟を提起できると主張するものもある（具体的権利説）。

　このように，学説をプログラム規定説，抽象的権利説，具体的権利説の3つに分類することは，どのテキストでも広く行われている説明方法であるが，論者によって各学説の内容であるとされるところが異なるばかりではなく，学説相互の差異があまり明確ではない。たとえば，生存権の権利性という論点がある。生存権は，国家の作為を請求する権利である。プログラム規定説は，憲法25条を根拠として裁判で国に対し生活保護を求めることはできないとする。けれども，憲法25条が生活保護の具体的請求権を保障するものではないという点では，抽象的権利説ばかりか，具体的権利説とも共通なのである（裁判所は違憲状態であることを確認できるだけである）。したがって，この点では3説とも違いがない（今日では具体的請求権を肯定する学説も登場しているが，ここでは立ち入ることができない。戸波・303頁，棟居・後掲③参照）。

　つぎに，プログラム規定説は，憲法25条は国民に法的権利を保障したものではないと主張するので，憲法25条の法規範性そのものを否定していたと解されることがある。けれども，憲法25条は

国家行為に対して法的拘束力を全く有しないので，国民の生存権を積極的に否定する国家行為も同条の関連で問題が生じることはない，と主張する学説はみあたらない。この場合，憲法25条は国家の不作為を請求する権利であり，自由権と同じ防御権として機能しているから（そのため，生存権の「自由権的側面」とよばれることが多い。たとえば，芦部・242頁），法的拘束力を肯定しても何の問題もないのである。つまり，公権力による不当な侵害に対してその禁止を裁判所に求めることができるのは，プログラム規定説も認めるところで，この限りでは，どの学説によっても，憲法25条について法規範性だけではなく，裁判規範性が肯定されているのである。

　さらに，裁判規範性は自由権的側面に限定されるものではない。今日では，憲法25条を具体化する，あるいはそれと関連する法律が相当数存在している。憲法25条がこれらの法律やそれにもとづく処分の解釈基準になるだけではなく，それらの合憲性を判断する基準になることは，実は学説だけではなく最高裁判例も認めているのである。

　したがって，判例は長い間（憲法25条の裁判規範性を否定しているという意味で）プログラム規定説をとっていると理解されてきたが，この評価は変更しなければならない。たとえば，食糧管理法違反事件（最大判昭和23・9・29刑集2巻10号1235頁）で，最高裁は，憲法25条1項は，すべての国民が健康で文化的な最低限度の生活を営み得るよう国政を運営すべきことを国家の責務として宣言したもので，「国家は，国民一般に対して概括的にかかる責務を負担しこれを国政上の任務としたのであるけれども，個々の国民に対して具体的，現実的にかかる義務を有するのではない。言い換えれば，この規定により直接に個々の国民は，国家に対して具体的，現実的にか

解　　説　　217

かる権利を有するものではない」と述べている。けれども，これはヤミ米の販売を禁止することは生存権の侵害だという主張に応えたもので，本来は生存権の自由権的側面が問題になっていた事例である（中村・後掲②147頁）。これに対して最高裁は，憲法25条から具体的請求権を引き出すことはできないといったのであるが，そこに裁判規範性の否定まで読み込むべきではない（長谷部・281頁）。

朝日訴訟の最高裁判決（最大判昭和42・5・24民集21巻5号1043頁）も，プログラム規定説だといわれてきたが，抽象的権利説と解することができないわけではない。というのは，その判決が，25条1項は「すべての国民が健康で文化的な最低限度の生活を営み得るように国政を運営すべきことを国の責務として宣言したにとどまり，直接個々の国民に対して具体的権利を賦与したものではない」，「何が健康で文化的な最低限度の生活であるかの認定判断は，いちおう，厚生大臣の合目的的な裁量に委されており，その判断は，当不当の問題として政府の政治責任が問われることはあっても，直ちに違法の問題を生じることはない」と述べたところがプログラム規定説だとされたのであるが，実際にはそれに続けて，著しく低い基準設定など裁量権の逸脱・濫用がある場合には違法行為として司法審査の対象になることを肯定している。つまり，裁判規範性が全面的に否定されているわけではないのである。

この点は，堀木訴訟の最高裁判決（最大判昭和57・7・7民集36巻7号1235頁）も同様である。同判決は，食糧管理法違反事件に言及しつつ，「憲法25条の規定の趣旨にこたえて具体的にどのような立法措置を講ずるかの選択決定は，立法府の広い裁量にゆだねられており，それが著しく合理性を欠き明らかに裁量の逸脱・濫用と見ざるをえないような場合を除き，裁判所が審査判断するのに適しない

事柄である」と述べているが,これも立法裁量を広く認めているものの,裁判規範性を肯定していることは明らかである。立法裁量の限界を逸脱している場合は違憲と判断されうるからである。

こうしてみると,今日では純然たるプログラム規定説は存在していないし,過去にも本当に存在していたのかどうか疑問である。判例も学説も,憲法25条が法律の合憲性を判断する基準になることは肯定しているのであるから,このことを出発点として考えることにしよう(長谷部・282頁参照)。

2 生活保護法はどのような内容の法律なのか

生活保護法は,憲法25条を具体化した法律である。生活保護法の存在を前提とすれば,憲法25条の法的性格についてどの学説をとっても,実は大差はないのである。法律が制定されている以上は,その法律によって法的な権利が認められていることに違いはないからである。朝日訴訟最高裁判決も,生活保護法の規定にもとづき国から生活保護を受けるのは,単なる国の恩恵ないし社会政策の実施にともなう反射的利益ではなく,法的権利であって,保護受給権とも称すべきものである,と述べている。

その生活保護法1条は,「この法律は,日本国憲法第25条に規定する理念に基づき,国が生活に困窮するすべての国民に対し,その困窮の程度に応じ,必要な保護を行い,その最低限度の生活を保障するとともに,その自立を助長することを目的とする」と定める。生活に困窮する国民はこの保護を無差別平等に受けることができ(生保2条),そこにいう最低限度の生活は,健康で文化的な生活水準を維持できるものでなければならない(生保3条)。ただし,保護を受ける場合には,利用できる資産,能力その他あらゆるものを活

用することが条件である（生保4条1項）。保護はあくまでも補足的なものだからである。そして、保護は本人の「金銭又は物品」では不足する部分を補う程度にとどめる（生保8条1項）。保護が行われる前に、収入や資産状況、稼働能力などが調査されるのもそのためである。

現在、生活保護の種類は、生活扶助、教育扶助、住宅扶助、医療扶助、介護扶助、出産扶助、生業扶助および葬祭扶助の8種類である（生保11条。それぞれの内容は生保12〜18条）。医療扶助と介護扶助のほかは金銭給付によって行われる（生保31〜37条）。本件でAが受けていたのは、生活扶助、住宅扶助、教育扶助の3つであった。なお、教育扶助の対象は義務教育までで、高校修学は保護の対象にはならない（生保13条）。だから学資保険に加入したわけである。

保護を受けている人は、正当な理由がなければ、保護内容を不利益に変更されることはない（生保56条）。保護実施機関の決定に不服があるときは、都道府県知事や厚生労働大臣に対して審査請求をする（生保64〜66条）。審査請求の前置が取消訴訟提起の要件となる（生保69条）。

さて、本件の中心論点は、子どもを高校に進学させるため加入した学資保険の満期保険金が、生活保護法にいう「資産」（生保4条1項）や「金銭又は物品」（生保8条1項）に該当するか、である。論理的な可能性としては、満期保険金が資産等に「該当する」「該当しない」の2つであるが、生活保護法の解釈としてどちらが正しいか。これが最初の問題となろう。生活保護で給付された金銭は使い切ることが必要とされているとすれば「該当する」、一定範囲で貯蓄も認められるとすれば「該当しない」ということになる。そして「該当する」が生活保護法の正しい解釈であるとすると、そのよう

に定める生活保護法の規定は憲法25条に違反しないか，が続いて問題となる。ただし，この中心論点に入る前に，手続上の問題を解決しておかなくてはならない。

3 生活保護を受けていた父親が死亡した場合，子どもたちが訴訟を継続することはできるのか

(1) 原告適格

本件で訴えていたのは，（A が死亡したので）長女と次女である。しかし，生活保護を受けていたのは父親の A である。子どもたちが直接受けていたわけではない。それでも子どもたちには訴訟を提起する資格があるのだろうか。

取消訴訟を提起できるのは「法律上の利益を有する者」に限られる（行訴9条）。そこにいう「法律上の利益」について，最高裁は「法律上保護された利益」説をとってきた（*2*参照）。子どもたちの利益は法律上保護されているといえるのだろうか。

地裁判決は，生活保護の受給者はあくまでも A であり，子どもたちは事実上の利益を得ていたにすぎないとしたのに対して，高裁判決はこう説明した。生活保護は世帯を単位とする（生保10条）。被保護世帯の他の構成員も保護受給権を有するのである。具体的な保護や変更の処分は，世帯主を名宛人として行われるが，その処分の効果は世帯の構成員全体に及ぶから，世帯主はもとより，それ以外の構成員も，その取消しを訴求する権利ないし原告適格を有する。したがって，子どもたちの原告適格は肯定される。

(2) 訴訟承継

しかし，まだ問題がある。保護変更処分の取消訴訟を提起するためには，審査請求についての裁決を経ることが必要とされている

(生保69条)。審査請求したのはAだけであって，子どもたちはしていない。子どもたち固有の訴えの利益が認められても，Aの訴訟を子どもたちが承継できなければ，子どもたちは審査請求前置の要件を充たしておらず，訴訟は不適法だということになる。

　朝日訴訟最高裁判決と比較してみよう。朝日訴訟の原告は，生活保護法により医療扶助と生活扶助を受けていたが，それまで無収入であったのが実兄から月額1500円の仕送りを受けることができることになったところ，その仕送り全額を生活費に充当するとの保護変更決定が下された。県知事および厚生大臣に対する不服申立ても却下されたので，厚生大臣の設定した生活保護基準が憲法および生活保護法に違反すると主張して，その裁決の取消しを求めたのがこの事件である。第1審は原告の主張を認め，厚生大臣の不服申立て却下の裁決を取り消したが，第2審は第1審判決を取り消したので，最高裁に上告したところ，まもなく上告人は死亡。その直前に上告人は養子をとり，この養子夫婦が訴訟を継続していた。最高裁はこう述べた。

　生活保護を受ける権利（保護受給権）は「被保護者自身の最低限度の生活を維持するために当該個人に与えられた一身専属の権利であって，他にこれを譲渡し得ないし（59条参照），相続の対象ともなり得ないというべきである。また，被保護者の生存中の扶助ですでに遅滞にあるものの給付を求める権利についても，医療扶助の場合はもちろんのこと，金銭給付を内容とする生活扶助の場合でも，それは当該被保護者の最低限度の生活の需要を満たすことを目的とするものであって，法の予定する目的以外に流用することを許さないものであるから，当該被保護者の死亡によって当然消滅し，相続の対象となり得ない，と解するのが相当である」。「されば，本件訴

訟は，上告人の死亡と同時に終了し，同人の相続人……の両名においてこれを承継し得る余地はないもの，といわなければならない」。

つまり，朝日訴訟では子どもたち（養子夫婦）の訴訟承継は認められなかったのである。本件では，Aが死亡した後，子どもたちは訴訟を承継できるのか。

地裁判決は，朝日訴訟最高裁判決と同様に，生活保護受給権は被保護者の一身専属的な権利であるから，その死亡によって当然に消滅し，相続の対象になり得ない。したがって，子どもたちは保護変更処分の取消しを求めることはできない，としたのであった。これに対して，高裁判決は訴訟の承継を認めた。判決はこう説明している。被保護世帯の構成員はすべて保護受給権を有している。世帯主は構成員を代表して処分の名宛人となっているのであり，その不服申立ても構成員全員を代表して行ったものとして，その効果は構成員全員に及ぶ。したがって，世帯主が訴訟係属中に死亡しても，他の構成員がこれを承継することができる。世帯主がした審査請求とこれに対する裁決の効果はすべての構成員に及ぶので，審査請求前置の要件を充足している。

さて，高裁は子どもたちの訴訟の承継を肯定したが，この判決は朝日訴訟最高裁判決と矛盾していないか問題となりうるだろう。けれども，朝日訴訟の養子夫婦は朝日さんと同一世帯をなしてはいなかった。朝日さんは1人で生活保護を受けていたので，高裁の論理でも訴訟の承継は認められないだろう。朝日訴訟と本件は事案を異にするのであり，両者は矛盾しないと解される。本件の最高裁判決にはもはやこの点についての言及はない。第2審の判断で問題はないということであろう。

4 「資産」(生保4条1項) 等はどのように解釈されるべきか

　生活保護法4条1項は保護の補足性を定める規定である。そうであれば、生活保護を受けている家庭に貯金するような余裕があることは、同法の予定するところではない。とすると、学資保険の満期保険金は収入であろうか。言い換えれば、生活保護法4条1項にいう「資産」であろうか。

　「資産」の範囲について生活保護法自体に詳しい規定は存在しないので、本件の保護変更処分が行われた当時、通達を基準として運用がなされていた（杉原・後掲④ 1717頁, 1725～1727頁参照）。本件処分もこの通達にしたがっていたのである。

　それに対して、高裁は、生活保護法の趣旨目的を逸脱せず、一般の国民感情に照らしても違和感を覚えるものでなければ、収入認定の対象となる資産にはあたらないとして、本件学資保険の満期保険金が資産にあたるものとしてなされた保護変更処分を取り消した。最高裁も、「生活保護法の趣旨目的にかなった目的と態様で保護金品等を原資としてされた貯蓄等は、収入認定の対象とすべき資産にはあたらない」とした上で、被保護世帯が最低限度の生活を維持しつつ子どもの高校進学の費用を蓄えることは同法の趣旨目的に反するものではないとして、本件の満期保険金は「資産」にあたらないとした。「資産」に該当しなければ、収入認定は当然に違法である。「資産」に該当するかしないか、収入認定するかしないかについて、保護実施機関の裁量の余地はない。

　生活保護法の目的の1つが自立の助長である。自立とは、生活保護の状態から抜け出すことである。そのために高校進学は重要な意義を有するだろう。もし高校進学のための貯蓄等を「資産」にあたるとすれば、生活保護を受けている人たちを永久に生活保護の状態

にとどめおくことになりかねない。そう考えれば、高裁や最高裁の解釈が生活保護法の解釈として妥当であるということができるだろう。なお、貯蓄について類似の判断をしたものに、秋田生活保護費貯蓄訴訟の秋田地裁判決がある（秋田地判平成5・4・23判時1459号48頁）。

5 法律の合憲性を争う場合はどうか

 生存権の訴訟類型には、①生存権の自由権的側面の法的効果を求める場合、②憲法25条を具体化する法律の存在を前提に、行政処分の合憲性を争う場合、③憲法25条を具体化する法律の規定の合憲性を争う場合、④立法の不作為の合憲性を争う場合の4つに分類される（中村・後掲②152〜154頁。なお、長尾・後掲⑤303〜304頁）。

 食糧管理法違反事件は①であり、本件や朝日訴訟は②の場合である。法律の定める併給禁止規定の合憲性を争った堀木訴訟は③の事例である。救済の観点からすると、①の事件では生存のための行為の自由を制限する法律を違憲無効とすれば、被告人は無罪となる。②では違法な行政処分を取り消せばよい。裁判で救済できることに問題はない。ただし、②について、法律に違反しているか否かが問題なので、合憲性というのはおかしいようにも思われる。実は、抽象的権利説のなかには、憲法25条から直接具体的請求権を引き出すことはできないが、生活保護法のような法律によって具体化されれば、憲法25条と生活保護法を一体として把握し、憲法25条に裁判規範としての効力を認めることができる、という主張が含まれている場合がある。そう考えれば、行政処分の違法性だけでなく違憲性を問題とすることもおかしくはないのである（ただし、憲法25条を具体化して制定された法律はその効力が憲法レベルに引き上げられると

いう趣旨だとすると，理論的に問題である)。③の堀木訴訟では併給禁止規定を違憲無効とすれば原告を救済できるので，これも特段の問題はない。

それでは，④の場合はどうか。憲法25条を具体化する法律が存在していないか，きわめて不十分な法律しか存在していない場合，どのような訴訟が考えられるのか。

このような場合には立法不作為の違憲確認訴訟が可能であるというのが，具体的権利説である。立法により新たな訴訟制度を創設すべきであるとするものもあれば，現行の行政訴訟制度のもとでも法定外（無名）抗告訴訟として構成できると主張するものもあった。けれども学説の多くは，立法権の侵害であり，付随的違憲審査制と乖離し，民主主義と矛盾する，といった点をあげて具体的権利説を批判したのである（佐藤・347頁，中村・後掲② 151頁）。しかしながら，これで決着がついたわけではなく，最近の学説のなかには理論上可能とするものがみられるようになった（長尾・後掲⑤ 298・304頁，戸波・303頁）。

とはいえ，今日では，この点はそれほど深刻な対立ではなくなった。というのは，具体的権利説に批判的な学説でも，立法の不作為を国家賠償請求訴訟で争う途は認めるからである（佐藤・350頁，中村・後掲② 153〜154頁）。現在は訴訟要件の明確化が求められているところであるが，立法不作為の違憲確認訴訟と国家賠償請求訴訟を峻別しなければならないものだろうか。また，後者の途を肯定することは生存権の権利性の理解に何らかの影響を及ぼさないであろうか。疑問の余地があるが，立法不作為については **17** で取り扱われるので，あわせて参照してほしい。

類　題

　現在の国民年金法は，国籍条項を撤廃し，日本国内に住所があれば外国人も加入することができる。20XX年，老人人口の増大と労働人口の減少に直面し，国民年金制度をこのまま存続することは財政的に不可能になった。そこで政府は，年金受給額を削減するとともに，福祉的給付について日本国民を外国人より優先的に取り扱うべく，国籍条項を復活することにした。日本に居住する外国人Aは，国民年金に加入していたが，この法改正によって資格を喪失することになる。Aがこの法改正の違憲性を主張するにあたって，どのような論拠をあげることができるか。なお，条約上の論点はここでは度外視するものとする。

参 考 文 献

① 奥平康弘「健康で文化的な最低限度の生活を営む権利」奥平康弘＝杉原泰雄編『憲法学3』（有斐閣，1977年）54頁
② 中村睦男「第25条」樋口陽一・佐藤幸治・中村睦男・浦部法穂『注解法律学全集　憲法Ⅱ』（青林書院，1997年）138頁
③ 棟居快行「生存権の具体的権利性」同『憲法学再論』（信山社，2001年）348頁
④ 杉原則彦「判批」曹時57巻5号（2005年）1710頁
⑤ 長尾一紘『日本国憲法（第3版)』（世界思想社，1997年）290頁

Coffee Break ⑩

アメリカの裁判所制度

学生：アメリカには、連邦と州それぞれに裁判所があるのですか。

教授：そうです。アメリカは連邦制をとっていますから、連邦ばかりではなく、州にも裁判所があります。ただ、日本でニュースなどを通して聞くのは、連邦法に関する事件を扱う連邦の裁判所の判決が多いと思います。

学生：連邦の裁判所には、どのようなものがあるのですか。

教授：大きく2つあって、よく聞く連邦地裁とかのように、憲法3条の司法権に関する規定に根拠をおく通常の裁判所と、合衆国破産裁判所などのように、憲法1条の連邦議会の権限によって設けられた特定の事項を扱う裁判所があります。

学生：アメリカの裁判所は、人権問題で重要な判決を結構下していますが、どのようにして裁判官が任命されるのですか。

教授：憲法上は、大統領が指名して上院が承認するという任命のプロセスをたどりますが、実際に選ばれる人は、ハーバートやイェールなどの有名なロースクール出身の人が多いですね。それと最近は、上院の承認のための公聴会をうまく乗り切れる能力も要求されています。　　(O)

13 国家補償の谷間 —予防接種ワクチン禍事件

事　案

　鳥インフルエンザに感染したニワトリを何万羽も殺処分したというニュースが，世界各地から届く。これほど徹底した対策をとるのは，このインフルエンザが人間に感染する新型インフルエンザに変異したら，誰も免疫を持っていないために，全世界にとてつもない被害をもたらすことがはっきりと予測できるからである。

　この本を読んでいる人たちも，ほとんどすべて，三種混合，ポリオ，麻疹，BCGなどさまざまな予防接種を子どもの頃から受けてきたはずだ。予防接種とは，疾病に対して免疫の効果を得させるため，疾病の予防に有効であると確認されたワクチンを人体に注射または接種することである（予防接種法2条1項）。伝染病は社会全体にとっても一大事である。そこで国は，伝染病の発生や蔓延から国民を保護するために，さまざまな予防接種を国民に強制または勧奨してきたのである。ところが，この予防接種は，一方では伝染病の患者や死亡者を著しく減少させる効果を上げたのであるが，他方では，きわめてまれではあるが，死亡や脳性麻痺などの重大な副作用を発生させたのである。この事件は，予防接種を受けたために，ワクチンの副作用で死亡した子どもの親たちと，知能や運動などの機能に重度の後遺障害を受けた子どもとその親たちなど，計160人が国に対し，①国家賠償と，②損失補償を求めて提起した集団訴訟で

ある。

第1審判決（東京地判昭和59・5・18判時1118号28頁）は，①について，厚生大臣の予防接種行政上の過失も，接種を担当した医師らの過失も，（2人の被害児を除いて）いずれの過失も認めず国家賠償責任を否定した。しかし，②について，子どもや親たちが受けた障害や苦痛は，一般社会を伝染病から集団的に防衛するために，生命・身体に対して特別の犠牲が課せられたものであり，この損失を等閑視することは憲法上許されないから，憲法29条3項を類推適用して，国に対して正当な補償を請求することができる，と判示した。

これに対して，第2審判決（東京高判平成4・12・18判時1445号3頁）は，まず②について，予防接種により死亡または重大な健康被害が生じた場合，本来その個人に予防接種を強制すべきではなかったという意味で，予防接種の強制は違法であり，憲法29条3項を違法な侵害行為にまで拡張解釈することはできない（憲法解釈の枠を超える），もともと同条項は生命・身体の侵害に対する補償とは全く無関係である，と述べて損失補償を否定した。けれども，①につき，国（厚生大臣）には予防接種による事故の発生を防止するために必要な措置をとるべき法的義務があるにもかかわらず，禁忌該当者に予防接種を実施しないための十分な体制をとることを怠った過失があるとして，国家賠償法上の責任を肯定した。

さて，第1審と第2審では，被害者救済という結果は同一でも，そのための手段は180度異なっている。いったいどうしてこのような違いが生じたのであろうか。結果が異ならないのに，手段（解釈方法）で対立するのはなぜか。どちらか一方が正しい解釈で，もう一方は間違った解釈だということなのだろうか。

Point

① この事件が国家補償の谷間の問題だといわれるのはなぜか。
② 損失補償による救済——第1審東京地裁判決。
③ 国家賠償による救済——第2審東京高裁判決。
④ 地裁判決と高裁判決で被害者の救済という点では同一なのに理論構成で対立するのはどうしてか。

解　　説

1　この事件が国家補償の谷間の問題だといわれるのはなぜか

　憲法は，ある人が国家の行為によって損害を被った場合に，その損害を補填する（埋め合わせる）よう国家に対して要求する権利を認めている。憲法17条の国家賠償請求権，29条3項の損失補償請求権，40条の刑事補償請求権がそれである。原因となった国家の行為が適法であったときは「補償」，違法であったときは「賠償」の語を用いている。そして，講学上は2つあわせて「国家補償」とよんでいる。このどこに「谷間」が生じるのだろうか。

　国家の行為が違法であれ適法であれ，個人が損害を被ったらすべて補填するというのであれば，そこに谷間のあろうはずはない。しかし，憲法17条でも国家賠償法1条1項でも，公務員の「不法行為」または「故意又は過失」が要件となっている。公権力を行使する公務員に過失も存在しないということであれば，「賠償」の問題にはならない。他方で，憲法29条は財産権の規定である。被害が財産権に関するものではなく，生命・健康に関するものだとすれば，憲法29条3項の損失「補償」の問題にもならないのである。本件

についていえば,予防接種によって重い後遺障害を被ったり,死亡することがあっても,接種を担当した医師が注意義務を尽くしてもなお予見できなかったのであれば,医師に過失は存在しない。また,そもそも生命・健康の被害は 29 条の問題にはなり得ない。まさに谷間に落ち込んでしまうのである。

しかし,子どもが重い後遺症に苦しんでいたり,死亡してしまっているのに,それをそのまま放置するのは憲法の認めるところであろうか。これらの人々を放置するのは正義に反するとしたら,ではどうすべきか。法の解釈を何とか工夫して救済すべきなのではないか。さしあたり可能性は 2 つ。1 つは「過失」があったとして「賠償」の問題とすることであり,もう 1 つは生命・健康の被害にも 29 条を使えるとして「補償」の問題とすることである。前者は第 2 審判決が,後者は第 1 審判決がそれぞれ工夫した解釈方法である。第 1 審判決からみていこう。

2 損失補償による救済——第 1 審東京地裁判決

すでにみたように,第 1 審は,予防接種行政の責任者である厚生大臣についても,予防接種を担当した医師等についても,その過失を認定することはできないとした。このように国の「賠償」責任を否定した判決は,憲法 29 条 3 項の損失「補償」責任によって被害者(子どもや親)を救済したのである。では,憲法 29 条 3 項はどのような規定なのか。裁判所はどのような論理でこの規定を類推適用したのか。

(1) 憲法 29 条 3 項の内容

憲法 29 条は財産権に関する条文である。その第 1 項は,私有財産制度を保障するとともに,国民が現に有している個々の財産権を

基本的人権として保障している。けれども，財産権は，現在さまざまな社会的な拘束を受けている。つまり，国民の生命・健康に対する危険を防止し，社会生活の安全を守るための制約だけではなく，経済の調和的発展や弱者保護のための政策的制約も受けるのである。第2項が「公共の福祉」に言及しているのも，このような制限を許容する意味を有するものであろう。これらすべての制約に対して補償が必要であるわけではない。全部必要だとすれば，財産権を制約することなどできなくなってしまうだろう。補償が必要なのは，3項の「私有財産……を公共のために用ひる」場合だけである。素直に読めば，公共事業のために誰かの財産を取り上げること（公用収用）だけを意味するようだが，今日ではそれにとどまらず，公共の利益のために強度の制約を加える場合も含むものと解されている。それでは，同じく財産権に対する制約でありながら，どのような制約なら補償は不要で，どのような制約なら補償を要するのか。

　この点，すべての権利者に等しく社会生活上受忍すべき程度の制約を加える場合には補償は不要だが，特定の権利者の財産に本質的内容を侵すほどの強い制約を加える場合は補償が必要である，と解されてきた。言い換えれば，一般的制約には補償は不要で，「特別の犠牲」には補償が必要なのである。特別の犠牲であるかどうかの判定基準についてはなお論争があるが，特別の犠牲といえる場合には補償が必要である，という点については判例・学説とも広く一致がみられる。

　それでは，どの程度の補償であれば「正当な補償」といえるのか。この点については，長い間，完全補償説と相当補償説の対立があった。前者が財産の100％の市場価格を補償すべきだとするのに対して，後者は諸般の事情を考慮して合理的に算出された相当な額であ

れば，市場価格を下回ってもよいとする。そうして，農地改革事件の最高裁判決（最大判昭和28・12・23民集7巻13号1523頁）が相当補償説を採用し（少なくともそう理解され），学説の多くもそれを支持したのである。憲法制定後間もない時期，新憲法が社会国家・福祉国家であることを強調すれば，財産権の保障は相対化され，相当補償説が一般化したのは理由のあることであった。けれども，特定の人を犠牲にして他のすべての人が利益を受けているのに，補償が100％でないのは不平等だと考えられ，次第に完全補償説が有力になっていく。今日では，特別の事情がない限り完全補償でなければならないという点では，学説の対立はない。最高裁も土地収用補償金請求事件の判決（最判昭和48・10・18民集27巻9号1210頁）で完全補償説を採用し，判例・学説は一致したのである（ただし，最高裁はその後，同じく土地収用補償金が争われた事件で，農地改革事件を先例として引用したため，学説をとまどわせた。最判平成14・6・11民集56巻5号958頁）。

さらに，補償が必要であるにもかかわらず，法令に補償規定がない場合はどうするのか。当該法令は違憲無効であるという学説も有力であったが，最高裁は，河川付近地制限令事件（最大判昭和43・11・27刑集22巻12号1402頁）において，直接憲法29条3項にもとづいて補償請求できることを認めた。なお，直接請求を認めるためには，補償額は憲法上一義的に定まっていることが前提になるから，この判決は完全補償説をとっていると考えるべきだろう。

(2) **第1審判決の論理**

つぎに，第1審判決はどのような論理によって29条3項を類推適用したかをみてみよう。

予防接種は，一般社会を伝染病から集団的に防衛するためになさ

れる。予防接種によって、ごくまれではあるが、重篤な副反応を生じる例が不可避的に生じる。その副反応によって死亡その他重篤な身体障害を被った子どもやその親たちは、受忍すべき不利益の限度を著しく超えた特別の犠牲を強いられたことになる。この損失を個人の負担にしておくことは、憲法13条・14条1項・25条の精神に反するから、この損失は、被害を受けた子どもたちの特別の犠牲によって利益を受けている国民全体、それを代表する国が負担すべきものである。

財産権の制限が特別の犠牲を強いるものである場合には、損失補償を認めた規定がなくとも、直接憲法29条3項を根拠として補償請求することができることは、最高裁も認めている。

しかし、生命・身体は「私有財産」ではない。にもかかわらず、どうして29条3項を類推適用できるのか。生命・身体と財産を比較すれば、生命・身体の方が憲法上より重要だといえるだろう。そうであれば、「財産上特別の犠牲が課せられた場合と生命、身体に対し特別の犠牲が課せられた場合とで、後者の方を不利に扱うことが許されるとする合理的理由は全くない」(前掲東京地判昭和59・5・18)。

したがって、生命・身体に対して特別の犠牲が課せられた場合においても、憲法29条3項を類推適用し、特別の犠牲を強いられた者は、直接憲法29条3項にもとづき、国に対して正当な補償を請求することができる(以上、前掲東京地判昭和59・5・18)。

(3) 第1審判決の評価

こうしてみると、意表をついた論理ではあるが、理解できないものではない。損害が「特別の犠牲」に該当したら、憲法を根拠に直接完全補償を請求できることは、学説も最高裁判例も認めるところ

だったからである。それゆえ，多くの学説はこの判決を好意的に評価したし，他の地裁判決でもこの判決の論理が受け入れられた（大阪地判昭和59・5・18判時1255号45頁，福岡地判平成元・4・18判時1313号17頁）。それにもかかわらず，高裁はこの論理を否定したのである。

3 国家賠償による救済──第2審東京高裁判決
(1) 29条3項の類推適用の否定

高裁判決が地裁の論理を否定した理由はこうだ。「生命身体に特別の犠牲を課すとすれば，それは違憲違法な行為であって，許されないものというべきであり，生命身体はいかに補償を伴ってもこれを公共のために用いることはできないものであるから，許すべからざる生命身体に対する損害が生じたことによる補償は，本来，憲法29条3項とは全く無関係のものであるといわなければならない。したがって，このように全く無関係なものについて，生命身体は財産以上に貴重なものであるといった論理により類推解釈ないしもちろん解釈をすることは当を得ないものというべきである」。

29条3項は，国は金さえ払えば私人の財産を取り上げても適法だと定める。この規定を生命身体にも適用するなら，金さえ払えば国は国民の生命身体を適法に取り上げることができることになってしまう。しかし，国民の生命身体の侵害は常に違憲違法であるはずだ。そうであるなら，適法行為によって生じた損失に関する29条3項は，本件とは無関係である，というのである。たしかに，指摘された問題点はわからないわけではない。けれども被害者救済はどうするのか。

(2) **憲法 17 条と国家賠償法**

　高裁判決はこう述べる。予防接種の副作用によって死亡や重大な健康被害が生じることは法の容認しないところであるから，予防接種によって重篤な副作用が生じた場合には，予防接種の強制は違法であったのである。国の違法な行為によって被害を受けた個人が国の責任を問うのは，憲法 17 条の国家賠償の問題である。

　国家賠償で救済できるなら，それも 1 つの考え方であろう。けれども，憲法 17 条は，公務員の「不法行為」によって損害を受けたときは，国や公共団体に損害賠償を請求できるとしている。民法上，不法行為とは，「故意又は過失」によって他人の権利を侵害することである（民 709 条）。したがって，憲法 17 条を具体化した国家賠償法も，公権力を行使する公務員が「故意又は過失」によって違法に他人に損害を加えたときに，国や公共団体が賠償責任を負うと定める。つまり，公務員に「故意又は過失」という主観的要件が欠けていれば，損害が発生し，客観的に違法であっても，国や公共団体は損害賠償の責任を負わないのである。予防接種は，伝染病から社会を防衛するために行わざるを得ない。しかし，予防接種を担当する医師等がいかに注意を払っても，事故は不可避的に生じる。だからこそ東京地裁は，医師等の過失を問うことは不可能だと考えて，損失補償の問題としたのである。はたして過失を認定することはできるのか。

　高裁判決はこう述べる。厚生省（現在，厚生労働省）の業務を統括する厚生大臣は，予防接種による事故が発生しないよう必要な措置をとる法的義務を負う。具体的には，医師が予診を十分に行って禁忌者を識別することのできる体制を作らなければならない。しかし，厚生大臣は十分な措置をとらなかった。したがって，厚生大臣は，

現場の接種担当者が禁忌識別を誤り禁忌該当者であるのにこれに接種して重大な副反応事故が発生することを予見できた。「本件各被害児らはすべて禁忌該当者と推定されるものであるから，厚生大臣が禁忌を識別するための充分な措置をとり，その結果，接種担当者が禁忌識別を誤らず，禁忌該当者をすべて接種対象者から除外していたとすれば，本件副反応事故の発生を回避することができたものというべきであり，したがって，本件副反応事故という結果の回避可能性もあったものということができる」(前掲東京高判平成 4・12・8)。

つまり，判決は，厚生大臣ないし厚生省の組織的な過失を問題としたのである。しかし，被害を受けた子どもたちはすべて禁忌該当者であったとして，それを識別できなかったのは予診の体制が不十分だったからだと，そこまでの過失を問うのは行き過ぎではないか。こういう疑問が生じるかもしれない。実は高裁判決は，その前にでた最高裁判決をよりどころにしている。最高裁は，小樽種痘損害賠償請求事件（最判平成 3・4・19 民集 45 巻 4 号 367 頁）でこう述べていた（小幡・後掲⑤参照）。

予防接種によって重篤な後遺障害が発生する原因としては，①被接種者が禁忌者に該当していたか，②被接種者が後遺障害を発生しやすい個人的素因を有していたことが考えられるが，禁忌者の該当事由は誰でもなりうる病的状態や，かなり多くみられる疾患，アレルギー体質などだから，①の可能性は②の可能性よりはるかに大きい。そうすると，予防接種によって後遺障害が発生した場合には，特段の事情がない限り，原因は①だ（被接種者が禁忌者に該当する）と推定すべきである。なお，ここで特段の事情とは，原因が②であることがはっきりしている場合のほか，禁忌者を識別するために必

要とされる予診が尽くされたが禁忌者に該当すると認められる事由を発見できなかったことである。

特段の事情とされるもののうち，原因は②だという証明は，現在の医学水準ではほぼ不可能だと考えられるから，後遺障害が発生したら，そのまま原因は①だということになるのである。もう1つの，必要な予診を尽くすことについては，インフルエンザ予防接種事件の最高裁判決（最判昭和51・9・30民集30巻8号816頁）がある。それによれば，医師は，具体的で，かつ被質問者に的確な応答を可能ならしめるような適切な質問をする義務があり，そのような問診を尽くさずに被害が発生したときは，過失があったと推定されるのである。そうだとすると，現実にここまでの予診は行われていなかったから，必要な予診を尽くしたとするのも困難である。高裁判決が，事故の原因は禁忌者に接種したことにあると推定し，予診体制の不十分さを理由に過失を肯定したのは，これら2つの最高裁判決を前提としていることがわかる。それを応用すれば被害者を救済できると考えたからこそ，損失補償ではなく，国家賠償の方法を採用したのである。

(3) **第2審判決の評価**

東京高裁のこの判決により，「予防接種事故は損失補償ではなく，国家賠償により救済されるという判例法理は固まった」（塩野宏『行政法Ⅱ〔第4版〕』（有斐閣，2005年）352頁）とされる。予防接種行政を行う国の組織的過失を認め，国家賠償によって被害者救済を図るこの判決が高く評価されるのは当然である。

しかし，損失補償で救済する道筋を否定してしまった点については，危惧する学説が多い。高裁判決と，それがよりどころとしている最高裁判決によれば，必要な予診を尽くすことのできる体制が整

備された場合，特段の事情が肯定されることになるはずだからである。それでもなお被害が生じたら，もう国の過失を問うことはできない。被害者を救済しなくても本当によいのか。国に責任はないといって放置することが憲法上許されるのであろうか。そう考えると，高裁判決を評価してもなお，地裁判決が採用した損失補償で救済する道筋を残しておくべきだったと思われるのである（宇賀・後掲③95頁，常本・後掲④ 225頁，小幡・後掲⑤ 299頁）。

4 地裁判決と高裁判決で被害者の救済という点では同一なのに理論構成で対立するのはどうしてか

本件で，予防接種事故の被害者たちは，裁判所に救済を求めた。国会と裁判所の役割分担を考えて，裁判所は，このような問題の解決は国会が法律で行うべき事柄で，裁判所としては損失補償や国家賠償につき従来どおりの解釈をするしかない，という態度もあり得ただろう。実際，国会も，予防接種健康被害救済制度を法律上制度化しているのである（成田・後掲① 449頁以下）。被害を受けた人が少なければ，国会は何の対応も示さないことさえあるから，その意味では不幸中の幸いといえないこともないが，しかし，その救済制度は，被害者からみて十分とはいえなかった。そこで裁判所に助けが求められた場合，どうすべきか。

裁判官の仕事は，現にある法を自動的・機械的に適用していればすむものではない。2つの判決をみてみれば，このことは明らかだろう。裁判所の判決は，ある具体的な事件を適切に解決するものでなければならない。しかし，個別具体的な事件を解決するためにとられた解釈方法は，他の事件にもあてはまる。とすると，今目の前にある事件を妥当に解決できる法解釈でも，他の事件に適用された

場合はどうかという点も考慮しなければならないのである。法学入門でいうところの，具体的妥当性と法的安定性である。地裁判決と高裁判決は，何とかして被害者を救済しなければならないという点において違いはない。にもかかわらず理論構成が分かれたのは，その法解釈がもたらす影響をどう予測するかという点にある。高裁判決は，損失補償による救済は本件では救済になるだろうが，別の面で問題を生じさせると考えたのである。しかし，高裁判決のように過失の客観化を極度に推し進めると，損失補償によるよりも大きな影響を与えるという指摘もある（塩野・前掲355頁）。今後この点を具体的に考えていく必要があろう。

　さて，裁判官が目の前の具体的事件を解決する際に，将来の事件のことも考えなければならないのは，ある事件の法解釈が後の事件の法解釈を拘束するからであった。これは，裁判官が事件を通じて法を作っていることを意味する。裁判官は自ら法形成を行っていることを自覚して裁判すべきなのである（田中英夫『実定法学入門〔第3版〕』（東京大学出版会，1974年）244〜255頁参照）。しかし，それでは，権力分立原理，あるいは国会を国の唯一の立法機関とする憲法41条に反することになるのではないか。ところが，「裁判には法創造ないし法形成の機能を一定の範囲で積極的に営むことが期待されているのである。その意味で，司法は一定の立法的な作用を含む」（芦部・308頁）とされている。そしてこの点はさらに別の問題につながっているのである（*18*参照）。

類　　題

　P市は，大規模な開発により急速に都市化が進み，多くの住宅が

建設されていた。20XX 年，同市を震源とする大地震が発生し，住宅の大半は倒壊し，多くの被災者はいまだ十分な住居をみつけることができないでいる。国会は急遽，P市被災者生活再建支援法を制定したが，被災者からみればきわめて不十分な救済にしかならなかった。そこで，同法の定める以上の救済を得るため，被災者は集団で，国に対して，国家賠償および損失補償を求める訴訟を提起することにした。どのような理論構成が考えられるか，そしてそこにはどのような問題があるか。

参考文献

① 成田頼明「予防接種健康被害救済制度の法的性格について」市原昌三郎・杉原泰雄編集代表『公法の基本問題　田上穣治先生喜寿記念』（有斐閣，1984 年）449～483 頁
② 宇賀克也『国家補償法』（有斐閣，1997 年）495～515 頁
③ 宇賀克也「予防接種被害に対する救済」芝池義一・小早川光郎・宇賀克也編『行政法の争点〔第3版〕』（有斐閣，2004 年）94 頁
④ 常本照樹・百選Ⅰ 224 頁
⑤ 小幡純子「判批」塩野宏・小早川光郎・宇賀克也編『行政判例百選Ⅱ〔第4版〕』（有斐閣，1999 年）298 頁

14 適正手続条項と行政手続

事　　案

　現在多くの人々が利用する成田空港の開港については，昭和36年の閣議決定以来，地元農民や過激派による建設反対運動（いわゆる成田闘争）が行われ，現地には団結小屋が建設されるなどした。そして，昭和53年には管制塔に乱入する事件などが起きたことから，これらに対処するため，急遽議員提案により，成田新法（「新東京国際空港の安全確保に関する緊急措置法」現在は，「成田国際空港の安全確保に関する緊急措置法」）が制定された。

　成田新法の中心的規定である3条1項は，「国土交通大臣は，規制区域内に所在する建築物その他の工作物について，その工作物が次の各号に掲げる用に供され，又は供されるおそれがあると認めるときは，当該工作物の所有者，管理者又は占有者に対して，期限を付して，当該工作物をその用に供することを禁止することを命ずることができる」と定めていた。そこで，運輸大臣（現在は国土交通大臣。Y_1) は，昭和54年2月9日同法3条1項にもとづき，規制区域内にあるX所有の通称「横堀要塞」について，昭和54年以降毎年2月に1年の期間，Xに対し，3条1項1号の「多数の暴力主義的破壊活動者の集合の用」および同3条1項2号の「暴力主義的破壊活動等に使用され，又は使用されるおそれがあると認められる爆発物，火炎びん等の物の製造又は保管の場所の用」に供すること

を禁止する旨の処分(以下,「本件使用禁止命令」という)を行った。

これに対し,Xは,成田新法3条1項1号・2号・3号が,憲法21条1項,22条1項,29条1項・2項,31条,35条に反するとして,昭和54年の本件使用禁止命令に加えて,昭和55年ないし58年および昭和60年における使用禁止命令の取消し,さらに国(Y₂)に対する慰藉料の支払い等を求めた。

第1審判決(千葉地判昭和59・2・3訟月30巻7号1208頁)は,各使用禁止命令のうち,1年間の使用禁止期間の経過したものについては,取消しを求める訴えの利益が消滅したとして訴えを却下するとともに,その余については,成田新法3条1項1号・2号・3号は,憲法21条等に違反しないなどとして却下した。第2審判決(東京高判昭和60・10・23民集46巻5号483頁)は,第1審判決を支持した。そこで,Xが上告した。

本判決(最大判平成4・7・1民集46巻5号437頁)は,一部破棄自判したほかは上告人の主張をすべて退け,上告を棄却する判決を下した。本判決は,成田新法3条1項1号・2号・3号は,憲法21条1項等に違反しないとしたが,このうち上告人の憲法31条に関する主張については,つぎのように判示した。「憲法31条の定める法定手続の保障は,直接には刑事手続に関するものであるが,行政手続については,それが刑事手続ではないとの理由のみで,そのすべてが当然に同条による保障の枠外にあると判断することは相当ではない」が,憲法31条による保障が及ぶ場合であっても,「一般に,行政手続は,刑事手続とその性質においておのずから差異があり,また,行政目的に応じて多種多様であるから,行政処分の相手方に事前の告知,弁解,防御の機会を与えるかどうかは,行政処分により制限を受ける権利利益の内容,性質,制限の程度,行政処分

により達成しようとする公益の内容,程度,緊急性等を総合較量して決定されるべきであって,常に必ずそのような機会を与えることを必要とするものではない」。本条3項1号にもとづく工作物使用禁止命令についても,総合較量すれば「その相手方に対し事前に告知,弁解,防御の機会を与える旨の規定がなくても,本法3条1項が憲法31条の法意に反する」とはいえない。

なお,園部逸夫裁判官の補足意見は,少なくとも行政庁の不利益処分については,「法律上,原則として,弁明,聴聞等何らかの適正な事前手続の規定を置くことが,必要である」とし,その根拠は「法治主義の原理(手続的法治国の原理),法の適正な手続又は過程(デュー・プロセス・オヴ・ロー)の理念その他行政手続に関する法の一般原則」に求められるとした。これに対して,可部恒雄裁判官の補足意見は,私人の所有権に対する重大な制限が行政処分によって課せられた場合には,「憲法31条の保障が及ぶと解すべきことは,むしろ当然の事理に属し,かかる処分が一切の事前手続を経ずして課せられることは,原則として憲法の許容せざるところ」であるが,本件での行政処分は,その例外にあたるとして,事前手続を欠くとしても憲法31条に違反するとはいえないとした。

Point

① 成田新法にはどのような憲法上の問題が指摘されるか。
② 憲法31条は手続と実体の法定を求めている。
③ 実体と手続にも適正さが求められる。
④ 行政手続にも適正手続の保障が及ぶのか。
⑤ 行政手続法の成立によってもなお検討すべき点がある。

解　説

1 成田新法にはどのような憲法上の問題が指摘されるか

(1) 「暴力主義的破壊活動」の定義に絡む困難さ

成田新法については，その成立に要した審議時間が衆議院と参議院あわせて10時間弱と少なく，また人権を侵害する危険な内容を含み治安立法の性格を有するものであるとして，「成田治安法」とよぶ見解（一瀬・後掲⑦26頁）もみられるなど，その成立当初からその違憲の疑いがマスコミなどでも指摘されていた。

成田新法が違憲であると批判された理由としては，「暴力主義的破壊活動」の定義（同法2条）のもとで含まれる犯罪行為類型の範囲が広範にすぎるのではないか，また，行為者の行為ではなく主観的な意図が問題にされる危険性が大きいのではないかという点もあげられたが，より問題とされたのは，同法3条1項にいう「暴力主義的破壊活動者」について，同法2条2項が「暴力主義的破壊活動等を行い，又は行うおそれがあると認められる者をいう。」としていたことである（渡辺・後掲⑧720～722頁）。

暴力主義的破壊活動を規制する法律としてすぐ思い出されるのは破壊活動防止法であるが，そこでは団体活動を規制するにあたって，「当該団体が継続又は反覆して将来さらに団体の活動として暴力主義的破壊活動を行う明らかなおそれがあると認めるに足りる十分な理由があるとき」（同法7条）に処分を行うとしており，成田新法の場合よりも処分には慎重な姿勢が示されていた。また，もう1つ関連して問題となるのは，「行うおそれがある」と認定する主体が成田新法では運輸大臣とされていたが，運輸大臣は，破壊活動防止法における公安審査会と異なり手足を持たないため，実質的には警察

の判断を尊重することにならざるを得ないおそれが高いという点であった(寺田・後掲⑥11頁)。

このように成田新法に対して種々の問題が指摘されるなかで,原告は,憲法21条1項,22条1項,29条1項・2項,31条,35条に反し違憲無効であると主張したが,そのうちとくに重要と思われるのは,憲法21条1項,31条との関係である。本章のテーマである憲法31条との関係については後に触れることにして,ここではまず憲法21条1項との関係について,取り上げてみることにしたい。

(2) **本判決での憲法21条1項の判断の特徴**

憲法21条1項は,集会の自由(**11**参照)を定めているが,本件禁止命令は,よど号ハイジャック事件判決(最大判昭和58・6・22民集37巻5号793頁)の示した表現の自由の制限に対する合憲性判断の枠組みである比較衡量論に立って,本件使用禁止命令により保護される利益は,「国家的,社会経済的,公益的,人道的見地から極めて強く要請される」種々の安全の確保であるのに対し,本件使用禁止命令により制限される利益は,「多数の暴力主義的破壊活動者が当該工作物を集合の用に供する利益にすぎない」こと,さらに暴力主義的破壊活動等を防止し,成田空港の安全を確保することには「高度かつ緊急の必要性」があるとして,本件使用禁止命令は,集会の自由に対する公共の福祉による必要かつ合理的な制限であると判示した。この判示に対しては,表現の自由の規制に対する合憲性の判断として,判例のように緩やかな基準ではなく厳格なLRAの基準が用いられるべきであるという有力な学説からの根本的な批判がある(野中・後掲③31頁)。しかし,判例に沿って考えた場合でも疑問の生じる余地がある。

それは，これまでの判例は，比較衡量論をとる一方で，厳格な審査基準の適用を示唆してきたからである（千葉・後掲③35頁）。具体的には，よど号ハイジャック事件判決での「相当の蓋然性」の要件，泉佐野市市民会館事件（最判平成 7・3・7 民集 49 巻 3 号 687 頁。**11** 参照）での「明らかな差し迫った危険の発生」の具体的予見性の要件などであるが，本判決には，そのような厳格な基準への言及がみられない。なぜ，そのようなことになったのであろうか。この点について，本件の特殊事情として，①成田新法 3 条 1 項の使用禁止命令は，「集会の自由一般ではなく規制区域内に所在する特定の工作物における多数の暴力主義的破壊活動者による集合の自由」を制限するにとどまるものであること，②同法 3 条の制限措置は，成田空港の安全の確保という「高度かつ緊急の必要性」にもとづくものであること，③同法 3 条 1 項の内容は，明確，限定的かつ合理的であること，などの点が指摘された（千葉・後掲③36頁）。

(3) **比較衡量論にかける利益の不均衡と不明確さ**

いま述べたような説明は，これまで述べてきたことからみて，それほど説得的とはいえない。なぜなら，本判決にはそもそも比較衡量論の大きな問題点である，秤に載せる 2 つの利益の性質の相違への注意の欠落がみられるためである。本判決では，秤の一方には暴力主義的破壊活動者の集合の自由という利益が載り，他方には国民の多くが利用する空港の安全確保という利益が載っている。そのような比較衡量を行うなら，「高度かつ緊急の必要性」という点を強調しなくても，公共的利益である空港の安全確保が優先されることは当然ということになるからである。また，成田新法 3 条 1 項の内容がそれほど明確かという点についても疑問がある。本判決は，暴力主義的破壊活動を行う「おそれのある者」とは「蓋然性の高い

者」であると限定解釈しているが、そのような解釈が有効か否かは、本件の具体的事実との関係で、なお検討をするように思われる。そして、3条1項が不明確であるとすれば、それは憲法21条1項ばかりではなく、ここでのテーマである憲法31条との関係にも問題は波及することになる。

憲法31条は、「何人も、法律の定める手続によらなければ、その生命若しくは自由を奪はれ、又はその他の刑罰を科せられない」と定めているが、本件使用禁止命令のような行政処分に対しても、憲法31条の要請する適正手続が要請されるのであろうか。この点について、本判決が下されるまで明確ではなかった。

本件でいえば、原告らは、暴力主義的破壊活動を行う「おそれ」のある者に具体的な理由を示されることなく認定され、成田新法3条1項の使用禁止命令により自己の所有する工作物を集合の目的いかんにかかわらず用いることができなくなってしまった。このような行政処分に対して、適正手続の保障が及ぶのであろうか。しかも、成田新法9条は、3条1項の使用禁止命令に違反した者に対して、6月以下の懲役または10万円以下の罰金に処するとしていたのである。この点を考える前に、まず憲法31条の内容を確認しておくことにしたい。

2 憲法31条は手続と実体の法定を求めている

(1) 憲法31条は修正14条とどこが違うのか

憲法31条は、アメリカ合衆国憲法修正14条（以下、「修正14条」という）の適正手続条項に由来するとされる。ただ、修正14条は、「いかなる州も、法の適正な手続によらずに、何人からも生命、自由または財産を奪ってはならない。」と規定しており、修正14条に

ある「財産」と「適正」という文言が、憲法31条にはみあたらない。そのため、一般に憲法31条が本来刑事手続に関する規定であることを示していると考えられている。

憲法31条が本来刑事手続に関する規定であるとした場合でも、法律で定められた手続によれば、どのような刑罰でも科すことができるというわけではない。科刑の実体について法律で定めることを要請する近代刑法の大原則である罪刑法定主義は、日本国憲法においても罪刑法定主義が当然に要請されていると解されるからである。

(2) **罪刑法定主義の根拠をめぐって学説は分かれている**

もっとも、日本国憲法の罪刑法定主義の根拠をどうみるかについては、学説は分かれている。たとえば、手続法定説は、憲法31条それ自体は、手続の法定のみを要求するにとどまるとしており、それに従えば、憲法には罪刑法定主義のコロラリーとしての遡及処罰の禁止（憲39条）や政令による罰則に法律の委任を求める規定（憲73条6号）は存在するものの、刑罰の実体を定める罪刑法定主義の根拠となる明示規定は存在しないことになる。これに対し、通説は、「罪刑法定主義のような立憲主義憲法の重要原則が、日本国憲法上黙示的にしか定められていないということになる解釈には強く疑問が残る」（佐藤・587頁）として手続法定説を批判し、一般に憲法31条が手続の法定ばかりではなく、刑罰の実体の法定をも求めるものであり、罪刑法定主義を要請すると解している。

ただ、このような説明だけでは、憲法31条の文言が「手続」としていることの理解としては十分ではないように思える。手続法定説は、憲法31条の由来する修正14条のデュー・プロセス条項に対する合衆国最高裁の解釈が、本来は手続を定めると考えられる修正

14条中の「自由」という文言のなかに，契約の自由という「実体」まで読み込もうとした（これを「実体的デュー・プロセス」の考え方という）ことに強く批判が加えられたという経緯をふまえ，実体と手続を分離するように解するのが，憲法31条の条文の趣旨と解するものだからである。

それに対し，通説的見解からは，ここでいう「手続」とは，法律学で通常理解される「実体」と「手続」の区別ではなく，「方法」というぐらいの意味で用いられたと解すればよいとされる。また，手続法定説のいう堕胎の自由などの人権を導き出す実体的デュー・プロセスに相当する日本国憲法の条文は，憲法13条に求められるとされ（棟居快行・争点138頁），手続法定説にも問題点が指摘される。このように2つの説を比べると，結果的には通説的見解をとる余地が十分あるように思われる。

なお，条例による罰則制定を定めた地方自治法14条3項の合憲性について，最高裁は，「憲法31条はかならずしも刑罰がすべて法律そのもので定められなければならないとするものでなく，法律の授権によってそれ以下の法令によって定めることもできる」と解されるから，憲法に反しないと判示している（最大判昭和37・5・30刑集16巻5号577頁）。

3 実体と手続にも適正さが求められる

(1) 実体の適正からは規定の明確性などが要請される

ところで，修正14条と憲法31条を比べてみた場合，憲法31条には「適正な」という文言が付されていないが，その点はどのように解されるのであろうか。まず，実体の適正さについては，憲法31条がそこまで要求しているのか疑問とする有力説（野中ほか憲法

Ⅰ・394 頁〔高橋和之執筆〕）もあるが，一般には法律の規定の明確性，罪刑の均衡などを要請すると解している。最高裁も，徳島市公安条例事件（最大判昭和 50・9・10 刑集 29 巻 8 号 489 頁）や猿払事件（最大判昭和 49・11・6 刑集 28 巻 9 号 393 頁）で，それらのことを明らかにしている。

(2) **手続の適正さとしての「告知と聴聞」**

なぜ手続の適正さが，憲法上要請されるのかについて答えることは困難であるが（長谷部・257 頁以下参照），当該決定により不利益をこうむる個人に決定手続に参加する機会を保障することにより，その妥当性を担保することが，個人の尊厳の確保に重要であることなどにその理由を求めることができよう。

手続の適正さの内容としては，一般に告知と聴聞を受ける権利があげられているが，「告知と聴聞」とは，一般に「公権力が国民に刑罰その他の不利益を科す場合には，当事者にあらかじめその内容を告知し，当事者に弁解と防禦の機会を与えなければならない」ことをさすと解されている（芦部・223 頁）。本件で問題とされたのは，この事前の「告知と聴聞」の手続が本件使用禁止処分等にも必要とされるか否かである。

(3) **事前手続に関する 3 つの判例**

このような事前の「告知と聴聞」手続が必要かという点についての最高裁の判例としては，3 つあげられる。まず最高裁は，関税法 118 条 1 項違反未遂で有罪となり付加刑として貨物等の没収が科された事件（最大判昭和 37・11・28 刑集 16 巻 11 号 1593 頁）で，「第三者の所有物の没収は，被告人に対する附加刑として言い渡され，その刑事処分の効果が第三者に及ぶものであるから，所有物を没収せられる第三者についても，告知，弁解，防禦の機会を与えることが必

要であって，これなくして第三者の所有物を没収することは，適正な法律手続によらないで，財産権を侵害する制裁を科するに外ならない」とした。

また，刑法197条の4（昭和33年法律107号による改正前のもの）により第三者に追徴を命ずることは，憲法31条，29条に違反するかが争われた事件（最大判昭和40・4・28刑集19巻3号203頁）で，最高裁は，「第三者に対する追徴は，被告人に対する刑と共に言渡されるものであるが，没収に代わる処分として直接に第三者に対し一定額の金員の納付を命ずるものであるから，当該第三者に対し告知せず，弁解，防禦の機会を与えないで追徴を命ずることは，適正な法律手続によらないで財産権を侵害する制裁を科するものであって」，憲法29条1項，31条に違反するとした。

さらに非訟事件手続法による過料の裁判は，憲法31条に違反するか否かが争われた事件（最大決昭和41・12・27民集20巻10号2279頁）で，最高裁は，同法が「原則として，過料の裁判をする前に当事者（過料に処せられるべき者）の陳述を聴くべきものとし，当事者に告知・弁解・防御の機会を与えており（同法〔非訟〕207条2項），例外的に当事者の陳述を聴くことなく過料の裁判をする場合においても，当事者から異議の申立てがあれば，右の裁判はその効力を失い，その陳述を聴いたうえ改めて裁判をしなければならないことにしている（同法〔非訟〕208条ノ2）」ことなどをあげて，憲法31条に違反しないとした。

これらの最高裁の判例は，刑法上主刑に付加して科される没収やそれにかわる処分としての追徴，また実質上刑罰としての性格が指摘される秩序罰としての過料に関するものであり，「刑罰の性質を有しない，純然たる行政処分について，正面から取り上げて判断し

た事例」ではなかった（飯村・後掲⑤37頁）。これに対し，本判決は，憲法31条の適正手続の保障が典型的な行政手続にも及ぶのかについて，正面から判断を下したものである。

4 行政手続にも適正手続の保障が及ぶのか

(1) 学説は及ぶと解している

憲法31条は，直接には刑事手続にかかわるものであるが，行政手続のなかには，刑事手続に準ずるようなものが存在する。たとえば，刑事手続に準じる行政手続としては，税務調査などの行政調査のための事業所等への立入り，少年法による保護処分，伝染病予防法による強制収容などの即時強制があり，それらに加えて行政処分の前提としてなされる行政調査のなかでも，実力強制調査や行政上の制裁をともなう間接強制調査などが，適正手続の保障や令状主義（憲35条）との関係で問題となりうる。

このような行政手続に憲法の保障が及ぶのかについて，最高裁は，すでに1970年代に川崎民商事件判決（最大判昭和47・11・22刑集26巻9号554頁）で，憲法35条，38条に関する限り，それが行政手続に及ぶことを原則的に認めていた（芦部・224頁）。しかし，典型的な行政処分に適正手続の保障が及ぶのかについては，本判決に至るまで判断が示されてこなかった。

学説は，適正手続の保障が行政手続にも及ぶかという点については，手続的人権保障の観点から及ぶと解するものが多いが，その場合に根拠をどこに求めるのかについて，大きく憲法31条と解する説（憲法31条説）と憲法13条とする説（憲法13条説）に分かれる。31条説には，さらに，憲法31条が刑事手続に強く要求する適正さを，行政手続の場合にも修正する形で適用できると説く説（適用説）

と，そのような行政手続における修正は，結局刑事手続にも跳ね返ることになるから，憲法31条は行政手続に適用されるのではなく，準用ないし類推適用されると解すべきであるとする説（準用説）がある。

これまでの通説的見解である準用説については，憲法31条の行政手続への準用ないし類推適用を説くその憲法上の根拠が明確ではないという指摘がみられる。これに対し，13条説は，憲法31条の表現が刑事手続に関するものであることや，修正14条がアメリカでは新しい人権の根拠となっており，修正14条に相当する憲法13条が実体的な人権の一般規定であるにとどまらず，手続的人権の一般規定でもあるとして，行政手続の適正さについてもその憲法上の根拠となるとする。

ただ，13条説に対しては，憲法上の根拠としての憲法13条の抽象的性格が指摘しうる。そこで，13条説のなかにも憲法13条を根拠としてあげる一方，憲法31条，35条，38条などは行政手続でも同種の問題が生じるので，それら条文を参照する価値があるとして，準用説と近接する理解を示す立場も存在する。また，準用説の立場から行政手続に適正さが要求される根拠としては憲法13条をあげつつ，憲法13条の抽象的性格を理由に，行政手続の適正さの具体的な内容を考える際には憲法31条の準用を説くとする見解もみられる。

さらに，園部逸夫裁判官の補足意見のように，その根拠として，「法治主義の原理（手続的法治国の原理）」などをあげる立場もみられる。

(2) **本判決をどのように理解するか**

いま述べたように，適正手続の保障について学説の示す根拠は多

様である。本判決は，この点について，①行政手続が刑事手続ではないという理由のみで，当然に憲法 31 条の保障の枠外と判断すべきではなく，②ただ，憲法 31 条が及ぶと解すべき場合でも，行政手続の刑事手続との性質の相違，またその多種多様さから，事前の告知，弁解，防御の機会を与えるか否かは，行政処分で制限を受ける権利利益の内容，性質，制限の程度，行政処分で達成しようとする公益の内容，程度，緊急性等を総合較量して決定すべきであるとして，本件原告の使用禁止命令が違憲であるとの主張を退けた。

この判示の意味について，②の限定つきで憲法 31 条の行政手続への適用ないし準用を真正面から認めたと積極的に解する学説（芦部・224 頁）がある一方，②の限定を重視して，本判決は一般論としては憲法 31 条が行政手続にも及ぶことを認めたものの，憲法 31 条が行政手続に適用ないし準用されることについて明言を避けたものと解する学説（野中ほか憲法Ⅰ・397 頁〔高橋和之執筆〕）も存在する。そのほか，「本件事実においては憲法 31 条の趣旨に沿った手続的保障を受けるような場合に当たらないことを，先行的に判断できたために，行政手続に憲法 31 条の趣旨が適用されるかについて，一般論の形式で述べることを避けたもの」（飯村・後掲⑤ 37 頁）とする見方も存在する。

このような理解の多様性，とくに学説の対立が生じる理由は，本判決がさまざまな条件をつけるなどいわば歯切れの悪さを示していることにあるともいえるが，それはそもそも違憲審査の方法として総合較量をとったことに起因するとみることができる。総合較量という審査方法のために，憲法 31 条が行政手続について，どの範囲まであるいはどの程度まで及ぶかが明らかではなく，その審査の厳格さの程度も不明瞭なものとなっている（渋谷・後掲① 109 頁）。実

際，最高裁は，成田空港建設事業の土地収用法にもとづく事業認定が憲法31条に反しないかという点について，それが反しないことは本判決の趣旨に徴して明らかであるとして，簡単に処理している（最判平成15・12・4判時1848号66頁）。

この点で，本判決での可部恒雄裁判官の補足意見は，本件処分について，集会の自由に言及せず単に財産権制限ととらえ，その特殊性，限定性を強調して合憲の結論を導いている点に批判はあるが（手島孝・百選Ⅱ233頁），積極説の立場に立ち，その根拠についてこれまでの判例との整合性をふまえた議論を示して結論を導いている点で注目される。可部恒雄裁判官の補足意見があげる先例は，前述の非訟事件手続法のもとでの実質的に行政処分としての性質を有する過料の裁判が適正な手続によるもので，憲法31条に違反しないとした事件と川崎民商事件の判決である。

川崎民商事件では，旧所得税法上の質問検査が令状主義を定める憲法35条1項，さらに黙秘権を保障する憲法38条1項に違反しないかが争われた。最高裁は，結論においては質問検査を合憲としたものの，憲法35条1項および憲法38条1項が行政手続にも原則的に及ぶとし，とくに黙秘権の保障は「実質上，刑事責任追及のための資料の取得収集に直接結びつく作用を一般的に有する手続には，ひとしく及ぶもの」と判示した。また，最高裁は，道路運送法6条のもとでの免許申請許否手続の違法性が争われた事件（最判昭和46・10・28民集25巻7号1037頁）で，憲法13条，31条が実体的および手続的人権保障を要請するとした東京地裁の判決（東京地判昭和38・9・18行集14巻9号1666頁）を，法律解釈の枠内であるが実質的に維持した判断を示したこともある。

憲法31条が原則として行政手続に適用ないし準用されるとした

立場によるなら，事前の「告知と聴聞」を受ける機会の保障が行政手続にも及ぶと解されることになる。もっとも，その保障の範囲については，適正手続が憲法上要請される理由をどのように考えるかによってかわりうることになる（佐藤・464頁）。その点で園部逸夫裁判官の補足意見が，行政庁による不利益処分について，「法律上，原則として，適正な事前手続の規定を置くことが必要である」としているように，あらかじめ憲法31条の保障の及ぶ行政処分の範囲を確定してとらえる立場と，行政手続の性質等によって柔軟に解そうとする立場がありうる。これらいずれの立場によるにせよ，憲法31条の保障が行政手続に及ぶ範囲の広狭は，例外をどのような場合に認めるかにかかっている。この点で，いわゆる「象のオリ」事件判決（最判平成15・11・27民集57巻10号1665頁）が，具体的な判断では緩やかな違憲審査を行っていることに批判はあるものの，ここで扱った成田新法事件判決で明らかにされた，行政手続にも憲法31条の保障が及ぶが，ただ「告知と聴聞」の機会を付与すべきか否かは，諸般の要素を総合較量して判断すべきであるとする法理を，「行政処分による権利利益の制限の場合に限られるものではなく，広く行政手続」にひろげたことの影響が今後注目される。

5 行政手続法の成立によってもなお検討すべき点がある

本判決は，憲法31条の保障が典型的な行政手続に及ぶのかについて正面から論じたものであるが，平成5年に制定された行政手続法は，行政庁が不利益処分（行手2条4号）をしようとするときには，原則として当該不利益処分の名宛人となる者に対して，事前に「聴聞」あるいは「弁明の機会の付与」の手続をとることを求める（行手13条）という形で，「告知と聴聞」の機会の保障を法律レベル

で保障している。この行政手続法の制定によって、憲法31条の行政手続に対する権利保護の要請は、かなりの部分が実現されることになり、これまでよりも憲法上の議論の必要性は少なくなった。しかし、なお、同法3条、4条の適用除外条項が広範すぎるとの批判や「(手続に関し)他の法律に特別の定めがある場合は、その定めるところによる」(行手1条2項)として個別法による適用除外を認めていることなどから、憲法上の適正手続の要請が語られる場面が予想される。

成田新法についても、同法8条は、同法3条1項の使用禁止命令について、行政手続法第3章の事前の告知、聴聞に関する規定を適用しないとしており、その点で、適用除外とする理由について、「高度の緊急性かつ必要性」の有無が、本件の具体的な検討を踏まえて再度検討されることが必要となろう。

類　　題

国立大学の女子学生Yは、指導を受けていた同大学助教授Xにより、心的、精神的混乱に乗じて性交渉に至る関係を強要されたとして、大学のセクシュアル・ハラスメント防止・対策委員会あてに苦情の申立てを行った。この申立てを受けて委員会内に設置された専門委員会は、約2か月にわたる調査・検討を行い、委員会に報告書を提出した。そして、同大学の教授会は、大学評議会に対して、原告につき教育公務員特例法の規定にもとづく審査を依頼した。大学評議会は、これを受けてXに対し、審査事由説明書を交付した。Xは、大学評議会に対し、X、Xの妻Aおよび弁護士Bの陳述を希望し、陳述を行い、またXは、陳述書を提出した。評議会に設

置された審査評議会委員会は，事実関係の審理等を行った上，調査報告書を評議会に提出した。これを受けて，大学評議会は X を 6 か月間の停職処分（以下，「本件処分」という）に付することに決定した。そして，大学総長は，本件処分を発令し，懲戒処分書および処分説明書を原告に交付した。これに対し，X は，本件処分に至る手続の過程，とりわけセクシュアル・ハラスメント対策専門委員会による調査手続の過程で，告知，弁解，防御の機会を実質的に付与されなかったとして，本件処分は憲法 31 条に反し無効であるとして訴えを提起した。X の主張は認められるか。

参考文献

① 渋谷秀樹「『成田新法』の合憲性——成田新法訴訟最高裁判決」法教 148 号（1993 年）108 頁
② 千葉勝美「成田新法に基づく工作物使用禁止命令取消等請求事件最高裁大法廷判決」ジュリ 1009 号（1992 年）33 頁
③ 野中俊彦「『成田新法』訴訟大法廷判決について」ジュリ 1009 号（1992 年）27 頁
④ 田村和之「最新判例批評」判評 411 号（1993 年）164 頁
⑤ 飯村敏明「いわゆる成田新法に基づく工作物等使用禁止命令取消等請求事件」法律のひろば 45 号（1992 年）32 頁
⑥ 寺田熊雄「成田新法違憲訴訟大法廷判決批評」法時 65 巻 2 号（1993 年）6 頁
⑦ 一瀬敬一郎「成田治安法による基本的人権侵害の違憲性」法セミ 449 号（1992 年）26 頁
⑧ 渡辺久丸「判例批評」民商 108 巻 4・5 号（1993 年）234 頁

15 裁判の公開

事　　案

　米国ワシントン州の弁護士である上告人（L.レペタ氏）は，国際交流基金の特別研究員として日本の証券市場およびこれに対する法的規制の研究に従事しており，右研究の一環として，東京地裁における所得税法違反被告事件の公判を傍聴した。上告人は各公判期日に先立ち傍聴席でのメモ採取を求めたが裁判長が許さなかったので，裁判長の右措置は，憲法21条および国際人権規約B規約19条，および憲法14条，82条等に違反するとして国家賠償法にもとづき損害賠償訴訟を提起したが，第1審・第2審とも敗訴したため，レペタ氏はこれを不服として上告した。最高裁（最大判平成元・3・8民集43巻2号89頁）は，「裁判の公開が制度として保障されていることに伴い，傍聴人は法廷における裁判を見聞することができるのであるから，傍聴人が法廷においてメモを取ることは，その見聞する裁判を認識，記憶するためになされているものである限り，尊重に値し，故なく妨げられてはならない」とする。もっとも，「各人が裁判所に対して傍聴することを権利として要求できることまでを認めたものでない」し，もとより，「傍聴人に対して法廷においてメモを取ることを権利として保障しているものではない」から，「メモを取る行為がいささかでも法廷における公正かつ円滑な訴訟の運営を妨げる場合には，それが制限又は禁止されるべきことは当

然」と判示している。この大法廷判決によって，裁判の公開は制度として保障されたもので「傍聴の権利性」は認められないとされたのである。

裁判の公開が争点となった事件は，レペタ事件の他には，刑事訴訟確定記録の閲覧についての判決（最判平成 2・2・16 判時 1340 号 145 頁），裁判官に対する懲戒の裁判（分限事件）を非公開で行うことは憲法 82 条 1 項に違反しないとした寺西判事補事件（最大決平成 10・12・1 民集 52 巻 9 号 1761 頁）が目につく程度である。しかし，このことは裁判の公開に問題点が少ないということを意味しない。たとえば，「営業秘密の保護」のために訴訟を提起しても，裁判の公開により「秘密」が明らかになるから訴訟を提起した意味がなくなるかもしれない。この結果，訴訟が提起されないとすれば，裁判を受ける権利は侵害されているのではないか，と批判がされよう。またこの点と関連し，憲法 82 条のもとで非公開審理は認められるのか，という問題も浮かび上がってくる。

Point

① 「裁判の公開」原則の目的は何か。また，この原則の例外および不適用事例にはどういうものがあるか。
② 非公開審理の可能性を解釈論によってひろげることは可能か。
③ 平成 16 年制定の人事訴訟法が定める「当事者尋問等の公開停止」は憲法 82 条から問題はないか。

解　説

1 「裁判の公開」原則の目的は何か。また，この原則の例外および不適用事例にはどういうものがあるか

(1) 「裁判の公開」の目的

憲法 82 条 1 項は「裁判の対審及び判決は，公開法廷でこれを行ふ」と定める。ここで「対審」とは民事訴訟における口頭弁論，刑事訴訟における公判手続を意味し，裁判官の面前で当事者が口頭でそれぞれの主張を行うことと解されている。また「公開」とは当事者公開ではなく一般公開の意味であり，裁判の傍聴の自由を一般に認めることである。

このような裁判の公開の原則の目的について，「裁判を一般に公開して裁判が適正に行われることを制度として保障し，ひいては裁判官に対する国民の信頼を確保する」ことにあると最高裁（前掲最判平成元・3・8）は判示している。三井誠教授はそれに加え，刑事裁判について，「犯罪の一般予防的な効果をもたらす」点をあげている（三井・後掲①343 頁）。最近では，憲法 21 条との結びつきから国政情報へのアクセス権の一環としての「裁判の公開」という見方が出されるほか（奥平康弘『憲法Ⅲ』（有斐閣，1993 年）345 頁），訴訟の当事者の背後にいるさまざまな利害関係者にとって，また国民全体の正当な関心事に属する事件については国民全体にとって，裁判の公開が「適正手続」としての意味を持つ（棟居快行『憲法講義案Ⅰ〔第 2 版〕』（信山社，1995 年）162 頁）という見解もある。

(2) 民事訴訟手続および刑事訴訟手続における「裁判の公開」の保障レベル

憲法は 82 条 1 項で公開裁判の原則を定め，同条 2 項で対審について「裁判所が，裁判官の全員一致で，公の秩序又は善良の風俗を

害する虞があると決した」ときには公開しないで行うことができると「例外」を定める。その上で、「憲法第3章で保障する国民の権利が問題になってゐる事件」は常に公開しなければならないと、「例外」があてはまらない事件を設定する（憲82条2項但書）。そうすると、「憲法第3章で保障する国民の権利が問題になってゐる事件」の解釈は重要な意味を持ってくるであろう。というのは、これを広く解した場合、多くの裁判に絶対的公開が必要とされるからである。これについては、「『政治犯罪、出版に関する犯罪』の語との関連から『国民の権利が問題となってゐる事件』は刑事事件に限られる」（三井・後掲① 345頁）と解することで、憲法学においても一致をみている。

このように、憲法82条2項但書は刑事事件について絶対的公開事由を定めるのであるから、民事訴訟手続に比し刑事訴訟手続については「裁判の公開」原則を厳格にとらえる必要がある。加えて、憲法は刑事訴訟手続にのみかかわる「被告人の公開裁判を受ける権利」を規定している（憲37条1項）。したがって、公開裁判を受ける権利を被告人は放棄できるかについて、被告人が希望しても非公開にはできないことは明らかである（三井・後掲① 347頁）。また、公開原則違反は絶対的控訴理由（刑訴377条3号）、および絶対的上告理由（刑訴405条1号）となるので、公開停止の判断は慎重にされねばならない。以上見たように、刑事訴訟手続では「裁判の公開」原則は民事訴訟手続に比し厳格に解されているのである。

(3) **裁判官分限事件の審問手続は憲法82条「公開原則」に反しないか**

寺西判事補事件においては、「組織的犯罪対策法案」に反対する市民集会にパネリストとして参加することが、裁判官に禁止されている「積極的に政治運動をすること」（裁52条1項）に該当するか

どうかが争われた。仙台高裁は裁判所法 49 条所定の職務上の義務違反を理由に寺西判事補を懲戒処分（戒告）に付す決定を行ったところ，これに対し，寺西判事補が最高裁に即時抗告を申し立てたが，最高裁は大法廷で審理し右抗告を棄却したのである（最大決平成 10・12・1 民集 52 巻 9 号 1761 頁）。

最高裁は，憲法 82 条 1 項にいう「裁判」とは，現行法が裁判所の権限に属するものとしている事件について裁判所が裁判という形式を持ってする判断作用ないし法律行為のすべてを指すのではなく，そのうちの固有の意味における司法権の作用に属するもの，すなわち，裁判所が当事者の意思いかんにかかわらず終局的に事実を確定し当事者の主張する実体的権利義務の存否を確定することを目的とする純然たる訴訟事件についての裁判のみを指す（最大判昭和 45・6・24 民集 24 巻 6 号 610 頁参照）と判示する。そして，「裁判官に対する懲戒は，裁判所が裁判という形式をもってすることとされているが，一般の公務員に対する懲戒と同様，その実質においては裁判官に対する行政処分の性質を有する」のであるから，「裁判官に対する懲戒を課する作用は，固有の意味における司法権の作用ではなく，懲戒の裁判は，純然たる訴訟事件についての裁判に当たらないことが明らか」であり，「分限事件については憲法 82 条 1 項の適用はない」と判示している。

(4) 裁判官分限事件における訴訟事件と非訟事件の区分

上記最高裁大法廷決定（前掲最大決平成 10・12・1）は，純然たる訴訟事件では憲法 82 条 2 項列挙の例外的非公開事由に該当するか否かの判断しか認められず，一方，非訟事件については「公開・対審」という手続保障は及ばないとする最高裁判例（最大決昭和 35・7・6 民集 14 巻 9 号 1657 頁）に依拠している。この訴訟非訟二分論

に対しては,「純然たる訴訟事件」という基準が明確でなく,立法政策によって訴訟事件が非訟事件に移されることも多いことから,事件の性質と内容に相応した適正な手続の保障を有する審理方式を考えていこうとする立場が学説では支配的である。

それによれば,非訟事件でも事案に応じて何らかの手続を保障することが主張される。寺西判事補事件(前掲最大決平成 10・12・1)における尾崎行信判事の反対意見は(河合伸一判事および元原利文判事も同旨),この学説の動向と軌を一にし,多数意見による訴訟非訟二分論の画一的あてはめを批判し,「裁判所の行う懲戒の裁判が行政処分の実質を有することにかんがみると」,非訟事件手続法に従ってとられた手続で本件事件を処理することは,「上級行政機関の行う再審査手続と大差がなく,行政機関が終審として裁判を行うことを禁ずる憲法 76 条 2 項の趣旨に反する」ことになると同時に,「懲戒事由の有無,懲戒権の存否など訴訟事件として判断さるべき事案につき適正手続下の公正な裁判を受ける権利(憲法 32 条)を行使し得なかったこととなる」と述べている。

2 非公開審理の可能性を解釈論によってひろげることは可能か

(1) 対審の非公開はどのような場合に認められるか

「公の秩序又は善良の風俗を害する虞」がある場合に裁判官の全員一致で対審を公開しないで行うことができる(憲 82 条),とすれば,「公の秩序又は善良の風俗」の意味が問題になる。これについては,「安寧秩序又ハ風俗ヲ害スルノ虞アルトキハ」対審の公開を停止するとした明治憲法 59 条と違わないと解されてきた。つまり,「対審」の公開によって,「公衆を直接に騒擾その他の犯罪の実行にあおるおそれがある場合」とか,「わいせつその他の理由で一般の

習俗上の見地から公衆にいちじるしく不快の念を与えるおそれがある場合」(宮沢・後掲② 700 頁) がそれにあたるのである。

ところで明治憲法 59 条と日本国憲法 82 条とを比べた場合, 前者には 82 条 2 項但書の絶対的公開事由が欠けており, また, 後者は前者と異なり非公開決定について「裁判官全員一致」を要件としている点に違いがみられる。よく知られているように, 明治憲法下では,「大逆事件」(1911 年) や「ゾルゲ事件」(1943 年) 等において公開停止とされたことの反省から, 対審の非公開には厳格な要件が付されたのである (三井・後掲① 345 頁, 笹田・後掲③ 28 頁以下)。

(2) 解釈論により, 非公開審理の可能性はひろげられるか

非公開審理の可能性をひろげようとするものとして, (a)「公の秩序」の意味を広義に解する方法が考えられる。その例として,「営業秘密」を差止請求権をも内包する権利として憲法 29 条の財産権として承認されたものと解し, それを公序の内容と解する考え方がある (伊藤・後掲④ 83 頁)。つぎに, (b)憲法 32 条を主体に考え, 82 条をその手段的・制度的担保とすることにより,「公の秩序又は善良の風俗」を例示的列挙と解することも可能とみるもの (佐藤・後掲⑤ 318 頁), そして(c)憲法 32 条は手続的デュー・プロセスの権利の一要素として「実効的な救済を求める権利」を内包するものと理解する立場から, 裁判を公開にすることが実効的な救済を不可能にする場合, 原告は非公開審理を求める権利を主張しうるとするもの (松井・後掲⑥ 254 頁) がある。また(c)説は, 憲法 32 条と 82 条を切断することから, 非公開のために裁判官の全員一致の決定は必要なく, 絶対的非公開事由の制限も及ばないとする。

(a)説については従来の「公序」理解との接合が難しい。「営業秘密の保護」, さらに「プライバシーの保護」までも「公序」に含め

ることは、疑問が残る。つぎに、(b)説のように、「裁判を受ける権利」の保障のための手段的・制度的担保と82条をみるとしても、そこにはおのずと限界がある。たしかに、審理の公開により裁判を受ける権利の意味が失われることはありうるから、憲法32条と82条2項の緊張関係は重要な意味を持つが、その調整にあたっては、憲法32条対憲法82条2項という構図に、憲法32条が実現・確保しようとする法益がはめ込まれねばならない。最後に(c)説については、憲法32条と82条を切断する点が受け入れがたいであろう（この説のその他の問題点については、笹田・後掲③126頁以下参照）。

(3) 非公開審理を導くもう1つの考え方

((a)説の示唆を受けて）営業の秘密を差止請求権を内包する権利としての財産権と構成し、その訴訟での実現を裁判を受ける権利が非公開審理という形で保障するという枠組みが考えられないか。この考え方は財産権を公序と結び付けることなく、(b)説のように例示説的理解に立ちつつ、憲法32条を組み込むことにより非公開を認容する基準を絞り込むことを意図する。ここで限定を付す必要があるのは、憲法29条が保護する個々の財産権とは何かについて、「法律が創出したもろもろの財産権の形態を単純に羅列することをもって答えとなさざるを得ない」し（安念潤司「憲法が財産権を保障することの意味」長谷部編著『リーディングズ現代の憲法』（日本評論社、1995年）142頁）、また、営業の秘密は、「物品の製造、加工、処理等に関する技術上の情報」、そして「原材料の入手、原価、顧客リスト等の販売に関する情報」（仙元隆一郎『特許法講義〔第4版〕』（悠々社、2003年）4頁）という広範なものだからである。

さらに、「公序を害するおそれ」と比較しうるケースを考えれば、営業秘密が裁判の公開で明らかになることによって、損害賠償請求

では到底カバーできず，以後の企業活動に重大な影響を持つというようなケースが考えられよう（大阪高決昭和 48・7・12 判時 737 号 49 頁参照）。「侵害利益の重大性」そして「著しく回復困難な損害であること」を非公開の要件として検討する余地はあると思われる。

3 平成 16 年制定の人事訴訟法が定める「当事者尋問等の公開停止」は憲法 82 条から問題はないか

(1) 人事訴訟法 22 条によって導入された非公開審理手続

　人事訴訟の目的は人の基本的な身分関係の確認および形成に求められる。これまでは人事訴訟事件の審理は公開原則によるものとされていたが，人事訴訟法によって後述の 2 要件を満たす場合に公開停止が裁判官の全員一致により可能となった。これは，人事訴訟において，「極めて高度の私的秘密にかかわる事項等について陳述を求められることがあり，これを回避したいがため訴訟の提起を躊躇したり，不合理な協議に応ぜざるを得ないことがある」という事情をふまえてのことと説明されている（石田敏明編『新人事訴訟法——重点解説と Q & A』（新日本法規，2004 年）94 頁）。

　そこで，2 つの要件とは何かが問題になる。第 1 の要件は，「当事者等又は証人が公開の法廷で当該事項について陳述をすることにより社会生活を営むのに著しい支障を生ずることが明らかであることから当該事項について十分な陳述をすることができ」ない場合である（人訴 22 条）。具体的には，「夫婦間の著しく異常な性生活といったものや，養子が養親から著しい性的虐待をうけていたこと」が考えられよう（高橋宏志・高田裕成編『新しい人事訴訟法と家庭裁判所実務（ジュリスト臨時増刊 1259 号）』（有斐閣，2003 年）66 頁〔小野瀬法務省民事局参事官発言〕）。第 2 の要件は，「当該陳述を欠くことにより

他の証拠のみによっては当該身分関係の形成又は存否の確認のための適正な裁判をすることができない」(人訴22条)場合である。人事訴訟においては「とりわけ実体的真実の発見が要請される」ことから(石田・前掲95頁)、この第2の要件がでてくる。

この2つの要件がともに充足されることを裁判官が全員一致で認めた場合に、職権によって公開停止を決定する。なお、裁判所は決定にあたり、「あらかじめ、当事者等及び証人の意見を聴かなければならない」(人訴22条2項)が、これは、当事者らに公開停止の申立権を認めたものではないし、また、当事者らが一致して公開停止を望んでもそれに裁判所が拘束されるものではない。当事者らの意見はあくまで裁判所の判断上の一資料なのである。

(2) **人事訴訟法22条は憲法82条からどう評価されるか**

人事訴訟事件は純然たる訴訟事件に該当することから「公開・対審」が一般に求められ、例外的に非公開事由に当るかどうかの判断がなされる。それでは、「夫婦間の著しく異常な性生活」、あるいは、「養子が養親から著しい性的虐待をうけていたこと」が法廷で明らかになることは非公開事由に当ると考えられるであろうか。この点についてはこれまで判例上も実例に乏しく、ほとんど議論の進展がない。たしかに裁判所法70条は公開を停止する手続を定めているが、それは、憲法82条2項以上に非公開事由について具体化したものではない。公開停止についての従来の法的枠組みは非公開事由を具体化しておらず、さらに停止手続自体が明確でなかったため、今回の改正によって実務的には使い勝手がよくなることはたしかであろう。しかし問題は憲法の観点からどうみるかということである。

人事訴訟法22条が憲法82条の適用範囲を制限することは憲法上許されない。したがって人事訴訟法22条は憲法82条「公序」の枠

内にとどまるものであり，ただ実体的および手続的に憲法82条を具体化した，という説明が立案担当者からされている。つまり，「裁判を公開することによって，現に誤った身分関係の形成等が行われるおそれがある場合は，憲法82条2項にいう『公の秩序……を害する虞がある』場合に該当すると解することで，何とか憲法の認める範囲内で，公開停止の規定を置く」ことができるというのである（小野瀬・前掲63頁）。

身分秩序の適正な形成・確認が「公の秩序」に含まれるとすることは，従来の「公序」理解とはズレがある。たしかに公開審理の停止についての最高裁判例が十分でないことから立案にあたり「公序」に引きつけたことは理解できないではないが，このように身分秩序を公序とすることは言葉のうえからは戦前の家族制度を想起させないか，という懸念は残る（佐藤幸治「『公開裁判原則』再論」藤田宙靖・高橋和之編『憲法論集』（創文社，2004年）242頁）。それでは，非公開審理許容のための第2の要件である「当該陳述を欠くことにより他の証拠のみによっては当該身分関係の形成又は存否の確認のための適正な裁判をすることができない」から，適正な裁判の確保を「公の秩序」と解する途はどうであろうか。これについては，「公序」は民事刑事双方の裁判手続に妥当する概念であるから刑事裁判手続について検討の必要がある。そうすると，刑事裁判手続における非公開審理の拡張の根拠として「公序＝適正な裁判の確保」を持ち出すことは，適正な刑事裁判の重要な要素として公開裁判がこれまで理解されてきたことを考えれば，相当難しいのではなかろうか。

人事訴訟法による「公序」の拡大は適切とは思わないが，それを違憲とまでいうことはできないであろう。ただ，この問題について

は，当事者のプライバシーにかかわる重大な利益が裁判の公開によって侵害される可能性が高いのであるから，**2**(3)でみたように，「侵害利益の重大性」そして「著しく回復困難な損害であること」を非公開の要件とする方法も検討の余地があると思うのだが，どうだろう。

類　題

少年事件の審判手続について非公開を定める少年法22条2項は憲法82条に違反しないか。

参考文献

① 三井誠『刑事手続法Ⅱ』（有斐閣，2003年）340頁
② 宮沢俊義（芦部信喜補訂）『全訂日本国憲法』（日本評論社，1978年）700頁
③ 笹田栄司『裁判制度』（信山社，1997年）119頁
④ 伊藤眞「営業秘密の保護と審理の公開原則(下)」ジュリ1031号（1999年）77頁
⑤ 佐藤幸治「公開裁判原則と現代社会」佐藤幸治・中村睦男・野中俊彦『ファンダメンタル憲法』（有斐閣，1994年）307頁
⑥ 松井茂記『裁判を受ける権利』（日本評論社，1993年）242頁

Coffee Break ⑪

上告制限

　日本の裁判制度は基本的には地裁，高裁，最高裁という構成です。訴訟を提起する側からすると3回は裁判を受けることができますが，あらゆる事件が最高裁にやってくると最高裁の負担が重くなります（上告の多くは最高裁の本来の仕事ではない下級審の事実認定などについての不満が原因といわれています）。そこで新民事訴訟法（平成10年施行）は上告制限を導入し，単なる法令違反を上告理由としていた点を改め，法令の解釈に関する「重要な事項」を含むと最高裁が認めたものだけに限定したのです（憲法違反が上告理由の場合はこれまで通りです）。上告不受理とする場合，最高裁は簡単な理由を書けばよく，かなりの負担の軽減が見込まれました。ところで平成16年の最高裁の負担をみると，裁判官1人が主任として事件を処理する数は年間471件で，上告制限がはじまる前の昭和48年（291件）より相当増えているのですね。件数だけで負担をみることはできませんが，手続の改革だけでは不十分で裁判所という組織の改革も必要な時期にきているのかもしれません。　　(S)

第4章
権利の実現

16 投票価値の平等——議員定数訴訟

事　案

　平成6年に政治改革にともなう選挙制度の改革が行われ，衆議院の選挙制度は，それまでの中選挙区制度から小選挙区比例代表並立制度へと移行した。しかし，現在でも小選挙区の区割問題や比例代表のブロック間の定数の不均衡問題などの形で，投票価値の平等の意味が問われている。それは，同様な選挙制度をとる参議院の場合についてもあてはまる。

　本件は，昭和47年12月10日に行われた衆議院議員選挙について，千葉1区の選挙人Aが起した議員定数是正訴訟（以下，定数訴訟という）である。定数訴訟は，本判決をターニング・ポイントとして，選挙制度の改革後も投票価値の平等にかかわって今日まで長く重要な憲法問題として争われてきた。

　ところで，本件のかかわる昭和47年の総選挙は，当時の公職選挙法別表第1・同法付則7項ないし9項による議員定数配分規定に従って実施されたが，その規定では，各選挙区間の議員1人あたりの有権者数分布差比率が，最小の選挙区と最大の選挙区で最大4.99対1に開いていた。そこで，Aは，このような較差は住所（選挙区）のいかんによって投票価値を差別するものであり，憲法14条1項に違反するとして，公職選挙法204条にもとづき，千葉県選挙管理委員会を相手取って選挙を無効とする判決を求めて提訴

した。

この訴えに対して，第1審の東京高裁は，昭和39年の参議院の定数訴訟判決（最大判昭和39・2・5民集18巻2号270頁）に従って，投票価値の不平等はいまだ容認できない段階にいたっているといえないとして，請求を棄却した（東京高判昭和49・4・30行集25巻4号356頁）。そこで，Aが上告した。

上告審で最高裁は，つぎのように述べて原判決を破棄した上で，Aの請求を棄却し，本件選挙は無効でないが違法であると宣言する判決（以下，本判決という）を下した（最大判昭和51・4・14民集30巻3号223頁）。本判決は，まず，選挙権の平等の意味について，憲法は単に選挙人資格の平等にとどまらず，「選挙権の内容，すなわち各選挙人の投票の価値の平等」を要求しているとした。そして，ここでいう投票の価値の平等とは，各投票が選挙の結果に及ぼす影響力を意味しているとした。

つぎに，投票価値の平等が唯一の基準ではなく，選挙制度の決定については立法裁量が認められるとした上で，投票価値の平等の侵害を判断する基準について，「具体的に決定された選挙区割と議員定数の配分の下における選挙人の投票価値の不平等が，国会において通常考慮しうる諸般の要素をしんしゃくしてもなお，一般的に合理性を有するものとはとうてい考えられない程度に達しているとき」には，国会の合理的裁量の限界を超えるものとして，「不平等を正当化すべき特段の理由が示されない限り，憲法違反」となることを明らかにした。

それでは，具体的には投票価値の不平等がどの程度になれば違憲と判断されるのか。この点について，本判決は，本件選挙時の投票価値の不平等は約5対1にまで開いており，合理性を欠き正当化す

ることのできる特段の理由もないから憲法の選挙権の平等の要求に反するとした。しかし，議員定数配分規定が憲法違反となるのは，合理的期間内における是正が憲法上要求されているにもかかわらず行われない場合であるとした。そして，本件選挙当時すでにかなり以前から選挙権の平等の要求に反する状態が存在するなど合理的期間が徒過していると判断し，当該議員定数配分規定の一部ではなく，その全体が違憲の瑕疵を帯びると判示した。

　しかし，本判決は，本件選挙が違憲の議員定数配分規定にもとづいて行われたことを理由に無効としても，直ちに違憲状態が是正されるわけではなく，かえって明らかに憲法の所期しない結果を生ずるから，行政事件訴訟法31条の事情判決の制度にみられる一般的な法の基本原理に従い，「本件選挙は憲法に違反する議員定数配分規定に基づいて行われた点において違法である旨を宣言するにとどめ，選挙自体はこれを無効としない」と判示した。いわゆる事情判決の法理である。

　本判決は，現行の衆議院の選挙制度と異なり，1つの選挙区から3名から5名を選出する中選挙区制であった時代におけるものであるが，現在においても先例として機能している重要な判決である。定数訴訟をめぐる論点はさまざまであるが，ここでは投票価値の平等の意味，立法裁量に対する司法審査，定数訴訟の適法性，選挙の効力を取り上げてみることにする。

Point

① 選挙権の重要性はどこにあるのか。
② 投票価値の平等はどこまで求められるか。

③ 選挙制度についての立法裁量に対する司法審査を考える。
④ 定数訴訟の入口と出口をみる。

解　説

1 選挙権の重要性はどこにあるのか

(1) 選挙権は参政権のなかで重要で中心的である

議員定数訴訟にはいくつもの争点が含まれているが、そのなかの1つとして、国民の国政にかかわる選挙権の平等の意味をめぐる争いがある。この問題が重要であるのはなぜであろうか。それは、選挙権が国民の代表を選出することを通して、国民が国政に間接的にではあるが参加する最も一般的で重要な権利だからである。

国民が政治に参加するというとき、もちろんそれは選挙権の行使という形だけに限らない。国民は、普段の生活のなかで新聞への投書や署名運動・デモ行進などを通じて自らの政治的意見を表明する形で政治に参加することができる。しかし、このような日常的な政治参加と異なり、憲法は、国民が主権者として国政に参加する権利として参政権を保障している。参政権には、選挙権のように代表者を通じて間接的に国政に参加する権利ばかりではなく、国民投票による承認権たとえば憲法改正の国民投票（憲96条1項）や罷免権、たとえば最高裁判所の裁判官に対する国民審査（憲79条2項）の形で直接参加するものも含まれている。

このような参政権のなかで、一番重要で中心的なものが、議員とくに国会議員を選挙する選挙権である。もっとも、憲法15条1項は、公務員を選定することが国民固有の権利であるとしているものの、それはかならずしも公務員すべてを国民が直接に選定すること

を意味してはいない。たとえば,「内閣総理大臣は,国会議員の中から国会の議決で,これを指名」し（憲67条）,天皇が国会の指名に基いて任命する（憲6条）とされている。このようななかで憲法は,国会議員について,「両議院は,全国民を代表する選挙された議員でこれを組織する」と定め（憲43条1項）,国会議員を国民が直接選定することを明らかにし,その選出にあたっては選挙によるとしている。

(2) 平等選挙の原則の中味はどのようなものか

選挙権は,主権者としての国民が議員を選挙する権利であるが,それは具体的には一定の選挙制度のもとで,議員を選出するために行使される。この選挙のあり方について,近代の憲法および選挙法に通じるものとして,5つの基本原則をあげるのが通例となっている。日本国憲法もその例外ではなく,普通選挙（憲15条3項・44条）,平等選挙（憲14条・44条）,秘密選挙（憲15条4項）,直接選挙（憲43条1項）を定めており,強制投票制を禁じる自由選挙について憲法上規定はないが,それを原則としているものと解されている。

これら5つの原則のなかで重要なものが,平等選挙の原則である。平等選挙とは,選挙人の選挙権に平等の価値を認めるものである（野中ほか憲法Ⅱ・16頁〔高見勝利執筆〕）が,憲法は,14条のほかに,44条で「両議院の議員及びその選挙人の資格は,法律でこれを定める。但し,人種,信条,性別,社会的身分,門地,教育,財産又は収入によつて差別してはならない」と定めている。

平等選挙の原則が選挙権の価値の平等を認めるものであるというとき,その意味は時代を経ることによって変化してきている。かつて,平等選挙との対比の対象となった不平等選挙は,特定の選挙人に複数の投票権を持つ者を認める複数選挙制や,納税額の大小によ

って選挙人を順序付けた上で，納税額が等しくなるように高額納税者のクラス（級），つぎのクラスというように選挙人を分類し，それぞれのクラスが議員を独立に選出する等級選挙制であった。このような不平等選挙は，19世紀から20世紀初頭にかけて次第に廃止されるようになり，それにかわって1人の選挙人が1票の投票権を持つとする「1人1票の原則」が憲法上の要請として登場した。わが国ももちろんその例外でなく，憲法の規定を受けて公職選挙法36条は，「投票は，各選挙につき，1人1票に限る」と定めている。そのことは，逆にいえば1人1票はかならず持つことができるということであり，本判決も「元来，選挙権は，国民の国政への参加の機会を保障する基本的権利として，議会制民主主義の根幹をなすものであり，現代民主国家においては，一定の年齢に達した国民のすべてに平等に与えられるべきものとされている」と判示している。

2 投票価値の平等はどこまで求められるか

(1) 等級選挙が禁止される理由はなにか

ところで，平等選挙の原則のもとで複数選挙制が許されないのは，「1人2票」あるいは「1人3票」ということが，数字上明らかに形式的基準である「1人1票」の原則に反するからである。それでは，等級選挙が禁止されるのはどのような理由によるのであろうか。等級選挙では，納税額など経済力を基準として，選挙人がいくつかの等級に分けられる結果，各等級における選挙人の人数は異なることになり，そこに不平等がみられ，したがって等級ないし一種の階級の差別にもとづく投票価値の不平等が問題としてあらわれているということになる。このような等級選挙禁止の理由は，同じ不平等

選挙として憲法上禁じられている複数選挙制と同じなのであろうか。

この点について，本判決は同じものとみている。そのことは，本判決が選挙権の歴史を通じて一貫して追求されてきたものは，「およそ選挙における投票という国民の国政参加の最も基本的な場面においては，国民は原則として完全に同等視されるべく，各自の身体的，精神的又は社会的条件に基づく属性の相違はすべて捨象されるべきであるとする理念である」としていることからも，みてとることができる。この点からいえば，最高裁が，在外国民の投票を衆参両院の比例代表選挙に限るとした公職選挙法の規定の合憲性が争われた事件（最大判平成17・9・14裁時1396号1頁）で，日本国外に居住し国内の市町村の区域内に住所を有しない在外国民の投票を認めないことは，憲法14条1項，15条1項・3項，43条1項，44条ただし書に違反すると判示したことも，社会的条件による属性の相違にもとづく差別として取り扱ったものとして理解できる。

(2) **投票価値の平等の判示の意味のとらえ方**

このような本判決の論理でいけば，定数訴訟についても，選挙区ないし地域による差別にもとづく選挙区間における投票価値の不平等が問題となっているとみること（越山安久「調査官解説」書時31巻8号104頁）もできるように思われるが，本判決は，選挙権の平等が，「更に進んで，選挙権の内容の平等，換言すれば，各選挙人の投票の価値，すなわち各投票が選挙の結果に及ぼす影響力においても平等であることを要求せざるをえない」と判示している。この判示はどのような意味を持つのであろうか。

1つの考え方としては，「各投票が選挙の結果に及ぼす影響力においても平等である」ということは，議会における代表を平等に持つことを意味すると理解することがありうるが，それは比例代表制

の考え方につながる。実際,学説のなかにも,「投票価値の平等」の意味を突き詰めていった場合に,憲法上比例代表制が要請されていると解するものもみられる(安念・後掲②65〜80頁)。はたしてそのように解すべきであろうか。

(3) **憲法は比例代表制を要請しているか**

平等選挙の原則から比例代表制が憲法上要請されるかという点については,これまで学説のなかには望ましい選挙制度として比例代表制をあげる見解はみられたが,深く踏み込んだ議論はなされてこなかった。その理由の1つは,現行制度にかわるまで,衆議院が中選挙区制という多数代表制でありながら,結果的に各政党の議席数と得票率の関係がほぼ比例するという効果を持つ選挙制度によって選挙が行われていたために,投票価値の平等の問題が,もっぱら各選挙区の議員定数を選挙人数との比率に応じていかに配分するかにかかわるものと解されてきたためである(安念・後掲②(2)78頁)。また,通説が,選挙や選挙権の公務性を理由に,選挙制度に関して幅広い立法裁量を認める立場をとってきたことも,もう1つの理由としてあげることができるかもしれない。

そのようななかでは,小選挙区制と比例代表制の並立の形をとる現行の選挙制度にかわっても,比例代表制をめぐる議論がそれほど活発になされてきていないことは不思議ではない。ただ,かつてワイマール憲法のもとで,投票の結果価値の平等が選挙における各選挙人の意思の議会への比例的代表(代表の平等)を中心として論じられ(芦部・後掲⑦38〜39頁),また「〔平等選挙の〕原則は,第一次大戦後に普及した比例代表制度と結びついて,各人の投票が選挙の結果に及ぼす影響力においても等しいものでなければならないと解されるようになった」(野中ほか憲法Ⅱ・18頁〔高見勝利執筆〕)と

いう歴史的経緯を考えると，平等選挙の原則を徹底すれば比例代表制へ行き着くことにならないかが気になるところである。もし，平等選挙の原則の徹底が比例代表制に行き着くことになれば，比例代表制と対極的な多数代表制である小選挙区制を中心とする現行選挙制度の憲法適合性を検討することが必要になるからである。

　この点について，比例代表制に必ずしも行き着くか否かという議論となるわけではないとする見解もみられる。それによれば，定数訴訟は，憲法14条の平等権の侵害ではなく，15条の選挙権そのものに対する侵害として考えるべきであり，そうであるとすれば，現行選挙制度の合憲性は，選挙権に対する制約として許容されるのか否かが判断される必要があり，その観点からすれば，現行の選挙制度さらには小選挙区制についても，比較法的にもまた憲法上も違憲と判断する理由はないとされる（高橋・249頁）。

　もっとも，最高裁は，本判決でみせた選挙制度のあり方について幅広い立法裁量を認める立場をその後も一貫して示している。たとえば，平成11年11月10日の一連の大法廷判決で，衆議院の現行選挙制度全般にわたって合憲判決を下した。それらの判決では，本判決以後の定数訴訟関係の判例を引用して，国会が新たな選挙制度のしくみを採用した場合には，「議員は全国民を代表するものでなければならないという制約」や法の下の平等などの憲法上の要請に反するため，国会の広い裁量権を考慮してもなおその限界を超えており，これを是認することができない場合に，はじめて憲法に反することになると判示した。そして，最高裁は，具体的な選挙制度は国民の利害や意見の公正かつ効果的な国政運営への反映と政治における安定の要請を考慮して，「その国の実情に即して具体的に決定されるべきものであり，そこに論理的に要請される一定不変の形態

が存在」しないとしている。そのような判例のもとでは，平等選挙の原則から比例代表制が導き出されるということは考えにくく，実際比例代表選挙と平等選挙の原則については，「投票価値の平等を損なうところがある」と述べるにとどまっている（最大判平成11・11・10民集53巻8号1577頁）。

3 選挙制度についての立法裁量に対する司法審査を考える

(1) ここでの立法裁量の中身はどのようなものか

定数訴訟において，最高裁は，いま述べたように選挙制度に関する幅広い立法裁量を認め，たとえば小選挙区制については，「選挙を通じて国民の総意を議席に反映させる一つの合理的方法」（最大判平成11・11・10民集53巻8号1704頁）であるとし，比例代表選挙についても「投票の結果すなわち選挙人の総意により当選人が決定される点において，選挙人が候補者個人を直接選択して投票する方式と異なるところはない」（最判平成16・1・14民集58巻1号1頁）から，直接選挙の原則に反しないとしている。同様な判旨は，平成16年の参議院非拘束名簿式比例代表制の合憲性が争われた定数訴訟判決でも示されている。たしかに，憲法が選挙に関する事項は，法律で定める（憲43条・47条）としていることなどからみて，そこに一定の立法裁量が認められるべきである。ただ，裁量である以上，そこには一定の限界が存在する。実際，本章で取り上げた昭和51年の判決は，国会の合理的裁量の限界を超える場合には，「不平等を正当化すべき特段の理由が示されない限り，憲法違反」となることを明らかにしている。

そのように考えると問題となるのは，どの程度の較差まで立法裁量の範囲内かということになる。最高裁は，選挙区間の投票価値の

最大較差がどの程度開けば違憲となるのかという点について明言していない。ただ、衆議院の定数訴訟で1対3.94の較差を違憲状態としていること（最大判昭和58・11・7民集37巻9号1243頁）から衆議院では1対3、参議院の定数訴訟では1対6.95を違憲状態としていること（最大判平成8・9・11民集50巻8号2283頁）から1対6の基準を考えていると解されている。ただ、最高裁は、投票価値の較差が「憲法の選挙権の平等の要求に反する程度に至った場合」であっても、「そのことによって直ちに当該議員定数配分規定の憲法違反までもたらすものと解すべきではなく、人口の異動の状態をも考慮して合理的期間内における是正が憲法上要求されているにもかかわらずそれが行われないときに」はじめて憲法に違反すると判断するべきであるという、合理的期間論をとっている（前掲最大判昭和58・11・7）。しかし、当初合憲であった定数配分規定がどの時点で違憲状態になったのか、また違憲状態から違憲と判断されるにいたる「合理的期間」の長さについて、明らかにはしていない。

(2) **憲法優位**

いま述べたように、判例は、選挙制度の決定について幅広い立法裁量を認めているが、そうなると現在の判例と、昭和39年に参議院の定数訴訟で、定数配分は「国会の裁量的権限に委ねられている」として上告を棄却した最高裁判決（最大判昭和39・2・5民集18巻2号270頁）とどう違うのか理解にやや苦しむことになり、むしろ近似性を両者の間にみることも可能となってくるようにも思われる。両者は、投票価値の平等が具体的な選挙制度のしくみの前で譲歩を迫られ、立法裁量が尊重されるべきであるという点では共通しているからである。この点に関して、このような状況を、投票価値の平等という憲法上の要請と選挙制度のしくみの選択に対する立法

裁量との間の優越関係という観点からみると，憲法が立法裁量の上位にあり，立法裁量をコントロールするという憲法優位型のモデルではなく，立法裁量が憲法上の価値に上位するという立法裁量優位型のモデルがとられているということになる（安西・後掲①28頁）。このように，憲法上の要請よりも立法裁量が優位するということを前提にすると，「投票価値」の平等を憲法上の要請であるといっても，それほどの意味は持たないことになる。しかし，そのような考え方よりも投票価値の平等という重要な憲法上の問題については憲法優位型のモデルをとるべきであるとすれば，立法裁量に対する司法審査のあり方を，ここでもう一度検討することが必要になる。

(3) 立法裁量に対する司法審査

定数訴訟における立法裁量に対する司法審査は，どのようにとらえるべきかという点で注目されるのが，参議院選挙区選出議員の議員定数配分規定の合憲性が争われた平成16年の定数訴訟判決（最大判平成16・1・14民集58巻1号56頁）における亀山継夫等4裁判官の補足意見である。亀山継夫等補足意見は，従来の定数訴訟における多数意見が，「極めて広範な立法裁量の余地を是認してきた」ことに対し，国会の裁量権の行使については，憲法の趣旨に反してならないという消極的制約ばかりではなく，「憲法が裁量権を与えた趣旨に沿って適切に行使されなければならない」という義務も負うとし，裁判所は，立法裁量の内容の政策的判断には立ち入らないものの，「結論に至るまでの裁量権行使の態様」の適切さに注目した手続的審査を裁判所が行うべきであるとする。この見解は，これまでの定数訴訟に関する判例法理が，「立法府に対する高度の敬譲を伴った社会通念上の合理性」の有無の判断にとどまる傾向をみせていたことに対し，立法裁量に対する憲法による一定の枠付けを手

続的に認めることを通して，憲法の要請する投票価値の平等の趣旨をいかそうとするものといえる。

この点に関連して注目されるのが，先に触れた在外邦人選挙権に関する最高裁大法廷判決である。この事件で，法廷意見は，憲法が選挙権を保障した趣旨にかんがみれば，「国民の選挙権又はその行使を制限することは原則として許されず，国民の選挙権又はその行使を制限するためには，そのような制限をすることがやむを得ないと認められる事由がなければならないというべきであ〔り〕，そのような制限することなしには選挙の公正を確保しつつ選挙権の行使を認めることが事実上不能ないし著しく困難であると認められる場合でない限り，上記のやむを得ない事由があるとはいえ〔ない〕」としている。このような判示は，選挙権に関する立法裁量を制限し，立法裁量優位型のモデルから憲法優位型のモデルへの志向を示しているともみられる。ただ，それが投票価値の平等に関する従来の判例法理とどのような関係を有し，どのような影響を及ぼすものかについては，なお今後の推移を見守る必要があるように思われる。

4 定数訴訟の入口と出口をみる

(1) 定数訴訟の入口として公職選挙法 204 条がある

定数訴訟については，訴訟の入口として公職選挙法 204 条にもとづく選挙無効訴訟によっている点と，出口として事情判決の法理が用いられていることが注目される。

まず，定数訴訟の入口として選挙無効訴訟が用いられている点について，それは不適切であるとする学説が存在した（田口精一「議員定数の不均衡と平等原理」田口精一『法治国原理の展開』(信山社，1999年) 245頁)。その論拠は，①公職選挙法 204 条による訴訟は，選挙

管理委員会による選挙の管理執行上の瑕疵の是正を目的とするものであること，②主観訴訟ではなく，客観訴訟の性格を持った民衆訴訟であること，③選挙の規定に違反することがあっても選挙無効が認められるのは，「選挙の結果に異動を及ぼす虞がある」場合に限られること，④行政事件訴訟法 31 条のいわゆる事情判決の制度が準用されないこと，⑤選挙無効の判決が確定したときは 40 日以内に再選挙が行われなければならないことが公職選挙法の規定によって明らかにされていること，など多岐に渡るものであった。

また，本件判決における天野武一裁判官反対意見のように，公職選挙法 204 条の訴訟は，選挙の公正な執行を担保するために認められた民衆訴訟であり，法律によってとくに裁判所に認められた場合にのみ訴訟を提起できるとされる以上，「公選法規違反の個別的瑕疵を帯びるにすぎないことにより直ちに再選挙を行うことが可能な場合について認められる争いに関するものにすぎない」(前掲最大判昭和 51・4・14) ものであって，定数訴訟の提起は認められないという見解も存在した。

しかし，定数訴訟を不適法とする見解は，学説では少数説にとどまり，裁判官のなかにあっても，この種の見解をとるのは，昭和 39 年参議院定数訴訟判決における斎藤朔郎裁判官の意見，昭和 41 年衆議院定数訴訟判決 (最判昭和 41・5・31 集民 83 号 623 頁) の田中二郎裁判官の意見，昭和 58 年の参議院定数訴訟判決 (最大判昭和 58・4・27 民集 37 巻 3 号 345 頁) および衆議院定数訴訟判決 (前掲最大判昭和 58・11・7) の藤崎萬里裁判官の反対意見をあげうるにとどまった。本判決には，法廷意見に対峙する岡原昌男裁判官ら 5 名の反対意見が付されているが，その反対意見も定数訴訟の適法性については法廷意見に同調していた。

(2) 法廷意見が定数訴訟の適法性をどう理由付けたか

　それでは，法廷意見は，どのような論理で定数訴訟の入口を判断したのであろうか。定数訴訟の適法性を認める見解としては，公職選挙法の規定の解釈として成り立ちうるとする立場と違憲審査の憲法保障機能を重視した法創造的思考の結果であるとする立場の2つが存在した。前者の公職選挙法の解釈として可能であるという立場は，選挙無効訴訟では法律違反の瑕疵ばかりではなく，憲法違反の瑕疵も主張でき，それは「選挙の規定に違反する」というなかに含まれるとするものであった。多くの学説は，法解釈としてそのように解することは困難とみていた。学説の多くは，後者の立場，すなわちかなり自由な法創造的思考によるものと解する立場をとった。ただ，公職選挙法 204 条の解釈としてではなく法創造的思考にもとづいて定数訴訟の適法性を認めるときには，その根拠を法律ではなく憲法に求めることになるが，その場合に定数訴訟を憲法上のどのような権利の侵害ととらえるかという問題が生じる。

　この点については，2つの対応がありうる。1つの立場は，定数訴訟とは国民の基本的権利である平等権にかかわる訴訟であり，もともと民衆訴訟ではないから，国民は裁判を受ける権利を有する以上，平等権の侵害に対してその救済を求めて訴訟で争うことができなければならず，公職選挙法 204 条を便宜上借用することが許されるとするものである。もう1つの立場は，「投票価値の平等は，日本国憲法の採用した個人主義を前提とする民主政（国民主権）の原理からの当然の要請であり，その原理の具体的現れとしての選挙権そのものの内包をなす」とするものであり，定数訴訟が提起する具体的な権利を選挙権そのものとみる立場である（高橋・後掲① 95 頁参照）。

学説のなかには，定数不均衡は憲法15条の選挙権の侵害であるという立場（高橋・249頁）がみられ，そこでは憲法15条の選挙権の侵害と解すれば，選挙権が概念上相互に平等であるということを内包しているものである以上，侵害に対する救済は当然にすべての選挙区に及ぶことになると主張されるが，判例は，本判決にみられるように14条の平等権の侵害とする立場をとっている。

(3) **訴訟の出口としての事情判決の法理をどう考えるべきか**

定数訴訟の出口の問題として，本章で取り上げた昭和51年判決が事情判決の法理を用いていることがあげられる。ここでいう事情判決の法理とは，本章の事案のところで触れたように，昭和51年の本判決で示された，「行政事件訴訟法31条の事情判決の制度にみられる一般的な法の基本原理に従い」，選挙の違法を宣言しつつ選挙は有効とするために最高裁により案出されたものである。

定数訴訟について，最高裁は憲法保障の機能を重視し，法創造的思考を働かせて訴訟提起の適法性を認めたが，その結果として，訴訟の出口においても選挙を違法であるとしつつ選挙の効力を有効とするための工夫が求められることになった。

この点について，学説のなかには，公職選挙法205条1項にもとづき，「選挙の規定に違反があるとき」ではあるが，「選挙の結果に異動を及ぼ」さない場合であるから選挙は有効であるとする見解（芦部・後掲⑦）がみられ，下級審ではそれに従った判決も存在したが，本判決ではとられなかった。また，本件で岡原昌男裁判官らの反対意見は，定数配分規定の可分説をとった上で当該選挙区の選挙を無効とする立場をとり，また岸盛一裁判官の意見は，選挙は無効だが当選人は当選を失わないとする立場をとった。しかし，いずれも法廷意見のとるところとはならなかった。もっとも，そのことは，

法廷意見のとる事情判決の法理が適当であるということを直ちに意味するわけではなく,その必要性および妥当性について,これまで多くの疑問や懐疑などが示されてきた。

(4) **事情判決の法理を判例が維持するわけ**

事情判決の必要性について懐疑的な立場を示す例として,まず当該選挙区の選出議員がいなくなっても,国政への影響は限られるから,当該選挙区の選挙を無効とすればよいとする岡原昌男裁判官らの反対意見があげられる。この見解に対して,法廷意見は,選挙無効の判決によって得られる結果が当該選挙区の選出議員がいなくなるにとどまり,それのみでは違憲状態を解消できず,根本的には公職選挙法自体の改正が必要であるから,選挙無効判決によって得られる利益は少ないとする。

一方,事情判決の法理の必要性を積極的に支持する理由としては,選挙を無効とせずに選挙を違法と宣言するにとどめることによって,公職選挙法改正への機運を盛り上げるという効果があげられた（今村成和「議員定数配分規定の違憲問題と最高裁」雄川一郎・高柳信一・金子宏・原田尚彦編『公法の課題　田中二郎先生追悼論文集』（有斐閣,1985年）69頁）が,このような効果も事情判決の繰り返しによって,その持続期間にも限界がみられるといえる。

それでは,このような判決効果の逓減が予想されるにもかかわらず,判例が本章で取り上げた昭和51年の本判決以後有力な反対意見をともないながらも,なお事情判決の法理を一貫して維持している理由は,どこにあるのであろうか。その点について,本判決は,「選挙により選出された議員がすべて当初から議員としての資格を有しなかったこととなる結果,すでに右議員によって組織された衆議院の議決を経たうえで成立した法律等の効力にも問題が生じ,ま

た，今後における衆議院の活動が不可能となり，前記規定を憲法に適合するように改正することさえもできなくなるという明らかに憲法の所期しない結果を生ずる」ということをあげている。

しかし，この点については，平成16年の参議院選挙区選出議員の議員定数配分規定の合憲性が争われた事件（最大判平成16・1・14民集58巻1号56頁）の深澤武久裁判官の反対意見が，事情判決の法理は「国権の最高機関としての国会が，投票価値の不平等の解消について，真摯に取組み，多くの国民が納得できる相当な期間内に合理的な解決をすることを期待して，司法権を謙抑的に行使したもの」であり，にもかかわらず「投票価値の不平等が，かくも広く長期にわたって改善されない現状は，事情判決を契機として，国会によって較差の解消のための作業が行われるであろうという期待は，百年河清を待つに等しい」として，厳しくその必要性を批判していることが注目される。

(5) **事情判決の法理の妥当性に対する批判の意味するもの**

つぎに，事情判決の法理を適用するべきではなかったとする妥当性の観点からの批判として，行政事件訴訟法31条の定める事情判決の制度は，違法な処分によって作り出された既成事実を保護することが公共の福祉の観点から強く求められる場合に，原告に生じた被害の程度や回復の可能性等を勘案した上で，原告の求める処分の取消請求を棄却するというものであり，それは，原告の利益と公益の調整を意図したものであって，公職選挙法204条の訴訟に関して事情判決を適用するのは無理であるとする批判がある。たしかに公職選挙法は，公職選挙法204条の訴訟について行政事件訴訟法31条を準用していない。しかし，それは，公職選挙法が選挙の有効性を確保することによって得られる公益をあくまで重視し，選挙が公

職選挙法204条により無効とされた場合については，再選挙による補正の手続を用意し，選挙に瑕疵があれば選挙を無効にすることによって公益に資するように図ったものと考えられる。

ただ，定数訴訟のような事件で，選挙を違憲とした場合の公共の利益に対する障害のみを考慮すると，「原告の側に『次の選挙までに違憲の法律を改正するであろうという期待』以外，損害賠償その他これに代わるべき救済手段」が与えられないことになる（雄川・後掲⑧287頁）。そのようななかでは，とりあえずの救済として，公職選挙法204条について当初の立法趣旨を超え，行政事件訴訟法31条に含まれる一般的な「法の基本原則」にもとづくという形で，選挙を違法ではあるが有効であるとする事情判決の法理を生み出す意味があったといえる。しかし，事情判決の法理は，すでに述べたように，その根拠とされた行政事件訴訟法31条の立法趣旨とは大きく異なるものであり，安易に憲法訴訟の領域に持ち込むべきではないという批判も強く存在する。

そのようなことをふまえると，これまでは，個人の利益を重視して定数訴訟に関して，それを平等権の侵害をめぐる訴訟ととらえ，訴訟の入口の問題である公職選挙法204条による定数訴訟の適法性を図るための議論が広く行われてきたが，このような入口としての定数訴訟の適法性が判例上確立するにともない，訴訟の出口すなわち具体的な救済の段階について，事情判決の法理という形で，違憲宣言判決からさらに一歩踏み込んだ形で，将来効判決などによる救済を必要とするか否かなどが論じられる必要性が生じているといえる。

(6) 救済には裁判所の役割論も含まれる

いま述べた救済をどのようなものとするかは，定数訴訟のような

事件における裁判所のはたすべき役割をめぐる議論と関係することにも留意する必要がある。選挙の違法を宣言したことだけでも国会の立法を促す実際的効果があるという見方もあるが、事情判決の法理については、国会のこれまでの怠慢を正し是正させる効果を直接有するものではないので、違憲宣言の繰返しに終わる可能性が高いとも指摘される。したがって、どのような条件が存在する場合に、他のより強い救済に代えうるのかが検討される必要がある。この点で、わが国の違憲審査制が付随的違憲審査制をとっていることから、抽象的違憲審査制をとる他の諸国と異なり、違憲審査権の行使の方法や違憲とした場合の法的効果等について憲法上規定を欠いていることなどを理由に、事情判決の法理をとり続けざるを得ないという見解がみられる一方、同じ内容の事情判決を繰り返すことは無力感をそそるだけに終わる可能性が高いことが認識される必要があるとする指摘もみられる。

　実際、平成16年の参議院選挙区選出議員の定数不均衡事件判決では、「違憲判決を下す可能性が高いことが全体として読み取れるような構成」(野中・後掲⑥9頁)であったにもかかわらず、抜本的改革の予定を理由に定数配分規定の是正は先送りされたが、そのようなことをどこまで繰り返すことができるか疑問である。

　かりに、事情判決の法理を用いないことにすれば、それにかわる訴訟の出口のあり方として、選挙無効の判決を定数配分規定の可分説に立って特定の選挙区に限るのか、それとも不可分説に立って当該選挙区以外の選挙区の選挙も無効にするのか、その場合将来効判決が可能と考えるのか、あるいは条件付宣言判決などの手法をとるのかなどを詳細に検討する必要が生じよう。

　そして、そのような救済について憲法優位型モデルを前提に認め

るとすれば，法原理機関としての裁判所として，憲法上の原則を明確にかつ少なくとも裁判官全員一致の判決という形で示す必要が生じる。この点で，昭和 60 年の衆議院定数訴訟判決（最大判昭和 60・7・17 民集 39 巻 5 号 1100 頁）が，長官および各小法廷を代表する裁判官による共同補足意見の形をとって，実質的な最高裁の「総意」を表そうとしたこと（常本・後掲③ 97 頁）が注目されるべきである。

類　　題

衆議院小選挙区の区割りについて，隣接の選挙区との間に著しい較差があることを理由に，損害賠償を提起することは可能か。

参考文献

① 高橋和之「定数不均衡訴訟に関する判例理論の現況と問題点」法教 42 号（1984 年）95 頁
② 安念潤司「いわゆる定数訴訟について(1)〜(4)」成法 24 巻（1986 年）181 頁・25 巻（1987 年）61 頁・26 巻（1988 年）39 頁・27 巻（1988 年）131 頁
③ 常本照樹「議員定数判決の構造――議員定数不均衡(1)(2)」法教 211 号（1998 年）81 頁・212 号（1998 年）94 頁
④ 安西文雄「判例クローズアップ　立法裁量論と参議院選挙区における投票価値の平等――参議院定数訴訟，最高裁大法廷平成 8 年 9 月 11 日判決をめぐって」法教 196 号（1997 年）26 頁
⑤ 秋山義昭「事情判決」ジュリ 925 号（1989 年）196 頁
⑥ 野中俊彦「判例クローズアップ　非拘束名簿式比例代表制および選挙区選出議員定数配分規定の合憲性　最高裁平成 16 年 1 月 14 日大法廷判決」法教 286 号（2004 年）4 頁
⑦ 芦部信喜「議員定数配分規定違憲判決の意義と問題点」ジュリ 617 号

(1976 年) 36 頁
⑧ 雄川一郎「国会議員定数配分規定違憲訴訟における事情判決の法理」市原昌三郎他編『公法の基本問題』(有斐閣, 1984 年) 281 頁

☕ Coffee Break ⑫

主観訴訟と客観訴訟

　個別の法的主体に帰属する主観的な権利・利益の救済を目的にする訴訟を主観訴訟といいます。「法律上の争訟」についての裁判は,個人の具体的な権利・利益の保護・救済を目的として行われますから,司法裁判所での通常の裁判は主観訴訟が原則になります。この場合,当事者として訴訟を追行するためには自分の権利・利益の侵害を主張することが必要になります。行政事件訴訟法 9 条 1 項の「法律上の利益を有する者」がこの点を示すことになりますが, 2 項の追加によりその範囲が広がるか否か,今後の展開が注目されます。なお,これとは別に,行政事件訴訟法の民衆訴訟や機関訴訟は,必ずしも個人の具体的な権利・利益の侵害の主張を必要とせず,法規の適用の客観的な適正さを確保し,または,一般公共の利益の保護を目的とするために特別に認められたものとして,客観訴訟といわれています。　　　　　　　　　　　　　　(1)

17 立法の不作為とその争い方

事　案

　選挙権を代表者選出行為としての選挙制度への参加の保障ととらえれば，その行使のためには，選挙制度の内容を具体化する法律が必要になる。しかし，具体化に際しては法律上様々な制約もかけられる。たとえば，ベッドで寝たきりの重度身障者は，選挙に際して投票所へ行けないためにかつては選挙権を行使することができなかった。日本の国外に居住している日本国民（＝在外国民）も，かつては日本国内に住所を有しないために選挙人名簿に登録されず，選挙権の行使が全く認められなかった。

　昭和27年の法改正により在宅投票制度が廃止され，昭和49年の法改正によってそれが復活する（公選49条2項）までの間，重度身障者は，投票する機会を奪われていた。そのため，選挙権を行使できなかったことの憲法問題を，国に慰謝料を請求する国家賠償訴訟で争った。この事件で，第2審判決（札幌高判昭和53・5・24高民集31巻2号231頁）は，在宅投票制度を廃止した後にこれを復活させなかった点を立法の不作為として違憲との判断を下した（ただし，国家賠償を認めるための国会の故意・過失の存在は否定された）。ところが，最高裁判決（最判昭和60・11・21民集39巻7号1512頁）は，立法の内容と立法行為（不作為を含む），立法の違憲性と国家賠償法上の違法の評価を区別し，「国会議員の立法行為は，立法の内容が憲

法の一義的な文言に違反しているにもかかわらず国会があえて当該立法を行うというごとき,容易に想定し難いような例外的な場合でない限り,国家賠償法1条1項の規定の適用上,違法の評価を受けない」との観点から,投票の方法その他選挙に関する事項の具体的決定は国会の裁量権限に任されており(憲47条),在宅投票制度を廃止し復活しなかったことが例外的場合にあたるとはいえないから,国賠法の適用上違法の評価を受けないとの判断を下した。

　在外国民も,かつては全く選挙権を行使することができなかったが,現在では平成10年の法改正によって在外選挙人名簿が調製され(公選第4章の2),衆議院比例代表選出議員・参議院比例代表選出議員の選挙には投票できるようになっている(ただし,衆議院小選挙区選出議員選挙・参議院選挙区選出議員選挙には投票できない。公選附則8項)。そこで,在外国民は,国政選挙における選挙権行使の全部・一部を認めなかったことが違憲・違法であるとして,その違憲確認,次回の選挙で投票する地位にあることの確認,ならびに,選挙権を行使できなかったことに対する国家賠償を請求した(この事件は,平成8年10月20日の衆議院議員総選挙において投票することができなかった在外国民が,国に対して,投票を認めていないことの違憲確認および慰謝料の請求をして提訴したものであったが,平成10年の法改正により在外国民の投票が一部認められたことから,確認請求については,法改正によっても選挙権の行使が制限されていることの違憲確認を主位的請求とし,投票する地位の確認を予備的請求としたものであった)。第1審判決(東京地判平成11・10・28判時1705号50頁)も第2審判決(東京高判平成12・11・8判タ1088号133頁)も,確認請求を,具体的紛争を離れて法律の一部違憲の確認を求めるもので「法律上の争訟」ではないとし,国家賠償請求には在宅投票制度事件の最高裁判決を引

用して違法の評価を受けないと判断した。これに対して，最高裁大法廷判決（最大判平成 17・9・14 判時 1908 号 36 頁）は，まず在外国民の選挙権行使の制限を違憲と判断し，選挙権の全部・一部を制限していた公職選挙法の規定の違憲・違法確認は却下したものの，次回の選挙で投票する地位確認の訴えを公法上の法律関係に関する確認の訴えととらえて適法としてその請求を認めるとともに，国家賠償請求についても認容する判決を下した。

Point

① 立法の不作為ははたして憲法違反となるのか。
② 立法の不作為をどのように裁判所で争うことができるのか。
③ 立法の不作為による権利侵害をどのように救済することができるのか。

解　説

1 立法の不作為ははたして憲法違反となるのか

(1) 立法の不作為は違憲審査の対象となるのか

憲法 81 条の文言によると，裁判所の違憲審査の対象となるのは「一切の法律，命令，規則又は処分」とされていることから，憲法「81 条が主として問題としているのは，積極的になされた国家行為であることは否定できない」（佐藤・347 頁）とされる。また，裁判所の違憲審査権が司法権の範囲内で，その一環として行使されるとすれば，それは，司法作用がすでになされた行為に対する事後的統制を本質とすることから，立法・行政機関の行った積極的活動を対

象として事後的に行われることが原則であり、まだなされていない立法・行政機関の不作為について事前に審査することには問題があると考えられてきた。とくに、立法行為については、「国会がいつ・いかなる立法をなすべきかなすべからざるかの判断は、原則として国会の裁量事項に属」し、その結果、「立法の不作為の問題は、その性質上、政治過程の中で対処されていくべきもので、原則として裁判過程になじむものではない」（佐藤・346～347頁）ということができるとされてきた。言い換えれば、立法者が立法を怠っている場合、あるべき立法を議論して立法行為の不十分さを問題にするとしても、それは政治過程を通じての解決を求めるべき筋合いのものとされるのであった。

ところが、「憲法によって保障された個人の権利・自由の実現が法律による裏づけを必要としている場合」、法律が無い状態、あるいは不十分にしか実現されていないような状態があれば、それは「憲法上問題を提起」（井上・後掲⑥279頁）し、「政治運動とは別に何らかの救済措置を講ぜられる必要がある」（駒村・後掲④321頁）。しかし、存在しない法律を問題にして裁判であるべき立法を論ずることは、前述の通り、本来政治過程を通じて立法を促すべき問題について議論の場を間違えているとの批判に曝されることになる。この点で、その判断の是非は別にして、旧国籍法2条1号が出生による国籍取得の要件を「出生の時に父が日本国民であるとき」としていたために母が日本国民であっても日本国籍を取得できないことが争われた国籍法父系優先血統主義事件の東京高裁判決（東京高判昭和57・6・23行集33巻6号1367頁）は、「ある規定が実定法上に存在しないとき、それがいかに憲法上望ましいものであろうとも、違憲立法審査権の名の下に、これを存在するものとして適用する権限

は裁判所に与えられて」おらず,「国籍付与制度自体の違憲性を論じ,合憲の国籍法を制定するのは,国会の権限でありかつ義務であって,裁判所の権限でもなく又義務でもない」との判断を下している。ただ,「憲法問題のほとんどすべてが『本質的に政治的なもの』としての性格をそなえて」おり,その結果,「『政治的なもの』が性質上法的規制になじまないとすることには,論理の飛躍がある」(長尾一紘「立法の不作為に対する違憲訴訟」百選Ⅱ427頁)といわれている。そうであるならば,あるべき法律ではなく,あくまでも立法の不作為を憲法上の問題としてその違憲性を主張し,憲法上保障されている権利・利益の司法による保護を求めることは,法的な問題として権利侵害とその救済を訴訟の場で争うものであって,決して政治過程で対処されるべきものではなく,やはり裁判所の違憲審査権の行使を通じて解決され得る憲法問題ととらえることができる。そして,そのように解すれば,立法の不作為というだけで違憲審査の対象から一律に排除すべきではなく,いかなる立法の不作為が問題として提起され,どのような場合にそれが憲法違反となるのかを検討した上で,そのような憲法問題そして憲法違反の主張をどのような訴訟で争うことができるのかを問題にしていくことが重要になる。

(2) 立法者(あるいは立法府)の不作為

立法の不作為とは,最も広い意味で「立法府が制定すべき立法をしていない」(戸松・後掲① 147頁)状態をいう。しかし,立法府が立法を怠っている場合といっても様々なバリエーションがある。たとえば,「ある法律の規定について,それが違憲であり,立法者が合憲となるように法改正することを怠っている」(戸松・後掲① 148頁)場合が考えられる。これは,立法の不作為というよりも「立法

者(あるいは立法府)」の不作為とでもいうべきもので，ここでは「立法の『無い』状態を争うのではなく，現に存在する法律によって一定の個人の行動が制約される場合の立法者による当該法律規定の改廃措置のないこと」(井上・後掲⑥ 290 頁)が問題とされる。たとえば，民法 733 条の女性の再婚禁止期間の国会による削除・廃止を怠ったことの問題が争われた事件の最高裁判決(最判平成 7・12・5 判時 1563 号 81 頁)は，在宅投票制度廃止違憲訴訟の最高裁判決を引用して，国会が民法 733 条を改廃しないことが憲法の一義的な文言に違反しているにもかかわらずあえて放置しておくという例外的な場合でないことは明らかであり，「同条についての国会議員の立法行為は，国家賠償法 1 条 1 項の適用上，違法の評価を受けるものではない」との判断を下している。ここでは，最高裁が立法行為という上位概念のもとに立法の不作為を位置付けてとらえていることが鮮明にされている。

この最高裁の判断に対抗するために，あえて自由権侵害立法の放置という立法者の不作為を強調し，事案の差別化を通じて人権救済を裁判所に訴えたのが，らい予防法(以下，新法とする)によるハンセン病患者の強制隔離政策と新法が廃止されなかった国会議員の不作為を問題としたハンセン病訴訟の熊本地裁判決(熊本地判平成 13・5・11 判時 1748 号 30 頁)である。そこでは，ハンセン病患者の隔離政策は「憲法 13 条に根拠を有する人格権そのものに対する」制約であり，新法制定当初より合理的な制限を逸脱するもので，遅くとも昭和 35 年にはその「違憲性は明白となっていた」として，まず新法による隔離政策そのものを違憲と断定する。その上で，新法の隔離規定が存続することによる人権侵害の重大性とこれに対する司法的救済の必要性にかんがみれば，他にはおよそ想定し難いような

きわめて特殊で例外的な場合として「新法の隔離規定を改廃しなかった国会議員の立法上の不作為につき、国家賠償法上の違法性を認めるのが相当である」との判断が下された。ただ、この事件については、「新法は当初から違憲無効なのであって、立法の合憲性審査の次元で捉える限り、本件を立法不存在の問題として構成しなければならない必然性はない」（土井真一「ハンセン病患者の強制隔離政策と国の責任」ジュリ1224号（2002年）26頁）といわれ、また、「現行法規の端的な廃止によってのみ不作為義務違反の問題が解消されるという場合には、……当該作為（立法）による自由の制約が違憲かどうかの判断で足りる」（大石眞「ハンセン病訴訟と憲法上の立法義務」法時1748号（2001年）5頁）とされることになる。その結果、このような立法者（あるいは立法府）の不作為の問題が争われる限り、「本来的に侵害的性格の法律は、見直しの予定があろうがなかろうが、また、違憲性が事後的に生じたのかどうかにかかわりなく、侵害的であることに変わりはな」く、「被害者の視点からすれば、現に存在する法律＝作為に基づく侵害の継続であるにほかなら」ないのであって、「憲法学はこれを立法不作為と構成しなければならないのであろうか」（小山剛「ハンセン病国家賠償訴訟熊本地裁判決」ジュリ1210号（2001年）155頁）との疑問が提起されている。

(3) 立法の不作為の実体的問題

自由権侵害法律の改廃の不作為という問題とは異なり、法律による裏付けによって憲法上保障されている権利・利益が実現される場合の本来の意味における立法の不作為といわれるものは、「必要とされる法律……がそもそも制定されていない場合」や「一応法律の制定はみたものの……保障水準が不十分なものである場合」の「絶対的不作為」と「相対的不作為」（長尾・前掲426頁）である。そし

て，この立法の不作為が問題とされる場合には，「憲法により明文上ないし解釈上一定の立法をなすべきことが義務づけられているにもかかわらず，正当な理由もなく相当の期間を経過してもなお国会が立法を怠ったような場合には，その不作為は違憲と言わざるを得ない」（芦部・355～356頁）とされる。

この意味での立法の不作為の問題が争われたのが，在外国民選挙権制限違憲訴訟であった。最高裁は，まず最初に「在外国民の選挙権の行使を制限することの憲法適合性」を事案を提起する訴訟類型とは独立して判断している。そこでは，「国民の代表者である議員を選挙によって選定する国民の権利は，国民の国政への参加の機会を保障する基本的権利として，議会制民主主義の根幹を成すものであり，民主国家においては，一定の年齢に達した国民のすべてに平等に与えられるべき」であって，憲法は，国民主権原理から「国の政治に参加することができる権利を国民に対して固有の権利として保障」しようとする「趣旨を確たるものとするため，国民に対して投票をする機会を平等に保障している」として，まず「選挙権のように国の側で積極的に特定の制度を設営しないと，その権利が行使できない権利に関して」の「憲法が要求するベースライン」（長谷部ほか・後掲⑤4頁〔長谷部恭男発言〕）を決定する。その上で，選挙の公正を害する行為をした者の選挙権についての一定の制限を別にして，「選挙権又はその行使を制限することは原則として許されず，国民の選挙権又はその行使を制限するためには，そのような制限をすることがやむを得ないと認められる事由がなければなら」ず，「制限をすることなしには選挙の公正を確保しつつ選挙権の行使を認めることが事実上不能ないし著しく困難であると認められる場合でない限り」やむを得ない事由があるとはいえず，「このような事

由なしに国民の選挙権の行使を制限することは,憲法15条1項及び3項,43条1項並びに44条ただし書に違反するといわざるを得ない」し,「このことは,国が国民の選挙権の行使を可能にするための所要の措置を執らないという不作為によ」る場合でも同様であるとされる。そして,在外国民は選挙権を行使できなかったが,「憲法によって選挙権を保障されていることに変わりはなく,国には,選挙の公正の確保に留意しつつ,その行使を現実的に可能にするために所要の措置を執るべき責務がある」として,国の作為義務を明確にしつつ「選挙権の行使の制限について厳格な審査基準を設定」(長谷部ほか・後掲⑤5頁〔長谷部恭男発言〕)し,立法の不作為の場合でも同じに判断するとの最高裁の姿勢が示される。

以上の前提から,具体的に平成10年の法改正前の在外国民に投票機会を完全に否定していた状態については,在外国民の投票の「実現には克服しなければならない障害が少なくなかったため」だと考えられるとしつつ,「世界各地に散在する多数の在外国民に選挙権の行使を認めるに当たり,公正な選挙の実施や候補者に関する情報の適正な伝達等に関して解決されるべき問題があったとしても,既に昭和59年の時点で,選挙の執行について責任を負う内閣がその解決が可能であることを前提に」在外選挙制度の創設を内容とする「法律案を国会に提出していることを考慮すると,同法律案が廃案となった後,国会が10年以上の長きにわたって在外選挙制度を何ら創設しないまま放置し,本件選挙において在外国民が投票することを認めなかったことについては,やむを得ない事由があったとは到底いうことができない」として,制度創設までの一定の期間の経過を違憲性判断のための要素としてあげる。さらに,法改正後の選挙権行使の制限についても,当初は「在外選挙制度を設けるに当

たり，まず問題の比較的少ない比例代表選出議員の選挙についてだけ在外国民の投票を認めることとしたことが，全く理由のないものであったとまでいうことができない」としつつ，「改正後に在外選挙が繰り返し実施されてきていること，通信手段が地球規模で目覚ましい発達を遂げていることなどによれば，在外国民に候補者個人に関する情報を適正に伝達することが著しく困難であるとはいえなくなっ」ており，また，参議院比例区での非拘束名簿式での選挙もすでに2度実施されていることなども「併せて考えると，遅くとも，本判決言渡し後に初めて行われる衆議院議員の総選挙又は参議院議員の通常選挙の時点においては」，小選挙区および選挙区での選挙について「在外国民に投票することを認めないことについて，やむを得ない事由があるということはでき」ず，在外選挙制度の選挙を当分比例代表の選挙に限定する部分は憲法違反であるといわざるを得ないとの判断が下された。ここでは，下級審においてほとんどかえりみられていなかった「立法事実の変化」（この点の指摘は只野雅人「在外日本人の選挙権行使と立法府の不作為」法セミ548号（2000年）114頁）を十分に考慮し，現状の違憲性ではなく，判決言渡し後にはじめて行われる選挙の時点での違憲性という将来における違憲判断の予告という形で憲法問題についての結論が提示されている。そして，このような結論については，「選挙権の制限は実際に行使される場合に違憲なのかどうかが，裁判所として結論を出すべき肝心の問題だから，本判決言渡し後に初めて行われる総選挙，あるいは通常選挙のときにどうなのかという点について判断すればそれで十分だと思ったのではないか」（長谷部ほか・後掲⑤8頁〔長谷部恭男発言〕）という見解が示されている。

2 立法の不作為をどのように裁判所で争うことができるのか

(1) 公法上の法律関係に関する確認の訴え

在外国民選挙権制限違憲訴訟の最高裁判決は，前述の実体的問題の判断以外にも，立法の不作為の問題を裁判所で争う場合のいくつかの興味あるポイントを提供している。まず第1は，在外国民の選挙権行使の制限についての実体的な違憲判断に引き続き，それを争うための訴訟形態について，確認の訴えに関して非常に重要な判断を示している。まず，主位的請求としての2つの確認の訴え，つまり，改正前の公職選挙法の違憲・違法確認については，「過去の法律関係の確認を求めるものであり，この確認を求めることが現に存する法律上の紛争の直接かつ抜本的な解決のために適切かつ必要な場合であるとはいえないから，確認の利益が認められず」不適法とし，改正後の公職選挙法の違憲・違法確認についても，「他により適切な訴えによってその目的を達成することができる場合には，確認の利益を欠き不適法」との判断を下す。この点では，ストレートに立法の不作為（あるいは立法そのもの）の違憲確認を争う訴訟は「付随的審査制から相当距離をもった制度」（佐藤・347頁）として，その可能性に消極的な姿勢をとっていたこれまでの憲法学説の立場と同じ判断を示していて，とくに何かが新たに付け加えられているわけではない。むしろ重要なのは，この主位的確認請求を否定する理由として「予備的確認請求に係る訴えの方がより適切な訴えである」として，次回の選挙において投票することができる地位にあることの確認の訴えを適法とする点である。

この点に関して，まず最高裁は，公職選挙法附則8項「につき所要の改正がされないと」原告が「今後直近に実施されることになる」選挙において「投票をすることができず，選挙権を行使する権

利を侵害されることになるので，そのような事態になることを防止するために」原告は「同項が違憲無効であるとして」次回の選挙で「選挙権を行使する権利を有することの確認をあらかじめ求める訴え」と把握できるとの理由から，「予備的確認請求に係る訴えは，公法上の当事者訴訟のうち公法上の法律関係に関する確認の訴えと解することができる」とする。そして，「選挙権は，これを行使することができなければ意味がないものといわざるを得ず，侵害を受けた後に争うことによっては権利行使の実質を回復することができない性質のものであるから，その権利の重要性にかんがみると，具体的な選挙につき選挙権を行使する権利の有無につき争いがある場合にこれを有することの確認を求める訴えについては，それが有効適切な手段であると認められる限り，確認の利益を肯定すべき」であって，「この訴えが法律上の争訟に当たることは論をまた」ず，この訴えは適法であるとされる。その上で，実体的判断ですでに改正後の在外国民の選挙権行使の制限を違憲と判断していることから，国外に滞在し続けている原告は次回選挙で「在外選挙人名簿に登録されていることに基づいて投票をすることができる地位にある」として，予備的確認請求を認容すべきとの結論が示される。ここに，「国民の権利利益の実効的救済を図る上で，従来ともすれば，積極的に利用されずにきた確認訴訟の活用が有効であることを示すために」（塩野宏『行政法Ⅱ〔第4版〕』（有斐閣，2005年）237頁）行政事件訴訟法改正によって4条後段にまさに確認的に規定された公法上の法律関係に関する確認の訴えについて，「公法上の確認訴訟という形態で，立法の違憲判断を行う途を開いたことは，行政事件訴訟法改正の後，大変タイミングよく司法の方から示された非常に大きなメッセージ」（長谷部ほか・後掲⑤9頁〔小幡純子発言〕）であり，この

主位的請求の適法性を否定しながら予備的請求を認める最高裁の判断は、「公法上の確認訴訟の確認の対象のとらえ方について、1つ大きな拠るべき方向性を示してくれている」（長谷部ほか・後掲⑤10頁〔小幡純子発言〕）といわれることになる。

この点について敷衍すればつぎのようになる。すなわち、「具体的な処分を待たない段階での法律の違憲性や行政立法の違法性、違憲性を、確認訴訟の中で問うということが想定」されていたが、「ダイレクトに立法それ自身の違法、違憲、無効確認を求めていくのか、あるいは立法を前提とした義務の不存在や権利の確認を求める形にするのか」について、前者ではなく後者の方法で「確認の訴えの確認対象」を定式化したということである。結局、この判決の判断によって「原告の具体的な権利の確認、あるいは義務不存在の確認という訴訟形態の中で、法律の違憲性が判断される可能性は大きくなってくる」といえるが、他方で、確認の利益の判断において選挙権の性格・権利の重要性を理由にその存在を認めていることから、「選挙権以外の事柄については、これがどこまで波及するかはわからない」といわれている（以上の引用は、長谷部ほか・後掲⑤9～11頁〔小幡純子発言〕）。

(2) 国家賠償訴訟

国家賠償訴訟について、在外国民選挙権制限違憲訴訟の最高裁判決は、在宅投票制度廃止違憲訴訟の最高裁判決の内容と「異なる趣旨をいうものではない」との判断を下す。そこでは、「国会議員の立法行為又は立法不作為が」国家賠償法1条1項の「適用上違法となるかどうかは、国会議員の立法過程における行動が個別の国民に対して負う職務上の法的義務に違背したかどうかの問題」として、「立法の内容又は立法不作為の違憲性の問題とは区別されるべき」

で，「仮に当該立法の内容又は立法不作為が憲法の規定に違反するものであるとしても，そのゆえに国会議員の立法行為又は立法不作為が直ちに違法の評価を受けるものではない」として，立法の違憲性と国家賠償法上の違法の評価を区別するという立場は維持する。そして，国家賠償法上の違法の評価を受けるのは「例外的」な場合であるという点もかわりはない。問題は，その「例外的」な場合についてのとらえ方ということになる。

在宅投票制度廃止違憲訴訟では，最高裁は，例外的な場合を，「立法の内容が憲法の一義的な文言に違反しているにもかかわらず国会があえて当該立法を行うというごとき，容易に想定し難い」場合としていた。ところが，在外国民選挙権制限違憲訴訟では，最高裁の多数意見は，例外的な場合を，「立法の内容又は立法不作為が国民に憲法上保障されている権利を違法に侵害するものであることが明白な場合」と「国民に憲法上保障されている権利行使の機会を確保するために所要の立法措置を執ることが必要不可欠であり，それが明白であるにもかかわらず，国会が正当な理由なく長期にわたってこれを怠る場合」をあげた。そして，後者の最高裁判決の多数意見は，在外国民の「権利行使の機会を確保するためには，在外選挙制度を設けるなどの立法措置を執ることが必要不可欠であったにもかかわらず」，長期にわたり「何らの立法措置も執られなかったのであるから，このような著しい不作為」は例外的な場合にあたり，「過失の存在を否定することはできない」として，「違法な立法不作為を理由とする国家賠償請求はこれを認容すべきである」との結論を下す。ここでは，「選挙人名簿への不登載（在外投票）と，登載されても投票できないこと（在宅投票）とは，実質的に投票できない点に違いはないはずである」（新井誠「在外国民の選挙権をめぐる最高

裁大法廷判決」法セミ 612 号（2005 年）77 頁）にもかかわらず，在宅投票制度のように投票方法に関する立法裁量の問題とは区別して，在外投票制度の不存在を在外国民の選挙権行使の制限ととらえ，さらに，長期にわたる立法措置の懈怠という要素を過失認定に加えることで，実質的に国家賠償法上の違法の評価のための判断基準を緩和していると考えることができるのであった。

3　立法の不作為による権利侵害をどのように救済することができるのか
(1)　確認判決の効果とは

　権利救済の観点から公法上の当事者訴訟としての確認訴訟を積極的に使っていこうとの意図のもとに，立法の不作為を争う方法として公法上の法律関係に関する確認の訴えの可能性が開かれたとしても，はたして地位の確認という判決にどのような効果があるのか，立法の不作為による権利侵害に対する救済として確認という方法は適切といえるのか，という問題が出てくることになる。訴訟法上の効力としては，行政事件訴訟法 41 条 1 項で同法 33 条 1 項の拘束力の規定を準用していることから，関係行政庁は原告に次回選挙で小選挙区または選挙区の選挙の投票の機会を否定することはできない。しかし，在外国民が次回選挙で投票するためには，国会が現行の公職選挙法附則 8 項の限定を削除し，投票方法等についての規定を創設しなければならない。とすれば，確認判決には，国会に違憲な状態にある立法の不作為を解消する義務が発生するのか，という点は問題となる。そう解すると，従来「権力分立制ないし違憲審査制の限界を超えていないか」という観点で「違憲確認判決の効果ないし実効性はどうか，などの疑問」（戸波・後掲② 384 頁）から，「もし一定内容の立法を議会に直接義務づけるということになると立法権侵

害の問題は生じないか，その点を考慮して違憲の確認にとどまるべきものとするならば，そのような判決に具体的にどのような法的意味があるのか」(佐藤・347頁)といわれてきた立法の不作為の違憲確認訴訟とどのような違いがあるのかという点の検討は必要になる(もちろん訴えの提起の段階で法律上の争訟になるのか否かという点での違いは別にしてである)。公法上の法律関係に関する確認の訴えという形態で立法の不作為を争うことができたとしても，実はそこで求められていることが国会の立法行為にほかならない以上，確認判決の効果を今後は残された課題として考えていかなければならない(なお判決の効力との関係では，*18*も参照)。

(2) **国家賠償は適切な救済か**

立法の不作為の憲法適合性を争う方法としての国家賠償訴訟は，従来「司法権の限界の問題を一応棚上げできる」(井上・後掲⑥287頁)という理由で，女性の再婚禁止期間の削除・廃止を争った事件やハンセン病訴訟でも用いられ，最もポピュラーなものであった。というのも，損害賠償の要件の存否の判断のなかで立法の不作為の問題が取り上げられ，賠償自体が認められないとしても判決理由のなかでその違憲性が示される可能性があり，その意味で「実質的な違憲確認訴訟として活用される」(野中・後掲③92頁)可能性を秘めていたからである。ただ，このような理解に対して，在宅投票制度廃止違憲訴訟によって実体的にその可能性が閉ざされていたが，在外国民選挙権制限違憲訴訟最高裁判決の泉徳治裁判官の反対意見は，1つの興味ある視点からの国家賠償訴訟の活用の否定論を展開する。すなわち，立法の不作為を問題とする訴訟では金銭賠償がそもそもの目的ではなく，また，精神的苦痛の個別性の薄さからその損害を金銭で評価することが困難であり，賠償の対象となる選挙人の範囲

が膨大になる場合には賠償の財源である税負担者とかなり重なるから、立法の不作為による精神的苦痛というものは「国家賠償法が賠償の対象として想定するところではない」との判断が示されたのである。そして、そもそも国家賠償訴訟は他の「方法では訴えの適法性を否定されるおそれがあるとの思惑から」迂遠ではあるがあえて付加されてきたものであって、今回予備的確認請求で在外国民の選挙権行使の保障についても取り上げられ、裁判による救済の途が開かれたのであるから、「あえて金銭賠償を認容する必要もない」として、国家賠償請求に関して多数意見とは異なる結論が示されている。

たしかに、他の憲法上の権利・自由の場合（→*11*参照）と同様に、立法の不作為で問題となる権利侵害からの救済が、はたして金銭賠償でよいのかという問題は考えなければならない。泉徳治裁判官の反対意見がいうように、立法の不作為が問題の場合、「立法措置を促し、行使を妨げられている」権利の「回復を目指」すのが本来の救済方法といえるだろう。しかし、そのためには、確認判決でも問題となる立法機関への判決の効果をどのように考えるべきかという課題が残されている。ただ、多数意見では、過去の確認請求についてはその適法性を認めていない。そのために、福田博裁判官の補足意見がいうように、「選挙後帰国してしまった人々に対しては、心情的満足感を除けば、金銭賠償しか救済の途がないという事実」があり、さらに、「代表民主制の根幹を成す選挙権の行使が国会又は国会議員の行為によって妨げられると、その償いに国民の税金が使われるということを国民に広く知らしめる点で、賠償金の支払は、額の多寡にかかわらず、大きな意味を持つ」という点を考慮に入れて、立法の不作為の違憲性を争う方法としての国家賠償訴訟の有効

性を検討することも今後の重要な課題となろう。

類　題

　憲法 25 条の生存権を実現するために制定されている法律の内容が不十分であるために，本来受給できるはずの利益が受けられない者は，どのような訴訟で，どのような憲法上の主張を展開して，どのような救済を求めることができるかについて，たとえば，同じような状況にある者は受給資格を付与されているのに，受給資格の要件に自分のような立場の者が規定されていないために自分は法律によって受給資格から排除されている場合を想定して考えてみなさい。

参 考 文 献

① 戸松秀典『憲法訴訟』（有斐閣，2000 年）147 頁
② 戸波江二「立法の不作為の違憲確認」芦部信喜編『講座憲法訴訟 1』（有斐閣，1987 年）355 頁
③ 野中俊彦『憲法訴訟の原理と技術』（有斐閣，1995 年）79 頁
④ 駒村圭吾「立法行為の違憲審査」小山剛・駒村圭吾編『論点探究憲法』（弘文堂，2005 年）321 頁
⑤ 長谷部恭男・田中宗孝・小幡純子「[鼎談] 在外邦人選挙権大法廷判決をめぐって」ジュリ 1303 号（2005 年）2 頁
⑥ 井上典之「立法不作為と違憲審査」赤坂正浩・井上典之・大沢秀介・工藤達朗『ファーストステップ憲法』（有斐閣，2005 年）277 頁

18 違憲判決の効力

事　案

　Xの債権執行の申立てにもとづき，K地裁は預金債権の差押命令を発した。右命令の正本の送達は平成11年1月18日を配達日とする特別送達郵便物によるとされていたが，郵便局員Nの過誤により平成10年12月29日に第三債務者（銀行）に送達された。第三債務者から情報を得た債務者は差押えに係る預金口座を察知し振込口座を変更したので，Nの過誤により回収不能となった債権額の賠償を求める訴えを，Xは国に対して提起したのである。I簡裁は郵便法68条および73条が違憲ではないとして請求を棄却し，右判決は同年11月11日に確定している。ところが最高裁は平成14年9月11日（民集56巻7号1439頁），郵便法68条および73条の規定のうち，特別送達郵便物取扱いの際に郵便業務従事者の軽過失により損害が生じた場合にまで国の損害賠償責任を免除または制限している部分が憲法17条に違反し，無効と判断した。そこでXは平成14年10月21日，本件判決につき再審の訴えを提起した（Xは平成14年10月10日に上記最高裁大法廷判決を知ったとする）。O高裁はXの再審請求を棄却した原審決定を取り消し，再審を開始するとの決定を行った。

　付随的違憲審査制をとるわが国においては，郵便法違憲判決は当該事件についてのみ効力を持つと解されている（個別的効力説）。そ

うすると，Xは「当該事件」の当事者ではないから，郵便法違憲判決の効力はXには及ばないはずである。そこでO高裁は，裁判所等の違憲判断への対応は憲法81条が要請するところによって決せられるが，同条の実効性確保のためには違憲判断が当該事件の当事者間で効力を持つとするだけでは不十分であるとし，「違憲判断に従った権利利益の保護を第三者に及ぼすため，民訴法338条1項8号の規定の類推適用を行うことは合理的な理由がある」とする。そして，平成14年の最高裁大法廷判決によってI簡裁判決の前提が覆ったのであるから，Xは，「違憲判断を知った日から30日以内に，その旨を主張して再審の訴えを提起することができる」と判示している。

従来の「違憲判決の効力」に関する議論は，最高裁がある法令について違憲判決を下した場合，その効力は当該個別事件にだけ及ぶのか，それとも一般的にその法令を無効とすることになるのか，ということであった（野中・後掲① 386頁）。この枠組みに，第三者たるXに違憲判決の効力が及ぶかという本件事案は新たなパターンを提供している。

ところで，一連の議員定数不均衡事件はこれらと異なった「違憲判決の効力」を問題にする。たとえば，最大判昭和60・7・17（民集39巻5号1100頁）は，「本件議員定数配分規定は，本件選挙当時，憲法の選挙権の平等の要求に反し，違憲と断定するほかはない」とした上で，「事情判決の法理」に従い，右定数配分規定にもとづいて行われた本件選挙の違法を主文において宣言するにとどめ，右選挙は無効としないこととするのが相当，とする。ここには，違憲即無効とすることは事案の解決にとって適切ではないという理解がある。つまり，違憲即無効によっては，「なんらの法律上の利益

の回復も得られず（議員定数訴訟の場合だと，当該選挙区選出の議員数の増員がむしろ望まれているのに，かえってゼロになるだけに終る），憲法上の利益の回復のためにはなんらかの新しい立法措置が必要とされる」のである（野中・後掲①408頁以下）。具体的には，国会における議員定数の是正である。このように前掲最高裁判決（最大判昭和60・7・17）では，違憲と無効が切り離されており，違憲判決は個別的効力を持つのか，あるいは一般的効力を持つのか，という，先に述べた従来の枠組みと異なる議論が展開されている。

「違憲判決の効力」論には，様々なバリエーションがあるのが理解できたであろうか。以下では，基本的な問題（→ Point ①）から説き起こし，従来の枠組みとは異なる新しい判決方式（→ Point ②・③），そして，従来の枠組みのなかの新しいバリエーションである本件事案（Point ④）に検討を進めていきたい。

Point

① 「違憲判決の効力」とは何か。
② 違憲確認判決および違憲警告判決は，わが国の憲法裁判のなかでどのような可能性を持っているか。
③ 違憲判断を法令の無効に結びつけない「判決」の可能性。
④ 「違憲判決の効力」のもう1つのバリエーション——「再審」の活用。

解　説

1 「違憲判決の効力」とは何か

(1) 違憲判決の効力をめぐる一般的効力説と個別的効力説の対立

違憲判決の効力については，「国会は，違憲とされた法律をすみやかに改廃し，政府はその執行を控え，検察はその法律に基づく起訴を行わない，などの措置をとることを憲法は期待している」と解されている（芦部・360頁）。これに対し，単なる期待ではなく，「違憲審査制を根拠とし，その趣旨の実現を目的とするものであって，通常の既判力等とは性質を異にし，違憲審査制の趣旨に由来する特殊な効力と見るべき」（竹下守夫「違憲判断の多様化・弾力化と違憲判決の効力」三ヶ月章先生古稀記念祝賀『民事手続法学の革新　中巻』（有斐閣，1991年）701頁）とする考え方が現れている。後者からすると，法の執行機関あるいは法の改廃を行う機関に対し（期待にとどまらない）法的効力が主張されることになる（→ Point ④）。

違憲判決の効力を学説が従来どのように理解してきたかをみてみよう。まず，個別的効力説は，憲法81条の違憲審査権は具体的事件について適用され，違憲判決の効力は当該事件に限ってその法的効果が及ぶのであるから，当該事件についてのみ法律の適用が排除される，と主張する。これに対し，一般的効力説は，違憲とされた法律は当該事件を超えて一般的に無効となり，あらゆる国家機関は最高裁の違憲判断に拘束される，と解する。

一般的効力説から個別的効力説に対する批判としては，憲法98条1項から憲法に違反する法律は当然に無効となること，最高裁によって違憲と判示された法律も，ある場合は無効で他の場合には有効となるのでは法的安定性そして予見性を欠き，憲法14条の平等

原則に反するのではないか、という点にある。一方、個別的効力説からは、一般的効力を認めることが一種の消極的立法作用となり、国会を唯一の立法機関と定める憲法 41 条に反するのではないか、さらに付随的違憲審査制をとる日本国憲法のもとでは、具体的な事件についてその事件の解決に必要な限りで違憲審査権は行使され、したがって違憲判決の効力もその事件に限定される、という主張がなされている（大沢・後掲③ 250 頁参照）。

(2) 最近の「違憲判決の効力」論

学説間のこのような争いは現在では影を潜めている。それは、両学説ともその論理を理念的に追求すれば困難な事態が生ずることになるからである。たとえば、個別的効力説については、違憲判決の効力は他の事件に及ばないとすることが妥当なのか、また、一般的効力説についても、一般的遡及効を認めることがかえって法的安定性を害することになるのではないか、という指摘がある。したがって、個別的効力説は、違憲と判断された法律規定の合憲性推定原則が排除される、あるいは、国会は当該法律の廃止を行い、行政機関は当該法律の適用を差し控える義務を有する（この義務が法的なものかどうかは議論の余地があるが）といった主張を行っている。また一般的効力説も、原則的に一般的無効を認めた上で、そのことから生じる不都合を時効期間や再審期間の定めによって調整するとか、その反対に原則として遡及無効とはせず例外的に個別の法律によって遡及効を認めるといった修正を行うのである（野中・後掲① 391 頁参照）。

ただ、個別的効力説の修正が立法・行政にかかわり、それも法的なものばかりではないのに対し、一般的効力説の側は遡及的無効という点に触れざるをえないのもたしかである。そうすると、わが国

の違憲審査制が付随的違憲審査制であって具体的事件の解決に向けられたものであり、一般的効力説の論拠たる憲法98条1項についても、最高裁判決（最大判昭和51・4・14民集30巻3号223頁）が指摘するように、憲法98条1項の「文言によって直ちに、法律その他の国権行為が憲法に違反する場合に生ずべき効力上の諸問題に一義的解決が与えられているものとすることはできない」とすれば、個別的効力説が原則的に妥当しよう。

一方、**事案**で示したように、憲法上の権利または法律上の利益の救済という観点からも、違憲判決を無効と結びつける伝統的な違憲判決の効力論には批判がだされている。結局、「違憲審査権の発動・行使の形式とその結果たる違憲判決の効力とは理論上一応別次元のもの」ということから、「付随的違憲審査制にあっても、違憲判決の効力については様々なヴァリエーションがあ」る（佐藤・後掲②335頁）と考えられよう。現在においては、個別的効力説を基本としながら一般的効力説要素も加味する折衷的見解が多数をしめる（大沢・後掲③250頁）、という理論状況にあるのである。

2 違憲確認判決および違憲警告判決は、わが国の憲法裁判のなかでどのような可能性を持っているか

(1) 違憲確認判決および違憲警告判決とは何か

「違憲判決を下す」ということの意味を考えてみよう。付随的違憲審査制のもとでは具体的事件に関して判決が下されるのだから、それは判決主文ではなく判決理由のなかで示された判断を指す。たとえば、「薬事法事件」最高裁判決（最大判昭和50・4・30民集29巻4号572頁）でも、判決主文は、「原判決を破棄する。被上告人の控訴を棄却する。」であって、判決理由のなかで、「薬局の開設等の許

可基準の1つとして地域的制限を定めた薬事法6条2項，4項（これらを準用する同法26条2項）は，不良医薬品の供給の防止等の目的のために必要かつ合理的な規制を定めたものということができないから，憲法22条1項に違反し，無効である。」と最高裁は判示している。この点，違憲判決の効力論に関して引き合いに出されることの多いドイツの憲法裁判所においては，憲法問題がもっぱら争点となることもあり，決定（判決）主文において違憲・合憲判断が下されることが多い。

違憲判決の効力については，遡及効か将来効かという設定の他に，立法権そして行政権に対する働きかけに焦点を合わせる構成がある。周知の①違憲無効判決のほかに，②違憲確認判決，③違憲警告判決が考えられよう。②については，「本件選挙は憲法に違反する議員定数配分規定に基づいて行われた点において違法である旨を判示するにとどめ，選挙自体はこれを無効としない」とする昭和51年判決（最大判昭和51・4・14民集30巻3号223頁），③については，「選挙区間における本件選挙当時の投票価値の較差は，憲法の選挙権の平等の要求に反する程度に至っていた」とするが，「憲法上要求される合理的期間」を引き合いにだして，定数配分規定を違憲とすることはできないとした上で，右規定を「できる限り速やかに改正されることが強く望まれる」とする昭和58年判決（最大判昭和58・11・7民集37巻9号1243頁）を想起してほしい。

しかし，「違憲判断が当該訴訟で争点となっている法令や処分の効力に直接結びついているか否か」（戸松・後掲④172頁）という視点からすれば，②ないし③は直接法令や処分の効力に結びつくわけではない。さらに，②と③の違いが違憲判断の「効力」の上からどこにあるかは明確なものではない。そもそも，この「効力」につい

ても、「個別的効力説を基本としながら一般的効力説要素も加味する」とした場合、当該事件の効力に加え、「立法府に対し該法律の改廃を求め、行政府に対し該法律の執行を控えるよう求めるという効果」(佐藤・後掲②340頁)を含めるものが考えられている。とすれば、なおさら②と③の区別については積極的な意味を見いだすことは難しいであろう。

(2) わが国のモデルとなったドイツの議論はどうなっているか

ドイツに目を向けると、違憲確認判決は判決主文で法律の違憲性を確認するがこれを無効としないものであり、違憲警告判決は判決主文で法律の違憲性を確認せず、判決理由のなかで違憲性についての重大な疑念を表明し、立法府に法律改廃義務のあることを強く警告するもの、である(野中・後掲①291頁)。両者の法的効果について連邦憲法裁判所法31条2項2段が定めるが、前者が「法律的効力」を持つことからその違いは明らかである。つまり、後者が立法者の義務を警告するのにとどまるのに対し、前者においては、判決時から立法者が新たに法律を制定するまでの期間、裁判所は訴訟手続を中断しなければならず、また違憲と確認された法律を適用しなければならない他の国家機関も同様の立場に置かれる。もっとも、法律の適用の禁止から生ずる不都合を回避する必要のある領域(身分法上や給与法上の事案)については、連邦憲法裁判所が違憲とされた法律の更なる適用を明示的に命ずるのである(宮地基「西ドイツ連邦憲法裁判所による規範統制判決の展開と機能──『違憲宣言判決』および『警告判決』をめぐって」神法39巻4号(1990年)976頁以下参照)。

ドイツの制度は参考になるが、憲法裁判所制度を前提にしないわが国にあって、どのような内容を持つ違憲確認判決を導入するかは別に検討する必要がある。つまり、あまりに強い効果を与えるなら

ば違憲無効判決を上回ることもあるし（判決主文または判決理由のなかで，立法者がとるべき対応の具体的な内容を連邦憲法裁判所が示唆するとすれば，それは，無効判決より立法者の形成の自由を侵害することになる。宮地・前掲 1028 頁参照），一方，効力が弱すぎると，違憲警告判決との差がない。すなわち，「最高裁判所が違憲確認の判断を下したとしても，それが当該訴訟・事件の解決に直接結び付かないかぎり」，「最高裁判所による違憲の警告ないし傍論，つまり最高裁判所の憲法上の単なる見解にとどまり，具体的憲法秩序の形成に至らないのではないか」（戸松・後掲④ 191 頁）ということである。

近時主張されているのは，「違憲確認の判断は，最高裁判所裁判事務処理規則 12 条の違憲裁判に該当し，同 14 条に従って，その要旨の官報公告，裁判書正本の内閣および国会への送付」が確保されていなければならないとするものである（戸松・後掲④ 191 頁）。立法権そして行政権の対応が鍵となることから，その対応をどのように引き出すかは難しいテーマである。付随的違憲審査制をとる日本国憲法のもとで，違憲無効判決と異なる違憲確認判決をどのように具体化するかは，多くの課題を抱えている。

3 違憲判断を法令の無効に結びつけない「判決」の可能性

(1) 事情判決の法理

事情判決については，衆議院議員定数不均衡に関する昭和 51 年最高裁判決（前掲最大判昭和 51・4・14）が重要である。同判決は，行政事件訴訟法 31 条 1 項が定める事情判決の法理に「法の基本原則に基づくものとして理解すべき要素も含まれている」として，それにもとづき，「本件選挙は憲法に違反する議員定数配分規定に基づいて行われた点において違法である旨を判示するにとどめ，選挙

自体はこれを無効としない」と判示する。もっとも事情判決の法理は，「議員定数不均衡訴訟に対する特殊な方式であると性格づけることができ，他の様々な憲法訴訟に応用できるとは思われない」（戸松・後掲④ 184 頁）が，この判決を契機にして新しい展開が芽ぶきはじめたのもたしかである。

また同判決は，制定当時は合憲の法律がその後の事情の変化により，「合憲性の要件を欠くに至ったときは，原則として憲法違反の瑕疵を帯びる」が，「右の要件の欠如が漸次的な事情の変化によるものである場合には，いかなる時点において当該法律が憲法に違反するに至ったものと断ずべきかについて慎重な考慮が払われねばならない」とする。人口の移動により選挙区における人口数と議員定数との比率の偏差が「選挙権の平等の要求に反する程度となったとしても，これによって直ちに当該議員定数配分規定を憲法違反とすべき」ではなく，憲法上要求されている「合理的期間内における是正」が行われない場合にはじめて憲法違反と断ぜられるという「慎重な配慮」がなされている。違憲判断と「合理的期間」論を結びつけるこの手法は，「将来効判決」の考え方につながっていく。

(2) **将来効判決**

将来効判決は，「違憲＝無効とはするが無効の発生は将来の一定時期以降にするという判決方法である」（野中・後掲① 410 頁）。この方式は，昭和 51 年判決を経て，定数是正が進行しないという国会の状況をふまえた上で，昭和 58 年判決（前掲最大判昭和 58・11・7）での中村治朗判事の反対意見で示唆され，さらに昭和 60 年判決（最大判昭和 60・7・17 民集 39 巻 5 号 1100 頁）において，寺田治郎判事ら 4 名の補足意見のなかにつぎのように展開された。現行議員定数配分規定のままで施行された場合における選挙の効力については，

「多数意見で指摘する諸般の事情を総合考察して判断されることになるから，その効力を否定せざるを得ないこともあり得る。その場合，判決確定により当該選挙を直ちに無効とすることが相当でないとみられるときは，選挙を無効とするがその効果は一定期間経過後に始めて発生するという内容の判決をすることも，できないわけのものではない」。この考え方は，参議院議員定数配分規定の合憲性が争われた事件において，（反対意見に立つ）濱田邦夫判事の追加反対意見のなかに受け継がれている。同判事は，「違憲状態にある議員定数配分を一定期間内に憲法に適合するように是正することを立法府に求め，そのように是正されない定数配分に基づく将来の選挙を無効とする旨の条件付宣言的判決の可能性も検討すべき」と述べている（最大判平成16・1・14民集58巻1号56頁）。

　学説においてもこの考え方は一定の支持を得ている。芦部教授は，事情判決の考え方を推し進めて，「裁判所が選挙の違法を宣言するにとどまらず，選挙を無効とし，ただ，その効力を開会中の国会ないし近い将来開会される国会の会期終了前の時点から発生させる（その間に国会の自主的な是正を要求する）等の将来効判決を下すことも，少なくとも定数不均衡訴訟については，例外的に可能」と解している（芦部・360頁）。

　「違憲判断の多様化・弾力化」を志向する最近の議論は基本的に適切であるが，そこには司法権の範囲・射程という問題がある。つまり，将来効判決を考えてみた場合，違憲状態の解消のため立法府がとるべき措置について，裁判所が詳細なガイドラインを定めることが必要と思われるが，そのような司法権の積極的判断は適切であろうか（戸松秀典『憲法訴訟』（有斐閣，2000年）348頁），また，このガイドラインが守られたかどうかを審査するため，判決後も裁判所

は管轄権を保留する必要があるのではないか（竹下・前掲693頁），ということである。将来効判決の導入は司法権の範囲・射程の再検討を迫るといえよう。

4 「違憲判決の効力」のもう1つのバリエーション──「再審」の活用

(1) 大阪高裁決定の手法

「違憲判決の効力」論は，最高裁が法令違憲判決を下した場合，その効力は当該事件にだけ及ぶのか，あるいは一般的にその法令を無効とするのか，という点に伝統的に関心を寄せてきた。それは当然，違憲判決の効力は違憲とされた法令の執行機関あるいはその改廃権限を持つ国会にも及ぶか，という問題を含んでいる。尊属殺重罰規定違憲最高裁大法廷判決（昭和48年4月4日刑集27巻3号265頁）を例にとれば，法務省は判決後，刑法200条が適用され刑が確定したものについては個別恩赦により救済することとし，最高検は，判決当日，係属中の尊属殺人事件等につき，罪名・罰条を普通殺人罪に変更する手続をとるよう全国の検察庁に指示している（高見勝利『芦部憲法学を読む』（有斐閣，2004年）355頁参照）。

大阪高裁決定（大阪高決平成16・5・10判例集未登載）は，このような対応は「違憲判断の事実上の影響力が及んだにすぎない」と解し，それを超えて法の執行機関に対する法的な拘束力を構想したのである。そこには，「個別的効力説に立った場合，第三者との関係では依然として違憲とされた法律の規定が効力を有し，違憲状態が存続することを理論的には承認することにならざるをえず，それでは，違憲判断の効力として極めて不十分」とする理解がある。そこで，大阪高裁が採った手法が「再審制度」を使った個別の救済であった。再審は，確定した終局判決に対して，その訴訟手続に重大な

瑕疵があったことやその判決の基礎たる資料に異常な欠点があったことを理由として，その取消しと事件の再審判を求める非常の不服申立てである（新堂幸司『新民事訴訟法〔第3版〕』（弘文堂，2004年）858頁）。その背景には，裁判の適正さおよび裁判への信頼の確保の要請が働いているが，再審を広範に認めるなら法的安定性が害されることになるから，再審事由は限定され，また出訴期間も制限されるのである（なお，刑事再審では期間は制限されない）。

Xは再審事由として「判決に影響を及ぼすべき重要な事項について判断の遺脱があった」場合（民訴338条1項9号）に該当すると主張するが，大阪高裁は同条1項各号の文言を厳格に解する限りXの主張は該当しないとした上で，「確定判決が前提とした公的判断に基づく法律状態が覆った場合，当該確定判決に再審の途を開く」と定める同条1項8号の類推適用として違憲判断の効果を第三者に及ぼしうるかについて検討する。そして，「違憲判決の効力」について個別的効力説では「不十分」とした上で，つぎのように判示する。裁判所等の違憲判断への対応は憲法81条が要請するところによって決せられるが，同条の実効性確保のためには違憲判断が当該事件の当事者間で効力があるとするだけでは不十分であり，同条は，「法の執行機関に対し，既存の法制度の枠内において，違憲判断の趣旨に従って必要な対応を義務付けているものと解するのが相当」である。したがって，法の執行機関たる裁判所も「既存の法制度」である再審制度の規定の解釈を通じた対応が可能かどうか検討しなければならないが，「民訴法は，確定判決の根拠となった法律の規定が違憲判断によって通用力を失った場合と類似の場合を想定し，再審による救済を予定していたものとみることができ」るから，「違憲判断に従った権利利益の保護を第三者に及ぼすため，民

訴法338条1項8号の規定の類推適用を行うことには合理的な理由がある」。

(2) 大阪高裁決定の提起した問題

同決定は第三者に対する権利救済を再審制度の枠内で図ろうとするもので，従来見落とされていた論点に光をあてる興味深いものである。そして，その理論構成は，「違憲判断は，当事者間における違憲・無効の確定力とは別に，法を執行しあるいはその改廃の権限をもつ者に対し，違憲判断の趣旨に従い，必要とされる行為をし，またなすべからざる行為をしないことを義務付ける特別の拘束力を生ずる」とする，竹下守夫教授の見解（竹下・前掲705頁）の影響が窺える。

この決定は従来の違憲判決の効力論の弱点を乗り越えることができたであろうか。以下に問題となりそうな論点をあげるので，考えてみてほしい。

① 同決定はこの「特別拘束力」の根拠について「憲法81条の実効性確保」をあげ，「個別的効力説に立った場合，第三者との関係では依然として違憲とされた法律の規定が効力を有し，違憲状態が存続することを理論的には承認することにならざるをえ」ないとしていた。根拠としては十分であろうか。

② 大阪高裁決定は，平成11年の下級審判決の根拠となった法令が平成14年の最高裁判決（前掲最大判平成14・9・11）によって違憲無効とされたことを民訴法338条1項8号が予定する状況と「非常に似通った」点に類推適用の拠り所を求める。このような手法は再審制度の存在理由を勘案するなら，十分な説得力を持っているか。

最高裁は，大阪高裁への再審申立てが抗告期限を1日過ぎていたことを理由に，高裁決定を破棄した（2004・9・22東京読売新聞朝刊）。したがって，上記の問題について最高裁は答えることはなかったのである。

類　題

「最高裁判所がある法律を憲法に適合しないと判断した場合には，国会は直ちにその趣旨に従って法律を改正あるいは廃止しなければならない」，という内容の法律の合憲性について，一般的効力説，および個別的効力説からすると，どのように判断されるか。また，Point ①および④で取り上げた「特別拘束力」説からするとどう判断されるか。

参考文献

① 野中俊彦『憲法訴訟の原理と技術』（有斐閣，1995年）385頁
② 佐藤幸治『現代国家と司法権』（有斐閣，1988年）301頁
③ 大沢秀介「法令違憲判決の効力」争点250頁
④ 戸松秀典「違憲判断の方式」樋口陽一編著『講座憲法学6』（日本評論社，1995年）167頁
⑤ 野坂泰司「憲法基本判例を読み直す6　尊属殺重罰規定と『法の下の平等』」法教302号（2005年）71頁

Coffee Break ⑬

裁判官制度

　最高裁の町田長官が新任裁判官の辞令交付式で，上級審や裁判長の顔色ばかりうかがう「ヒラメ裁判官」は歓迎しないと訓示したそうです（ヒラメは目が上についていて上ばかり見ているでしょう）。わが国の裁判官制度はキャリアの最初から裁判官として採用され，裁判所内でトレーニングを受け，昇進していくキャリア・システムです（一方，弁護士として実務経験を積んだ者のなかから裁判官を任用する制度を法曹一元といいます）。そうすると，（裁判官の独立は保障されていても）転勤や昇進などで人気のあるポストに就くためには人事権を握っている最高裁の動向は気になるのも当然かもしれません。ところが最近になって，弁護士，検察官，さらに学識経験者が入った下級裁判所裁判官指名諮問委員会ができたり，裁判官に対する評価書開示や不服の申し出など，透明性・客観性のある裁判官の人事評価が試みられています。閉ざされたピラミッドのようだった裁判所がこれからどうかわるか，注目しましょう。

(S)

19 訴訟上の和解——薬害エイズ訴訟

事　案

　血友病患者の治療のためにアメリカから輸入された非加熱濃縮血液製剤のなかにエイズ（後天性免疫不全症候群）の原因ウイルスであるHIV（ヒト免疫不全ウイルス）が混入していたため，この非加熱濃縮血液製剤を投与された血友病患者1,400人以上がHIVに感染し，500人以上が死亡している。さらに，非加熱濃縮血液製剤が直ちに回収されなかったため，戦後の薬害事件では最大の被害が生じたのである。原告XらHIV感染者およびその遺族は，製薬会社に対しては，故意・過失により危険な非加熱の濃縮血液製剤を製造販売ないし輸入販売したとして，また国に対しては，厚生大臣が薬事法上の医薬品に関する安全確保義務を怠ったとして，損害賠償を求めた（平成元年）。

　製薬会社および国が何時の時点でHIV感染の危険性を具体的に予測できたかが重要なポイントである。この時期が特定できればそれ以後は危険回避義務を尽くさなかった点に過失が認められることになろう。さらに，製薬会社が異なる複数の血液製剤を原告らが使用していたため，HIV感染をもたらした血液製剤の特定がほとんど不可能な状況にあったし，また，HIV感染の危険性が予測可能な時期が確定されたとしても，原告患者らがこの時期以後に感染したかどうかを認定するのは極めて難しく，因果関係の有無について

深刻な対立が存在していたのである。

本件訴訟結審後,東京地裁のあっせんによって平成8年3月29日に和解が成立した。和解勧告にあたっての東京地裁の所見は,「被告らには原告らのHIV感染について重大な責任があるといわざるを得」ないとした上で,つぎのように述べる。「エイズの重篤な病態と,そのためHIVに感染した段階から否応なく死に直面させられ,恐怖と絶望の淵に立たされた被害者や最愛の家族をエイズによって奪われた遺族の心情に深く思いを致すとき,本件については,一刻も早く和解によって原告らHIV感染者の早期かつ全面的救済を図ることが是非とも必要」であり,「その和解はすべての感染被害者を一律かつ平等に救済する内容のものでなければならない」。「ここにそのための第1次和解案を提示する」が,「原告ら,被告国及び被告製薬会社を含むすべての関係者が裁判所の意のあるところを十分理解されて,和解による解決に向けて真摯かつ積極的な努力を尽くされることをあらためて切望する」。

Point

① 紛争解決の手段としての訴訟上の和解。
② 大規模訴訟での訴訟上の和解による解決は司法の任務を超えるか。
③ 薬害エイズ訴訟での裁判所による訴訟上の和解の勧試は「法による裁判」と整合的か。

解　説

1 紛争解決の手段としての訴訟上の和解

(1) **訴訟上の和解の現状**

　訴訟上の和解というのは，訴訟の係属中に，裁判所の面前で，訴訟当事者が当事者間にある争いについて互いにその主張を譲歩して訴訟を終了させることをいい（民 695 条），裁判官は，「訴訟がいかなる程度にあるかを問わず，和解を試み」ることができる（民訴 89 条）。ところで，平成 15 年の司法統計年表をみてみると，地方裁判所における民事事件の第 1 審通常訴訟事件数 148,706 件のうち，判決によって終了したものが 71,428 件（既済事由の 48 ％）に対して，訴訟上の和解によるものは 51,331 件（既済事由の 34.5 ％）となっている（最高裁判所事務総局『平成 16 年　司法統計年報　1 民事・行政編』36 頁）。また判決で終了したもののうち当事者が欠席している事例は 26,649 件という数に上っているので，最後まで当事者が争った事件数は訴訟上の和解の方が多いともいえる。かつては「和解判事となるなかれ」といわれ，「難しい法律論や面倒な判決起案を避けるために和解に逃避することが戒められ」た（田尾桃二「戦後の民事裁判について」書協会報 120 号（1992 年）71 頁）とのことだが，現在では，山口繁最高裁長官が退官会見のなかで，紛争解決は「和解・調停を王道にする方法を考えなければならない」（2002 年 10 月 31 日付朝日朝刊）と述べたことからも明らかなように，和解重視の動きは司法のなかに顕著である。上記の和解の件数はそのことをはっきりと示している。

(2) **訴訟上の和解のメリット**

　訴訟上の和解は裁判外紛争処理（Alternative Dispute Resolution：

ADRとよばれることも多い)の一種といわれることがある。裁判外紛争処理については，裁判所内ではなく裁判所外で紛争処理がなされることを意味するという考え方と，裁判外紛争処理を「訴訟手続にもとづく裁判または判決による紛争処理」と対立させる方法があるが，ここでは後者の枠組みをとっている。

 それでは，訴訟手続に組み込まれた司法型ADRである訴訟上の和解はどのような長所を持っているのであろうか。まず，上訴がないことから早期の紛争解決が可能となり，また当該訴訟に限定されず関連の紛争も合わせて解決でき，紛争の全体的解決が図られうる。薬害エイズ事件での東京地裁の和解勧告にあたっての所見は，「原告ら HIV 感染者の早期かつ全面的救済を図ることが是非とも必要」であり，「その和解はすべての感染被害者を一律かつ平等に救済する内容のものでなければならない」と述べていたのである。その反面，和解による解決は個別的なものであり判例として残るものではないし，和解により法律および憲法の解釈が行われる機会が失われることにもなる。

 両当事者の合意で訴訟上の和解を選択するということであればいわゆる「処分権主義」の帰結であって問題にする余地はあまりない。しかし，最近はほとんどの事件で裁判所による和解の勧試がなされ，そのなかで一定の和解案が示されているという（伊藤眞『民事訴訟法〔第3版〕』(有斐閣，2004年) 423頁)。薬害エイズ事件で，東京地裁は平成8年3月7日に「第2次和解案」を示しているが，その内容は，「和解の対象者」，恒久的救済としての「健康管理手当（仮称)」，「弁護士費用等」，「被告製薬会社間の負担割合」，「友愛福祉財団による救済事業」，感染症の研究治療センターの設置・拠点病院の整備充実などの「その他の恒久対策」から成るものである（東京 HIV

訴訟弁護団編『薬害エイズ裁判史　第1巻訴訟編』（日本評論社，2002年）460頁以下）。裁判官は，当事者の申立てにかかわりなく，訴訟手続中いつでも和解の試みをすることができ（民訴89条），和解の勧試の時期およびその方法は裁判官の裁量に委ねられている。判決を下す裁判官が訴訟上の和解に主導的に関与するということは，換言すれば，当事者に対する強制的（あるいは権力的）要素が存在するとみることもできる。そしてこのことが，薬害エイズ事件でもみられたように，権利等の救済に強力な効果を発揮する理由となっている。しかし，一方で，訴訟上の和解についての裁判官の裁量をコントロールすることは必要ないのかという問いかけも無視できないであろう。

(3) **訴訟上の和解が隆盛となった理由**

　訴訟上の和解がこのように盛んになった理由はどこにあるのだろう。第1の理由は法的紛争の性質の変化である。最近，法的紛争が多様化・複雑化し，それらを規律する法規そのものが一般条項的になり，結果として法適用の場面で裁判官の裁量作業が増加している（小島武司＝伊藤眞・後掲①42頁〔加藤新太郎執筆〕）。そうすると法律による一刀両断的な解決という要素の強い判決よりも，条理にかない実情に即した妥当な解決が可能な訴訟上の和解が活用されるのである（草野・後掲②15頁参照）。第2の理由は事件数の増加が考えられる。民事事件数を地方裁判所に提訴される通常訴訟事件についてみると，昭和60年が132,430件であったのが平成16年は162,591件と2割以上の増加を示している（最高裁判所事務総局『平成16年司法統計年報1　民事・行政編』36頁）。「事件数の増加により判決を目指していたのでは全部の事件を処理できない状況に裁判官が追い込まれ」（草野芳郎「訴訟上の和解についての裁判官の和解観の変遷とあ

るべき和解運営の模索」判タ704号（1989年）29頁）たのであり，この点に判決よりも省力化ができる訴訟上の和解の増加の一因があると思われる。

2 大規模訴訟での訴訟上の和解による解決は司法の任務を超えるか
(1) 大規模訴訟で訴訟上の和解を用いることについての見解の対立

大規模訴訟を定義することはなかなか難しいが，大気汚染訴訟，水俣病訴訟，そして薬害エイズ訴訟のように，当事者および尋問すべき証人が極めて多数に及ぶ訴訟が考えられよう。このような訴訟における被害者の救済は（判決ではなく）訴訟上の和解を通じて司法がはたすべきなのか，それとも立法および行政の役割と考えるべきなのであろうか。

この問題は，原告総数2,000名，請求総額400億円を超えるとされる水俣病訴訟で現れた。平成4年9月から10月にかけて，東京地裁，熊本地裁，福岡高裁，そして福岡地裁により，国に対し和解に参加するよう「和解勧告」が行われた。これに対し加藤一郎教授は，「水俣事件のように広くかつ根深い事件を和解のような訴訟以外の方法で解決することは，初めから期待されていないし，無理なのである。要するに，司法，すなわち裁判官は，法による救済を与えるのが困難ならば請求を棄却するほかはない」し，残された被害者救済の問題は，「行政や立法の仕事だと割り切って考えるほかはない」（加藤一郎「司法と行政——水俣病をめぐって」判タ782号（1992年）6頁以下）と批判している。水俣病裁判の和解は，「司法の枠を越え，司法による解決の無理な問題」（加藤・前掲5頁）と教授は解し，このようなケースで和解を強要することは憲法32条に違反すると主張している。

これに対し，裁判所による「和解勧告」を擁護する見解もだされている。その理由はつぎのとおりである。第1に，判決（東京地判平成4・2・7判時臨増平成4年4月25日号3頁）では国の責任は否定されたが，「本来否定すべきか肯定すべきか極めて難しい事件で，その点紙一重の事件」であるから和解に適している，第2に，請求棄却ではほとんど何も解決されず，原告が控訴し，延々と紛争は続くということからも和解に適している，第3に，「被害者救済は行政や立法にまかせよ」との加藤教授の見解について，「病気の発症以来30年も経って必ずしも適切な解決策が未だ出されていない対応を考えると，そういってよいか，疑問である。国に強く和解，それを通じての対応を迫ってよいと思われる」（田尾桃二「戦後の民事裁判について」書協会報120号（1992年）72頁）。

(2) **被害者救済の緊急性**

　このような大規模訴訟で，和解勧告からその成立を目指す裁判所の活動・作用はどのように考えればよいのであろうか。たしかに，訴訟上の和解は「法規範性を基礎にして具体的妥当性のある合意の形成を促す」（伊藤博「136条〔和解の試み〕」『注釈民事訴訟法(3)　口頭弁論』（有斐閣，1993年）232頁）としても，「超法的」な，あるいは抜本的な事案の解決が，政治責任から独立している裁判所によって判決ではなく訴訟上の和解を通じて行われることの根拠は明らかではない。上記の加藤教授の批判はこの点にかかわる。これに対し，田尾教授は被害者救済の緊急性を和解による解決の根拠としてあげていた。この緊急の救済の必要性という観点は薬害エイズ訴訟においてはさらに強調されるであろう。第1審・第2審，そして最高裁と争うならば，その過程で多くの患者が亡くなることは，HIV感染症の特質および大規模訴訟の長期化傾向から容易に想像できよう。

東京地裁の所見も,「現在の医学的知見の下においては, HIV に感染した場合, 少なくとも数年間の無症候性キャリア期を経て発症し, 一旦発症した場合には死亡に至る可能性が極めて高い」と述べ,「原告ら HIV 感染者の早期かつ全面的救済を図ることが是非とも必要」と強調するのである。もっとも, 緊急の救済の必要性だけで大規模訴訟における訴訟上の和解を正当化できるかどうかはなお検討を要する。その際, 司法に課されている憲法上の枠としての「法による裁判」との整合性がポイントとなろう。

3 薬害エイズ訴訟での裁判所による訴訟上の和解の勧試は「法による裁判」と整合的か

(1) 当事者に対する強制の要素

対等当事者間の合意で成立する和解について, 憲法の観点から何が問題になるだろう。まず, 行政を相手とする典型的な訴訟である抗告訴訟(「行政庁の公権力の行使に関する不服の訴訟」行訴3条1項)においては訴訟上の和解は許されないと一般に解されている。そのせいか, 訴訟上の和解は憲法学や行政法学はほとんど注目することはなかったのである。

ところが, 薬害エイズ訴訟は, 国家賠償法1条1項にもとづき国の賠償責任を問うものである(最近では, 尼崎公害訴訟(神戸地判平成12・1・31判時1726号20頁), ハンセン氏病事件(熊本地判平成13・5・11判時1748号30頁))。国を相手として国家賠償訴訟が提起され, それを経由することによって訴訟上の和解が成立している。たしかに, 国家賠償訴訟では違憲違法であることが判決理由中に述べられ, 主文でなにがしかの慰謝料請求が認容されても, それによって制度改革が行われることを担保するものではない(棟居快行「現代型訴訟

としての違憲国賠訴訟」神法44巻4号（1995年）735頁）。しかし，国家賠償訴訟から訴訟上の和解にシフトすることよって，判決では得られない，判決を超えた紛争解決が可能になる。つまり，判決が「画一的な一般的基準に準拠した部分的で過去志向的な解決方式」（田中・後掲③48頁）であり，過去の損害についての賠償が中心であるのに対し，訴訟上の和解は，「将来の関係をも考慮しながら，救済方法も訴訟物に限定されず多様な手段を選んで解決を行うことができる」（民事訴訟実態調査研究会編『民事訴訟の計量分析』（商事法務研究会，2000年）318頁〔藪口康夫執筆〕）。たとえば，薬害エイズ訴訟では，恒久的救済としての発症者健康管理費手当，医療体制の整備（HIV感染症研究治療センターの設置，拠点病院の充実，差額ベッドの解消など）が，原告らと被告製薬会社，国との間で結ばれた和解条項に盛り込まれているのである。

このような訴訟上の和解の成立について両当事者の合意のみに焦点をあてるのは適切ではない。薬害エイズ訴訟のような場合，判決を下す裁判官が訴訟上の和解に主導的に関与するということ（当事者に対する強制的（あるいは権力的）要素）を抜きにして，和解の成立は考えられないであろう。「当事者としては，和解を拒絶すると判決手続に戻った場合に自分に不利な判決をされるのではないか」（垣内秀介「裁判官による和解勧試の法的規律(1)」法協117巻（2000年）760頁）との危惧を持つだろうし，薬害エイズ訴訟のように，裁判所が和解案の提示を行っている場合，和解が成立しなかったとしても，裁判所は事実上和解案に拘束された判断を行うであろうから。

(2) 「訴訟上の和解」成立までのプロセス

薬害エイズ訴訟において，裁判所は訴訟上の和解の成立を目指し，和解勧告を行い，さらに第1次および第2次和解案の提示を行って

いる。とくに第2次和解案は、両当事者の間でこれまで行われてきた「和解協議を踏まえた、いわば最終の裁定案」であり、判決では盛り込めない「恒久的救済」を含んでいた。「裁判所としては本来の役割である法適用という場面ではなく、不慣れな局面である行政政策的な判断及び立案という作業を求められた」のである。

一方、和解の成否と判決との関係も微妙であった。東京地裁は、実質的な和解協議がはじまった段階で、平成8年3月29日までに和解が成立しなければ判決の言渡しを直ちに行うことを明言していた（司法研修所編『大規模訴訟の審理に関する研究』（法曹会、2000年）39頁）。訴訟当事者からすると、裁判所の考えは「和解勧告に当っての所見」および「和解案」からその大筋は明らかになっている。訴訟の行方はほぼみえているのである。もっとも、判決では恒久的救済等を盛り込むことは困難であり、勝訴とはなっても判決の内容は所見や和解案とは異なることになろう。

(3) **訴訟上の和解を用いるに際して求められる3要件**

以上の裁判所の活動は憲法上どのように評価できるであろうか。司法権を司法権たらしめているのは、「具体的な争訟について、法を適用し、宣言することによって、これを裁定する」（清宮四郎『憲法Ⅰ〔第3版〕』（有斐閣、1979年）335頁）という、「対象の処理のしかた（工程）」にある。したがって、「一般に、法を適用して違法・適法その他の法的評価づけをなし得ないような事項は、司法権の工程では扱うことができない」（安念潤司「司法権の概念」争点226頁）。

そこで、法的紛争の①解決の必要性、②解決の根拠、③解決の手法、という視点から検討を加えてみよう。

薬害エイズ訴訟においては、原告が多数で、争点が多岐にわたり、容易に判断を下すことができない事案であって、裁判の長期化が避

けがたいということ，その一方で，原告らの健康状態は危機的であり，早期の解決が急務であるという点に特徴がある。薬害エイズ訴訟では，「重要な法益を緊急に救済する必要性」があったのである。

つぎに，②については，裁判所の「所見」に注目したい。裁判所が法理論的に精緻な「(和解勧告にあたっての) 所見」を出すことにより，「法規範性を基礎にして具体的妥当性のある合意の形成」が開かれた形で可能になるといえないであろうか。薬害エイズ訴訟における「所見」については，被告の責任に関する法的判断は明確に示されているとの評価がされている (淡路・後掲④ 57 頁)。たしかに，所見は実定法上の根拠といえるものを持たず事実上のものともいえるが，裁判所の意見の表明であるため一定の指針として影響力を持ち (司法研修所・前掲 191 頁)，事実上それと根本的に異なる判断を下すことはできないと思われる。

最後に，解決の手法を考えてみよう。和解のプロセスは法で定められていない部分が多いが，これまでの例によると，和解勧告を承けて協議に入り，そのなかで裁判所の所見が出され，そして和解案の呈示に至り，両当事者との最終的な詰めを経て，和解が成立するというパターンがみられる。その際，多数の関係当事者の間にコンセンサスを形成するための手続保障が必要であろう。つまり，当事者による反論・対案の提出の保障，原則として両当事者対席，合意に至るおおよそのプロセスを記録に残すこと，およびその公開が，③について求められる。この点，エイズ薬害訴訟においては，裁判所の主導の下，原告から被告国に対して恒久対策についての意見を述べる機会，また直接その心情を述べる場が設けられ，さらに，双方代理人 20 人から 25 人程度のワーキングチームによって，実質的な議論がなされたようである。また，記録については，左陪席裁判

官が協議結果の記録化に努めたのである（司法研修所・前掲 36 頁以下）。

類　題

　民事紛争も多様であり，裁判所が法を適用して紛争を処理するほうが適切な事件と，家庭事件や借地・借家事件のように裁判所が後見的な役割をはたすことによって紛争を迅速に処理するほうが適切な事件がある。前者が訴訟事件，後者が非訟事件といわれる。手続上，訴訟事件と非訟事件では大きな違いがあり，たとえば，訴訟事件が公開・対審・判決であるのに対し，非訟事件ではそのような手続は憲法上求められていないと解されている。それでは，被相続人が行う「推定相続人の廃除請求」（民 892 条）は，訴訟事件あるいは非訟事件のいずれに属するであろうか。

参 考 文 献

① 小島武司＝伊藤眞『裁判外紛争処理法』（有斐閣，1998 年）42 頁〔加藤新太郎執筆〕
② 草野芳郎『和解技術論〔第 2 版〕』（信山社，2003 年）5 頁
③ 田中成明『現代社会と裁判』（弘文堂，1996 年）45 頁
④ 淡路剛久「HIV 訴訟と和解」ジュリ 1093 号（1996 年）57 頁
⑤ 笹田栄司『裁判制度』（信山社，1997 年）第 3 章Ⅵ

Coffee Break ⑭

ADR（裁判外紛争処理方法）

　裁判は時間や費用がかかります。さらに，厳格な手続のもとで行われるために，紛争の処理方法として必ずしも有効・適切に機能しない場合もあります。そこで，裁判所の裁判によらずに紛争の処理が行われることもあります。代表的なものは民事・家事調停や仲裁ですが，それ以外にも国民生活センターや消費生活センター，交通事故紛争処理センターのような機関での相談や苦情処理なども裁判外の紛争処理方法となります。そこでは，利用者の自主性を活かして簡易・迅速・廉価で事案に応じた解決を図っていくことになります。そのために，裁判外紛争処理方法では柔軟な手続のもとでの当事者の合意を紛争解決の基本とします。ただ，民事・家事調停や仲裁以外の場合，必ずしも解決内容に執行力が担保されておらず，その実効性をどのように確保するかが問題とされています。

(I)

類題のヒント

第2章 司法審査の枠組み

1 自衛隊裁判と私法行為

この問題は,まずAが国と締結した軍事物資製造契約が憲法に違反しないかという,国の私法上の法律行為の憲法適合性について考える必要がある。ただ,その点をはたしてAの従業員集団が主張できるかという違憲の争点を提起する主張の利益が問題となりうる。また,Aと従業員集団との間で民事の裁判が行われた場合,当事者とはならない国の行為の憲法適合性を問題として争うことができるかという問題もある。さらに,国の私法行為の憲法適合性を問題とせずとも,従業員集団が自己の思想・良心にもとづいて,Aにおける職務の放棄を主張できるかという観点から,私的企業であるAに対して,従業員集団は自己の良心的職務義務の免除を主張できるかという人権の私人間効力の問題も考察しなければならない。

参考文献として,国の私法上の法律行為の効力との関係で,公序良俗に憲法規範を読み込めるか否かについて,また,私人間効力については,文献⑧ 193〜238 頁や小山剛「私人間における権利の保障」争点 54 頁がある。また,自己の思想・良心の自由との関係での問題については,井上典之「判例にみる憲法実体論 [7] 外部的行為と思想・良心の自由」法セミ 610 号(2005 年)80 頁がある。さらに,裁判・司法権との関係では,棟居快行『憲法解釈演習』

(信山社, 2004年) 223～230頁も参照のこと。

2 行政訴訟における実効的救済——長沼事件

この問題は, 公園管理権の適正な行使を集会の自由の観点から検討することに加え, 裁判を受ける権利の保障にも目配りをする必要がある。期日の経過により請求棄却となることに焦点をあて, 仮の救済の必要性を論じることが求められよう。設問後半について, 「仮の義務付け」(行訴37条の5)に注目してほしい。

参考文献として, **2** の参考文献にあげた文献③136頁および文献②132頁の他, 川岸令和「公物管理権と集会の自由」争点120頁がある。

3 部分社会(1) 宗教団体

この事案は, 本章で検討した板まんだら事件にヒントを得たものである。裁判所は, どのような場合に紛争を解決しなければならない責務を負うことになるのかが, ここでの検討のポイントであり, 法律上の争訟の要件をどのように解するのかが重要となる。なお, それは司法権の本質論にも及ぶものである。

参考文献として, 高橋和之『現代立憲主義の制度構想』(有斐閣, 2006年) 第VII章, 笹田栄司『裁判制度』(信山社, 1997年) 55頁, 棟居快行「憲法解釈演習」(信山社, 2004年) 29, 30頁がある。

4 部分社会(2) 大学での教育上の措置と司法権

この問題は, 生徒に対する退学処分をどのようにとらえるかが重要になる。学生としての身分確認訴訟としての昭和女子大事件の第1審判決 (東京地判昭和38・11・20行集14巻11号2039頁) では, 学

生の行動が学生の本分にもとる具体的なものであり，事前に反省を促すなどの過程を経なければ退学処分にはできず，学生への退学処分はこれらの条件を満たしていないだけでなく，退学を免れるためには思想改変を迫るような態度で望んでいるがゆえに，当該退学処分は無効であると判断している。さらに，剣道受講拒否事件の最高裁判決（最大判平成8・3・8民集50巻3号469頁：第8章「宗教的人格権と裁判」参照）も，退学処分は「学生の身分を剥奪する重大な措置」であるから，「学生を学外に排除することが教育上やむを得ないと認められる場合に限って」行うべきとの判断を下している。

参考文献として，高橋正俊「私立大学と基本的人権」百選Ⅰ26頁，土屋英雄「宗教上の理由に基づく『剣道』の不受講」百選Ⅰ96頁，井上典之「国立大学の内部問題と司法審査」百選Ⅱ404頁がある。

第3章　人権救済の技法

Ⅰ　自由＆平等

5　校則と生徒の人権──「バイク三ない原則」違反事件

結婚の自由は憲法上保障されているか，何条で保障されているか，まず問題となる（結婚の自由は，結婚退職制に関する住友セメント事件，東京地判昭和41・12・20判時467号26頁，女性の再婚禁止期間に関する最判平成7・12・5判時1563号81頁などでも認められている）。民法で結婚の自由が認められるのは，女性の場合，16歳からである（民731条）。当然Aも結婚できるはずである。結婚を禁止するP高校の校則は，正当な目的にもとづくものといえるか，制限が過剰ではないか，という観点から，憲法および法律に違反しないかを検討す

ることになる。

　参考文献として，福岡県青少年保護育成条例事件最高裁判決（最大判昭和60・10・23刑集39巻6号413頁）が参考になる。個別意見まであわせて読むのがよい。この判決の分析として，工藤達朗「青少年の『恋愛の自由』」同『憲法の勉強』（尚学社，1999年）177頁がある。

6　平等の意味──非嫡出子法定相続分差別事件

　この問題は，本件規定が法律婚の尊重と非嫡出子の保護の「調整」にあるならば，それを財産的利益にかかわるものとして考えることができないかという点からのものである。この点については，平等や個人の尊厳の意味をどのように考えるかが問題となろう。

　参考文献として，*6*にあげた文献の他，比較法的観点から論じたものとして，善積京子『婚外子の社会学』（世界思想社，1993年），水野紀子「比較婚外子法」川井健ほか編『講座・現代家族法──島津一郎教授古稀記念　第3巻　親子』（日本評論社，1992年）がある。

7　外国人の公務就任権──東京都管理職選考事件

　外国人の国政選挙権について，通説に従って禁止説を前提とすると，それでは憲法を改正すれば認められるのか，という疑問が生じる。国民がその主権にもとづいて憲法を制定したと考えると，国民は論理的に憲法に先行する存在である。Bは，憲法改正でこの主権者たる国民を変えることができないとする。Aの側では，外国人に国政選挙権を付与してもこの国民を変えたことにならない，国民は歴史的には国家に遅れて形成された，憲法改正に限界はない，などの反論がありうる。

参考文献として，文献①の第5章「憲法改正と外国人の選挙権」がある。憲法改正の限界論一般については，それぞれのテキストを参照。

II 宗教＆表現

8 宗教上の人格権と裁判

　市の設置・管理する墓地公園の使用約款に定められた義務の免除を自己の宗教的人格権（死者を自己の信仰に従った方法で埋葬する利益）にもとづき主張できるか，あるいは，約款による祭祀の方法の制限は信教の自由・宗教的人格権の侵害になるか，また，約款上の義務の免除を認めるとキリスト教徒に対する優遇措置として政教分離原則に違反するか，がここでの問題となる。とりわけ，約款が雰囲気・景観を理由として十字架のついた墓碑の建立を排除しようとする意図がある場合（特に自宅周辺で十字架のついた墓碑を建立できない者を排除する意図が隠されているような場合）の問題や，墓地公園を設置・管理する市に対してではなく，自宅周辺の仏式の寺院に対して十字架のついた墓碑の建立を求めることはできないかといった問題をも含めて検討することも必要であろう。

　参考文献として，文献⑤のほか，棟居快行『憲法解釈演習』（信山社，2004年）64〜70頁，小泉良幸「信教の自由と政教分離」小山剛・駒村圭吾編『論点探究憲法』（弘文堂，2005年）138頁，井上典之「判例にみる憲法実体論[8]　信教の自由と一般的法規制の可否」法セミ611号（2005年）81頁がある。

9 靖国神社公式参拝と政教分離

　この事案では，第9章で取り上げた愛媛玉串料訴訟最高裁大法廷

判決で示された目的効果基準の目的と効果についての具体的要素を当てはめることを求めるものである。その際,他の最高裁判決が合憲判決を示したことと対比する必要がある。

参考文献として,芦部信喜『宗教・人権・憲法学』(有斐閣,1999年) 105 頁,「特集 愛媛玉串料訴訟最高裁大法廷判決」ジュリ 1114 号 (1997 年) 4 頁,「特集 愛媛玉串料訴訟最高裁大法廷判決」法教 203 号 (1997 年) 4 頁に所収の座談会,論文等がある。

10 プライバシーと表現の自由——週刊文春販売差止め事件

「解説」で扱った「エロス＋虐殺」事件でも,債権者は同様の権利を主張していた。ここで主張される権利は憲法上保障されているか,どのような場合に権利侵害となるのか,差止めまで認められるか。なお,最高裁も,前科照会事件 (最判昭和 56・4・14 民集 35 巻 3 号 620 頁) で前科や犯罪経歴をみだりに公開されない法的利益を認め,ノンフィクション「逆転」事件 (最判平成 6・2・8 民集 48 巻 2 号 149 頁) で前科の公表により新しく形成している社会生活の平穏を害されその更生を妨げられない権利と,例外的に公表が許される要件について言及している。

参考文献として,文献① 205 頁,238 頁以下,鈴木秀美「表現の自由と事前差止 (名誉毀損)」小山剛＝駒村圭吾編『論点探求憲法』(弘文堂,2005 年) 148 頁,棟居快行『憲法解釈演習』(信山社,2004 年) 79 頁がある。

11 公共用財産の使用不許可と集会の自由

公安条例での集会・集団示威運動に対する規制に際して,多くの場合,公安条例のなかでそこでの規制が「集会・集団示威運動を行

う権利を禁止・制限し、それらを監視・監督し、事前にその内容に関して検閲する権限を公安委員会等に付与したものと解してはならない」との規定がおかれている。また、道路での集会等については、道路交通法でも「道路を使用する行為又は道路に人が集まり一般交通に著しい影響を及ぼすような行為」として「道路における危険を防止し、その他交通の安全と円滑を図るため」に所轄警察署長の許可を求めなければならないとしている（道交 77 条）。道路での集団示威運動に関しては、公安条例に関する多くの判例があり、それが参考になる。

参考文献として、江橋崇「公安条例と表現の自由」基本判例 75 頁、永田秀樹「街頭演説の許可制」百選 I 134 頁、植村勝慶「公安条例と集団示威運動」百選 I 176 頁がある。

III 行政 & 裁判

12 生存権と生活保護──福岡市学資保険訴訟

国民年金法と憲法 25 条の関係を明らかにした上で、生存権は外国人にも保障されるか、いったん法律で保障されたレベルを引き下げることに憲法上問題はないか、といった点を論じることになる。通説によれば、生存権の保障は外国人には及ばないが、法律で保障することには問題がない。それでは、いったん保障したものを取り上げることはどうか。

参考文献として、内野正幸『憲法解釈の論理と体系』（日本評論社，1991 年）366 頁、松本和彦「生存権」小山剛＝駒村圭吾編『論点探求憲法』（弘文堂，（2005 年）228 頁がある。

13 国家補償の谷間――予防接種ワクチン禍事件

大地震の被災者に対して何らかの救済をすることができるか。要請,許容,禁止の3区分を用いて考えることもできる。要請の観点で問題になるのは,憲法17条と29条3項である。国家賠償および損失補償の要件を充足しているものと解釈できるか否かが問題である。許容の観点では,立法政策の問題として救済することができるが,憲法上救済が命じられているわけではない。この場合は,25条を根拠にすることもできる。禁止の観点からは,不当な税金の投入は許されない,との意見もありえないわけではない。

参考文献として,阿部泰隆『大震災の法と政策』(日本評論社,1995年)78頁,工藤達朗「大震災と財産権保障」同『憲法の勉強』(尚学社,1999年)240頁,公法61号(1999年)151頁以下の諸論文がある。

14 適正手続条項と行政手続

この事案は,最近問題となっている大学におけるセクシュアル・ハラスメント事件として具体的に争われている事件を素材としている。やや長い問題文となっているが,具体的には,被告に告知,弁解,防御の機会が与えられていたかを考えていくことになる。

参考文献として,棟居快行「適正手続と憲法」樋口陽一編『講座憲法学4』(日本評論社,1994年)229頁,浦部法穂『憲法学教室〔全訂第2版〕』(日本評論社,2006年)第4章がある。

15 裁判の公開

問題の趣旨は,少年法にいう「保護処分」が訴訟事件であるならば,それを非公開することは憲法37条1項および82条に違反する

のではないか，ということである。したがって，保護処分の法的性格と公開が求められる刑事訴訟の範囲（最大決昭和 42・7・5 刑集 21 巻 6 号 764 頁参照）を検討する必要がある。

参考文献として，**15** 末尾にあげた文献①347 頁，松井茂記『少年事件の実名報道は許されないのか』（日本評論社，2000 年）101 頁，笹田栄司「青少年保護」法教 236 号（2000 年）34 頁がある。

第4章　権利の実現

16　投票価値の平等――議員定数訴訟

この問題については，まず現在の選挙制度の仕組みを知ることが重要で，それを前提として，投票価値の平等にかかわる人権は，平等権か選挙権かについて判断し，選挙権の侵害であるとした場合に，どのような救済が得られるかが検討されるべきことになる。

参考文献として，安念潤司「議員定数不均衡と改正の合理的期間」百選Ⅱ 328 頁，辻村みよ子『「権利」としての選挙権』（勁草書房，1989 年）38 頁がある。

17　立法の不作為とその争い方

この問題については，まず憲法 25 条 1 項の規定の法的性格が問題になるが，この点については第 12 章「生存権と生活保護」を参照。また，事案としては，父に認知された婚外子についての児童扶養手当支給打ち切り事件（最判平成 14・1・31 民集 56 巻 1 号 246 頁）が参考になる。とくに，下級審ではあるが，原告の取消請求を棄却した大阪高裁判決（大阪高判平成 7・11・21 判時 1559 号 26 頁）と取消請求を認容した広島高裁判決（広島高判平成 12・11・16 判時 1765 号

37頁）の判決内容の比較が，この問題を考える上では重要になる。

参考文献として，文献④があるほか，生存権の問題に関して松本和彦「生存権」小山剛・駒村圭吾編『論点探究憲法』（弘文堂，2005年）228頁，前記の判例については，井上典之「社会保障制度における平等保障の一考察」阪学23巻2号（1997年）1頁，横田守弘「児童扶養手当法施行令と憲法14条1項」法セミ557号（2001年）103頁，棟居快行『憲法解釈演習』（信山社，2004年）50〜55頁がある。

18　違憲判決の効力

各説の「効力」の理解（ア法的なものか，事実的なものか　イ効力の発生時期）を問題となっている「法律」と照らし合わせて検討することになる。さらに，立法改正あるいは廃止義務まで認めることの是非は各説で異なるだろう。その際，違憲審査制の意味をどう解するかもポイントの1つである。

参考文献として，*18* 末尾にあげたものに加え，畑尻剛「違憲判決の効力(1)」岩間昭道・戸波江二編『別冊法学セミナー憲法Ⅰ』（日本評論社，1994年）193頁がある

19　訴訟上の和解——薬害エイズ訴訟

「推定相続人の廃除請求」とは何かを確認した上で，最高裁判例の用いる「純然たる訴訟事件」に照らして検討することになるが，非訟事件と解したとしても（最決昭和59・3・22判タ524号203頁），推定相続人の廃除は「基本的人権侵害につながるような事項」ではないのか，最高裁の定式に問題はないかといった分析は必要であろう。

この点について本書 **15** の **1**(4)が触れているほか，参考文献として，谷口安平「相続人廃除請求権事件の性質」久貴忠彦・米倉明編『家族法判例百選〔第5版〕』（有斐閣，1995年）138頁がある。

事項索引

あ行

明らかな差し迫った危険の発生……… *248*
朝日訴訟……………………………… *218*, *222*
アメリカ合衆国憲法修正 14 条…… *249*
安全確保義務………………………… *333*
家制度………………………………… *108*
違憲確認……………………………… *12*
違憲確認訴訟………………………… *216*, *226*
違憲確認判決………………………… *323*
　──の効果……………………… *313*
違憲警告判決………………………… *323*
違憲審査制…………………………… *320*, *356*
違憲審査の憲法保障機能…………… *291*
違憲審査の対象……………………… *301*
違憲判決の効力……………………… *318*
違憲判決の不遡及的効力…………… *123*
違憲判断の事実上の影響力………… *328*
違憲判断の多様化・弾力化………… *327*
石井記者事件………………………… *7*
石に泳ぐ魚事件……………………… *188*
萎縮的効果…………………………… *188*
一般市民法上の権利………………… *80*
一般市民法秩序……………………… *59*, *76*
一般的行為自由説…………………… *93*, *95*, *97*
一般的効力説………………………… *320*
一般的遡及効………………………… *321*
岩手靖国公式参拝訴訟……………… *176*
インフォームド・コンセント……… *155*
訴えの利益…………………………… *39*, *207*
営業秘密……………………………… *267*
　──の保護……………………… *262*

愛媛玉串料訴訟判決………………… *166*
エホバの証人輸血拒否事件……… *150*, *155*
LRA の基準…………………………… *247*
エンドースメント・テスト………… *172*
公の施設を利用する権利………… *77*, *82*
小田急高架化事件…………………… *47*
小樽種痘損害賠償請求事件………… *238*
大人の人権…………………………… *95*
親の教育権…………………………… *99*

か行

外国人………………………………… *130*
　──の管理職選考受験資格…… *127*
　──の公務就任権…………… *125*, *133*
　──の参政権…………………… *128*
　──の人権……………………… *350*
　──の選挙権…………………… *131*
解釈指針……………………………… *46*
確認の利益…………………………… *309*
過去の確認請求……………………… *315*
過失の客観化………………………… *241*
河川付近地制限令事件……………… *234*
上尾市福祉会館事件………………… *205*
仮処分………………………………… *185*
仮の義務付け……………… *50*, *208*, *348*
過料の裁判…………………………… *253*
川崎民商事件………………………… *254*
患者の自己決定権…………………… *157*
完全補償説…………………………… *233*
議員定数訴訟………………………… *277*
議員定数不均衡事件……………… *318*, *326*
危険回避義務………………………… *333*

寄付金の返還請求……………63
義務付け訴訟………………14
客観訴訟……………………15
客観的違法行為型の不法行為………146
救　済………………16, 295
狭義の訴えの利益……………49
行政事件訴訟法改正…………46
行政処分の根拠法規…………45
行政訴訟……………………12
行政調査……………………254
行政庁による不利益処分………258
行政手続の適正さ……………255
行政手続法…………………258
行訴法改正…………………310
禁忌該当者…………………238
具体的権利説…………216, 226
具体的事件…………………22
国の作為義務………………307
国の私法行為…………19, 27, 31, 347
警察予備隊訴訟……………21
刑事訴訟……………………14
刑訴応急措置法事件…………30
恵庭事件……………………23
契約の自由…………………251
結婚の自由…………………349
検　閲………………6, 182
厳格な合理性の基準………112, 116
厳格な審査基準……………111, 112
原告適格………39, 45, 214, 221
　——の緩和………………46
現実的悪意の法理……………191
剣道受講拒否事件…………84, 151
憲法裁判所制度……………324
憲法訴訟……………………3
憲法と民法の融合的領域………35
憲法の一義的な文言…………304

憲法の番人…………………136
憲法判断回避の方法…………23
憲法判断のあり方……………176
憲法優位型のモデル…………288
権利性質説…………………128
権利保護における「時間」……49
権利保護の遅滞………………49
権利利益の実効的救済………310
公安条例……………………353
公　益………………………40
公　開………………………263
恒久的救済…………………341
公教育の宗教的中立性………153
公共の利害に関する事項………180, 184
皇居前広場事件………200, 207
公権力行使等地方公務員………127, 134
公権力の行使………………11
公式参拝……………………170
公式参拝訴訟………………175
公　序………………267, 270
公序良俗違反…………33, 101
校　則………………………97
　——の守備範囲……………98
口頭弁論……………………186
幸福追求権…………………93
公物管理権…………………200
公法上の法律関係に関する地位確認
　の訴え………………157, 309
公務就任権…………………129
合理的期間論………………287
国籍法父系優先血統主義事件………302
告知と聴聞……………252, 258
国　民………………………132
国民主権………………125, 131, 306
国務に関するその他の行為………29
心の静穏の利益……………149

国家の非宗教性ないし宗教的
　中立性……………………………… 163
国家賠償………………… 205, 231, 237, 354
国家賠償訴訟……… 11, 147, 196, 311, 341
国家賠償法上の違法の評価………… 313
国家補償…………………………………… 231
国家補償制度…………………………… 206
国家無答責の原則……………………… 205
子どもの人権……………………………… 96
個別的効力説………………………… 320, 329
個別的利益………………………………… 40, 45

さ 行

在外選挙制度…………………………… 307
在外日本人選挙権訴訟………………… 131
罪刑の均衡……………………………… 252
罪刑法定主義…………………………… 250
財産権…………………………………… 233, 268
再　審……………………………………… 328
在宅投票制度事件……………………… 300
裁　判……………………………………… 265
裁判外紛争処理………………………… 335
裁判官による法形成…………………… 241
裁判官の裁量…………………………… 337
裁判官の恣意的判断…………………… 94
裁判所の宗教的中立性………………… 69
裁判所の所見…………………………… 343
裁判所の役割論………………………… 295
裁判による救済の途…………………… 315
裁判の公開……………………………… 261
　──の目的……………………………… 263
裁判を受ける権利
　………………… 40, 60, 65, 79, 208, 268, 348
差止め…………………………………… 185
　取材行為の──……………………………… 5
　表現行為に対する事前──………………… 6

参議院非拘束名簿式比例代表制の
　合憲性…………………………………… 286
参政権………………………………… 129, 280
自己決定権………………………………… 32
資　産（生活保護法4条1項）……… 224
事実婚……………………………………… 118
自主退学勧告…………………………… 100
事情判決の法理……… 279, 292, 318, 325
私人間効力………………… 4, 9, 20, 32, 144, 347
事前抑制………………………………… 182
思想の自由市場………………………… 182
執行停止…………………………………… 50
執行不停止の原則……………………… 151
実質的関連性の基準…………………… 116
実質的合理性の基準…………………… 121
実体の真実……………………………… 270
実体的デュー・プロセス…………… 251
実体の適正……………………………… 251
質問検査………………………………… 257
私的参拝………………………………… 169
私的自治………………………………… 32
児童扶養手当…………………………… 355
司　法
　──の任務……………………………… 338
　──の役割……………………………… 122
司法型 ADR …………………………… 336
司法権…………………………………… 342
　──の限界………………………… 59, 73, 314
　──の範囲………………………………… 61, 327
　──の本質論……………………………… 348
社会的儀礼………………………… 166, 171
社会的身分……………………………… 114
社会の一般的な観念…………………… 34
謝罪広告……………………………………… 8, 192
集会開催制限の正当化理由………… 202
集会の自由………………………… 195, 247, 348

週刊文春販売差止め事件………… *179, 189*
衆議院の選挙制度………………… *277*
宗教上の人格権………………… *143, 148*
宗教上の地位の判断……………… *62*
宗教団体………………………… *57*
　──内の少数派………………… *68*
　──の自律権の尊重…………… *66*
　──の内部紛争………………… *57*
宗教的結社の自由………………… *58*
宗教的人格権…………… *173, 174, 351*
終局の解決性……………………… *63*
住職の地位の確認………………… *60*
自由侵害に対する損害賠償……… *206*
住　民…………………………… *132*
住民訴訟……………… *15, 162, 173, 175*
主観的権利侵害型の不法行為…… *146*
取材源秘匿…………………………… *8*
取材の自由…………………………… *7*
主張立証責任……………………… *66*
出版の事前差止め…………… *181, 186*
主婦連ジュース不当表示事件…… *42*
純然たる行政処分………………… *253*
純然たる訴訟事件……… *265, 270, 356*
証言拒絶権…………………………… *7*
条件付宣言の判決………………… *327*
上　訴…………………………… *137*
将来効判決………………………… *326*
将来における違憲判断の予告…… *308*
条　例…………………………… *135*
昭和女子大事件…………… *74, 98, 348*
職務上の法的義務………………… *311*
食糧管理法違反事件……………… *217*
初等・中等教育における教育上の
　措置……………………………… *83*
処分の執行停止…………………… *151*
自律結果受容論…………………… *67*

自律権……………………………… *60*
人格権………………… *4, 150, 181, 188*
人格的生存………………………… *94*
人格的利益説………………… *93, 97, 99*
信教の自由………………… *145, 148*
信仰にもとづく不利益賦課の禁止…… *150*
人事訴訟………………………… *269*
人　種…………………………… *114*
信　条…………………………… *113*
迅速な裁判を受ける被告人の権利…… *49*
審判権の対象……………………… *56*
生活保護………………………… *213*
　──の種類…………………… *220*
　──を受ける権利…………… *222*
生活保護法……………………… *219*
政教分離原則
　………… *60, 65, 153, 162, 166, 172, 351*
政治過程………………………… *302*
生存権…………………… *215, 353*
　──の自由権的側面……… *217, 225*
　──の法的性格……………… *215*
政　党…………………………… *75*
正当な補償…………………… *230, 233*
政党の内部紛争………………… *76*
制度の保障……………………… *163*
政府の言論（government speech）… *200*
性　別…………………………… *114*
絶対的公開自由………………… *264*
絶対的不作為…………………… *305*
選挙権…………………………… *280*
　──の平等…………………… *278*
選挙の公正……………………… *306*
選挙無効判決…………… *289, 293*
戦没者の追悼…………………… *171*
占有回収の訴え………………… *69*
戦　力…………………………… *25*

僧籍剥奪処分 …… 62
相続権 …… 111
相続制度 …… 106
相対的不作為 …… 305
相当の蓋然性の要件 …… 248
相当補償説 …… 233
遡及処罰の禁止 …… 250
組織的な過失 …… 238
訴訟承継 …… 214, 221
訴訟上の和解 …… 335, 339
　――の成立までのプロセス …… 341
　――のメリット …… 335
訴訟非訟二分論 …… 266
訴訟要件 …… 26
損害賠償 …… 191
損失補償 …… 231, 239, 354
尊属殺規定違憲判決 …… 118, 328

た　行

退学処分 …… 82
大学での教育上の措置 …… 81
大規模訴訟 …… 338
対審 …… 263
　――の非公開 …… 266
高田事件 …… 49
多数代表制 …… 284
団体自体の自由 …… 58
檀徒の地位 …… 61
地方参政権訴訟 …… 135
抽象的違憲審査制 …… 21, 137
抽象的権利説 …… 216, 225
中選挙区制 …… 279
懲罰的損害賠償 …… 192
津地鎮祭事件 …… 163
定住外国人 …… 130
定住外国人地方参政権訴訟 …… 131

定数訴訟の適法性 …… 291
定数訴訟の出口 …… 292
敵意ある聴衆の法理 …… 204
適正手続 …… 243, 249, 254, 354
　――の保障 …… 266
適正な刑事裁判 …… 271
適正な裁判 …… 270
手続審査 …… 77
手続的人権保障 …… 254
手続的デュー・プロセス …… 267
手続法定説 …… 250
手続保障 …… 343
デュー・プロセス条項 …… 250
寺西判事補事件 …… 262
伝統的な違憲判決の効力論 …… 322
等級選挙制 …… 282
当事者尋問等の公開停止 …… 269
当然の法理 …… 133
統治行為論 …… 25
投票価値の平等 …… 278, 282, 355
特別永住者 …… 130
特別権力関係 …… 72
特別拘束力 …… 330
特別の犠牲 …… 230, 233, 235
都市計画法 …… 47
富山大学単位不認定事件 …… 71
取消訴訟 …… 12

な　行

内閣総理大臣等の公式参拝 …… 161
内部・外部二元論 …… 76
内部的自治論 …… 78
成田新法 …… 243
成田新法事件 …… 198
成田闘争 …… 243
新潟空港騒音事件 …… 45

日曜授業参観事件……………………… 153

は 行

バイク三ない原則……………………… 89
バイクに乗る自由…… 92, 95, 97, 99, 101
破壊活動防止法………………………… 246
博多駅事件………………………………… 8
袴田事件…………………………………… 75
パターナリズム…………………………… 99
パブリック・フォーラム………… 199, 202
パーマ退学事件…………………………… 83
判決を超えた紛争解決………………… 341
反射的な利益……………………………… 42
ハンセン病訴訟………………………… 304
反論文掲載……………………………… 192
被害者救済の緊急性…………………… 339
比較衡量………………………… 187, 248
被告適格………………………………… 143
被告人の公開裁判を受ける権利…… 264
非訟事件………………………………… 265
非嫡出子………………………… 108, 350
　　——に対する差別………………… 108
　　——の保護……………………… 117
1人1票の原則………………………… 282
表現の自由……………………… 190, 197
平　　等………………………………… 122
平等権…………………………………… 291
平等選挙の原則………………………… 281
比例代表制……………………………… 283
広い立法裁量…………………………… 285
福岡市学資保険訴訟…………………… 213
複数選挙制……………………………… 281
付随的違憲審査制………………… 296, 317
付随的審査制…………………… 22, 136
部分社会………………………………… 348
　　——の法理…………………… 72, 151

部分社会論………………………………… 59
不法行為訴訟上保護に値すべき
　利益…………………………………… 148
プライバシー………………… 180, 186, 189
プライバシー権…………………………… 3
プログラム規定説……………………… 216
平和的生存権……………………… 31, 173
法解釈における創造的機能…………… 123
法規範定立行為…………………………… 29
法原理機関……………………………… 297
法創造的思考…………………………… 291
法治主義の原理………………… 245, 255
法秩序の多元性…………………………… 79
傍聴の権利性…………………………… 262
法的安定性……………………… 321, 329
法の保護に値する利益…………………… 43
法による裁判…………………………… 340
法の基本原則…………………………… 295
法律が認めた自由………………………… 97
法律婚主義……………………………… 117
法律上の係争…………………… 75, 80
法律上の争訟…… 55, 61, 75, 80, 310, 348
法律上の利益……………………………… 12
法律上保護された利益………… 40, 221
法律による一刀両断的な解決………… 337
法律の規定の明確性…………………… 252
暴力主義的破壊活動…………………… 246
保護受給権……………………… 219, 222
保護処分………………………………… 355
北方ジャーナル事件……………… 6, 184

ま 行

マクリーン事件………………………… 128
三菱樹脂事件…………………………… 100
身分秩序の適正な形成・確認……… 271
民事保全法……………………………… 185

| 民衆訴訟……………………15, 290
| 名誉毀損……………6, 181, 183, 191
| 名誉権………………………189
| 目的効果基準………144, 164, 170, 352
| ——に対する批判……………167
| ——の具体的な適用……………165
| 目的と手段の関連性………………120
| 黙秘権………………………257
| 「もんじゅ」原発事件………………46

や 行

薬害エイズ訴訟……………………333
薬事法事件…………………………322
靖国神社公式参拝訴訟………………168
郵便法違憲判決……………………317
要素の錯誤…………………………56
米内山事件…………………………73
予防接種……………………………234
予防接種ワクチン禍事件……………229

ら 行

ライフスタイルの自己決定権………111

リスクから保護される利益…………48
立法裁量……………………219, 286
——に対する司法審査……………288
——優位型のモデル………………288
立法事実……………………………121
——の変化……………………122, 308
立法者（あるいは立法府）の不作為・303
立法政策……………………………105
立法の不作為………………………303
——による精神的苦痛……………315
立法不作為…………………………226
立法府の裁量………………………118
留萌中学特殊学級入級事件…………84
類推適用……………………………232
令状主義……………………………257
レモン・テスト………………164, 168

わ 行

和解案………………………………342
和解勧告…………………………334, 338
和解のプロセス……………………343

判例索引

最大判昭和23・7・8刑集2巻8号801頁 ……………………………………… *30*
最大判昭和23・9・29刑集2巻10号1235頁 …………………………………… *217*
最大判昭和25・10・11刑集4巻10号2037頁 …………………………………… *115*
最大判昭和27・8・6刑集6巻8号974頁 ………………………………………… *7*
最大判昭和27・10・8民集6巻9号783頁 ……………………………………… *21*
最大決昭和28・1・16民集7巻1号12頁 ……………………………………… *73, 78*
最判昭和28・11・17行集4巻11号2760頁 ……………………………………… *80*
最大判昭和28・12・23民集7巻13号1523頁 …………………………………… *234*
最大判昭和28・12・23民集7巻13号1561頁 …………………………………… *52, 200*
最判昭和29・7・30民集8巻7号1463頁 ……………………………………… *101*
最大判昭和31・7・4民集10巻7号785頁 ……………………………………… *192*
最大決昭和35・7・6民集14巻9号1657頁 …………………………………… *265*
最判昭和35・10・19民集14巻12号2633頁 …………………………………… *74, 76, 77, 82*
最大判昭和37・5・30刑集16巻5号577頁 …………………………………… *251*
最大判昭和37・11・28刑集16巻11号1593頁 ………………………………… *252*
東京地判昭和38・9・18行集14巻9号1666頁 ………………………………… *257*
東京地判昭和38・11・20行集14巻11号2039頁 ……………………………… *349*
最大判昭和39・2・5民集18巻2号270頁 ……………………………………… *278, 287*
最大判昭和39・5・27民集18巻4号676頁 …………………………………… *115*
最大判昭和40・4・28刑集19巻3号203頁 …………………………………… *253*
最判昭和41・2・8民集20巻2号196頁 ………………………………………… *81*
最判昭和41・5・31集民83号623頁 …………………………………………… *290*
東京地判昭和41・12・20判時467号26頁 …………………………………… *349*
最大決昭和41・12・27民集20巻10号2279頁 ………………………………… *253*
札幌地判昭和42・3・29下刑集9巻3号359頁 ………………………………… *23*
最大判昭和42・5・24民集21巻5号1043頁 …………………………………… *218*
最大決昭和42・7・5刑集21巻6号764頁 ……………………………………… *355*
最大判昭和43・11・27刑集22巻12号1402頁 ………………………………… *234*
最大判昭和43・12・4刑集22巻13号1425頁 ………………………………… *129*
最判昭和44・7・10民集23巻8号1423頁 ……………………………………… *61*
最大決昭和44・11・26刑集23巻11号1490頁 ………………………………… *8*
東京地決昭和45・3・14判時586号41頁 ……………………………………… *187*

東京高決昭和45・4・13判時587号31頁	*187*
富山地判昭和45・6・6行集21巻6号871頁	*72*
最大判昭和45・6・24民集24巻6号610頁	*265*
名古屋高金沢支判昭和46・4・9行集22巻4号480頁	*72*
最判昭和46・10・28民集25巻7号1037頁	*257*
最大判昭和47・11・22刑集26巻9号554頁	*254*
最大判昭和47・12・20刑集26巻10号631頁	*49*
最大判昭和48・4・4刑集27巻3号265頁	*117, 328*
大阪高決昭和48・7・12判時737号49頁	*269*
札幌地判昭和48・9・7判時712号24頁	*24, 39*
最判昭和48・10・18民集27巻9号1210頁	*234*
最大判昭和48・12・12民集27巻11号1536頁	*20, 32, 100*
東京高判昭和49・4・30行集25巻4号356頁	*278*
最判昭和49・7・19民集28巻5号790頁	*74, 82, 98*
最大判昭和49・11・6刑集28巻9号393頁	*252*
最大判昭和50・4・30民集29巻4号572頁	*322*
最大判昭和50・9・10刑集29巻8号489頁	*252*
東京地判昭和50・10・6判時802号92頁	*55*
東京高判昭和51・3・30判時809号27頁	*55*
最大判昭和51・4・14民集30巻3号223頁	*278, 290, 293, 322, 323, 325*
札幌高判昭和51・8・5行集27巻8号1175頁	*25, 39*
最判昭和51・9・30民集30巻8号816頁	*239*
水戸地判昭和52・2・17判時842号22頁	*20*
最判昭和52・3・15民集31巻2号234頁	*72, 76, 77, 80, 81, 83, 98*
最判昭和52・3・15民集31巻2号280頁	*72*
最大判昭和52・7・13民集31巻4号533頁	*67, 143, 163*
最判昭和53・3・14民集32巻2号211頁	*42*
札幌高判昭和53・5・24高民集31巻2号231頁	*299*
最大判昭和53・10・4民集32巻7号1223頁	*128*
山口地判昭和54・3・22判時921号45頁	*142*
最判昭和55・1・11民集34巻1号1頁	*61*
最判昭和55・4・10判時973号85頁	*61*
最判昭和56・3・24民集35巻2号300頁	*9*
最判昭和56・4・7民集35巻3号443頁	*56*
最判昭和56・4・14民集35巻3号620頁	*352*
最大判昭和56・4・16刑集35巻3号84頁	*190*

判例	頁
東京高判昭和56・7・7判時1004号3頁	20
広島高判昭和57・6・1判時1046号3頁	142
東京高判昭和57・6・23行集33巻6号1367頁	302
最大判昭和57・7・7民集36巻7号1235頁	218
最大昭和57・9・9民集36巻9号1679頁	40, 45, 48, 50
最大判昭和58・4・27民集37巻3号345頁	290
最大判昭和58・6・22民集37巻5号793頁	247
最大判昭和58・11・7民集37巻9号1243頁	287, 290, 323, 326
千葉地判昭和59・2・3訟月30巻7号1208頁	244
最決昭和59・3・22判タ524号203頁	356
東京地判昭和59・5・18判時1118号28頁	230, 235
大阪地判昭和59・5・18判時1255号45頁	236
最大判昭和59・12・12民集38巻12号1308頁	183
最判昭和59・12・18刑集38巻12号3026頁	199
最大判昭和60・7・17民集39巻5号1100頁	296, 318, 319, 326
大阪地判昭和60・8・14民集49巻3号872頁	196
東京高判昭和60・10・23民集46巻5号483頁	244
最大判昭和60・10・23刑集39巻6号413頁	350
最判昭和60・11・21民集39巻7号1512頁	299
大分地決昭和60・12・2判時1180号113頁	150
東京地判昭和61・3・20行集37巻3号347頁	153
最大判昭和61・6・11民集40巻4号872頁	6, 184
盛岡地判昭和62・3・5判時1223号30頁	162
最判昭和62・4・24民集41巻3号490頁	192
京都地判昭和62・8・11判時1284号127頁	59
千葉地判昭和62・10・30判時1266号81頁	90
大阪地判昭和63・2・4判時1305号94頁	59
最大判昭和63・6・1民集42巻5号277頁	142, 165
高知地判63・6・6判時1295号50頁	102
最判昭和63・12・20判時1307号113頁	75, 77
大阪高判平成元・1・25民集49巻3号885頁	196
最判平成元・2・17民集43巻2号56頁	45
東京高判平成元・3・1判例集未登載	90
最大判平成元・3・8民集43巻2号89頁	261, 263
福岡地判平成元・4・18判時1313号17頁	236
最判平成元・6・20民集43巻6号385頁	20

最判平成元・6・20 判時 1334 号 201 頁	*46*
東京地判平成元・6・23 判時 1319 号 132 頁	*4, 6*
最判平成元・9・8 民集 43 巻 8 号 889 頁	*62*
最判平成 2・2・16 判時 1340 巻 145 頁	*262*
高松高判平成 2・2・19 判時 1362 号 44 頁	*102*
仙台高判平成 3・1・10 判時 1370 号 3 頁	*162*
京都地判平成 3・2・5 判時 1387 号 43 頁	*11*
東京高決 3・3・29 判タ 764 号 133 頁	*105*
最判平成 3・4・19 民集 45 巻 4 号 367 頁	*238*
東京地判平成 3・5・27 判時 1387 号 25 頁	*100*
東京地判平成 3・6・21 判時 1388 号 3 頁	*83*
大阪高決平成 3・8・2 判タ 764 号 279 頁	*151*
最判平成 3・9・3 判時 1401 号 56 頁	*90*
東京地判平成 4・2・7 判時臨増平成 4 年 4 月 25 日号 3 頁	*339*
東京高裁平成 4・3・19 判時 1417 号 40 頁	*100*
最大判平成 4・7・1 民集 46 巻 5 号 437 頁	*198, 204, 244*
最判平成 4・9・22 民集 46 巻 6 号 571 頁	*46*
最判平成 4・11・16 判時 1441 号 57 頁	*165*
東京高判平成 4.12.18 判時 1445 号 3 頁	*238, 230*
最判平成 5・2・16 民集 47 巻 3 号 1687 頁	*57, 165*
神戸地判平成 5・2・22 判タ 813 号 134 頁	*153*
最判平成 5・2・26 判時 1452 号 37 頁	*131*
秋田地判平成 5・4・23 判時 1459 号 48 頁	*225*
東京高決平成 5・6・23 判時 1465 号 55 頁	*109*
最判平成 5・9・7 民集 47 巻 7 号 4667 頁	*62*
大阪高判平成 5・10・5 訟月 40 巻 8 号 1927 頁	*11*
最判平成 6・2・8 民集 48 巻 2 号 149 頁	*352*
札幌高判平成 6・5・24 判時 1519 号 67 頁	*84*
奈良地判平成 6・9・28 判時 1559 号 26 頁	*109*
東京高判平成 6・11・30 判時 1512 号 3 頁	*109*
最判平成 7・2・28 民集 49 巻 2 号 639 頁	*131*
最判平成 7・3・7 民集 49 巻 3 号 687 頁	*196, 200, 202, 203, 204, 248*
福岡地判平成 7・3・14 判タ 896 号 104 頁	*214*
東京高判平成 7・3・22 判時 1529 号 29 頁	*109*
最大決平成 7・7・5 民集 49 巻 7 号 1789 頁	*105, 116, 117*
最判平成 7・7・18 民集 49 巻 7 号 2717 頁	*61*

大阪高判平成7・11・21判時1559号26頁	*356*
最判平成7・12・5判時1563号81頁	*304, 349*
東京地判平成8・1・16判タ944号222頁	*6*
最決平成8・1・30民集50巻1号199頁	*58*
最判平成8・3・8民集50巻3号469頁	*84, 100, 151, 349*
最判平成8・3・15民集50巻3号549頁	*205*
東京地判平成8・5・16判時1566号23頁	*125*
最大判平成8・9・11民集50巻8号2283頁	*287*
最大判平成9・4・2民集51巻4号1673頁	*166*
東京地判平成9・6・23判時1618号97頁	*6*
東京高判平成9・11・26判時1639号30頁	*126*
最判平成10・3・10判時1683号95頁	*69*
最判平成10・3・13裁時1215号5頁	*131*
福岡高判平成10・10・9判時1690号42頁	*214*
最大決平成10・12・1民集52巻9号1761頁	*262, 265, 266*
東京地判平成11・6・22判時1691号91頁	*188*
東京地判平成11・10・28判時1705号50頁	*300*
最大判平成11・11・10民集53巻8号1577頁	*285, 286*
最大判平成11・11・10民集53巻8号1704頁	*286*
最判平成11・11・25判タ1018号177頁	*47*
最判平成12・1・27判時1707号121頁	*123*
最判平成12・1・31判時1708号94頁	*69*
神戸地判平成12・1・31判時1726号20頁	*340*
大阪地判平成12・2・17判時1741号101頁	*85*
最判平成12・2・29民集54巻2号582頁	*150, 155*
東京高判平成12・11・8判タ1088号133頁	*300*
広島高判平成12・11・16判時1765号37頁	*356*
東京高判平成13・2・15判時1741号68頁	*188*
熊本地判平成13・5・11判時1748号30頁	*304, 340*
最判平成14・1・31民集56巻1号246頁	*355*
最判平成14・2・22判時1779号22頁	*68*
最判平成14・6・11民集56巻5号958頁	*234*
最判平成14・7・9判時1799号101頁	*168*
最判平成14・7・11民集56巻6号1204頁	*168*
最判平成14・9・11民集56巻7号1439頁	*317, 330*
最判平成14・9・24判時1802号60頁	*188*

最判平成15・3・31判時1820号62頁	*122*
最判平成15・11・27民集57巻10号1665頁	*258*
最判平成15・12・4判時1848号66頁	*257*
最判平成16・1・14民集58巻1号1頁	*286*
最大判平成16・1・14民集58巻1号56頁	*288, 294, 327*
最判平成16・3・16民集58巻3号647頁	*214*
東京地決平成16・3・19判時1865号18頁	*179*
東京高決平成16・3・31判時1865号12頁	*180*
福岡地判平成16・4・7判時1859号125頁	*169*
大阪高決平成16・5・10判例集未登載	*328*
最判平成16・10・14判時1884号40頁	*123*
最大判平成17・1・26民集59巻1号128頁	*127*
最大判平成17・9・14判時1908号36頁	*131, 283, 289, 301*
東京高判平成17・9・29判例集未登載	*169*
大阪高判平成17・9・30判例集未登載	*169*
高松高判平成17・10・5判例集未登載	*170*
最大判平成17・12・7裁時1401号2頁(最高裁ホームページ)	*47*

ケースで考える憲法入門
Arguments and Perspectives on Constitutional Cases

2006年5月20日　初版第1刷発行

著　者	笹井大工	田上沢藤	栄典秀達	司之介朗

発行者　江草忠敬

発行所　株式会社　有斐閣

東京都千代田区神田神保町2-17
電話(03)3264-1314〔編集〕
　　　3265-6811〔営業〕
郵便番号101-0051
http://www.yuhikaku.co.jp/

印刷　共同印刷工業株式会社／製本　吉田三誠堂製本
ⓒ2006, E. Sasada, N. Inoue, H. Osawa, T. Kudo.
Printed in Japan
落丁・乱丁本はお取替えいたします．
★定価はカバーに表示してあります

ISBN 4-641-12996-7

Ⓡ本書の全部または一部を無断で複写複製(コピー)することは，著作権法上での例外を除き，禁じられています．本書からの複写を希望される場合は，日本複写権センター(03-3401-2382)にご連絡ください．